情報デザインシリーズ

インストラクショナルデザイン入門

マルチメディアにおける教育設計

Instructional Design

ウィリアム W・リー 著
ダイアナ L・オーエンズ

清水康敬 監訳
NPO法人 日本イーラーニングコンソシアム 訳

TDU 東京電機大学出版局

Multimedia-Based Instructional Design: Computer-Based Training,
Web-Based Training, Distance Broadcast Training
by William W. Lee, Diana L. Owens
Copyright © 2000 by Jossey- Bass/ Pfeiffer
All rights reserved.
Authorized translation from the English language edition published
by Jossey- Bass Inc. a John Wiley & Sons, Inc. company.

Translation Copyright © 2003 by Tokyo Denki University Press.
Japanese translation rights arranged with
John Wiley & Sons International Rights, Inc., New York
through Tuttle- Mori Agency, Inc., Tokyo

ACKNOWLEDGMENTS

We would like to thank Robert Mamone and Ken Roadman for their contributions to this book. They were both original authors of *The Computer Based Training Handbook: Assessment, Design, Development, and Evaluation* (1995), which this book is based on.

We would also like to thank LearnLinc Corp., 385 Jordan Rd., Troy, NY 12180; Allen Interactions, Inc., 8000 W. 78th St., Suite 450, Minneapolis, MN 55439; e-Learnet, Inc., 310A Breezeport, San Antonio, TX 78216; and ONETOUCH Systems, Inc., 40 Airport Freeway, San Jose, CA 95110, for their cooperation in providing us with materials for this book.

Thanks also to Mlink Technologies, Inc., 550 Edmonds, Suite 204, Lewisville, TX 75067 for the examples of user-interface graphics shown in the book. Our appreciation goes to Claudia Dineen of Mlink, for the text addressing the rationale and business issue for each user-interface design and also for testing our tools and templates.

Thanks to Valorie Beer for editing the initial draft of the manuscript. Thanks to Frank Dwyer, Ph.D., professor of instructional technology, Penn State University, University Park; and Peter Vail, Oklahoma College of Continuing Education and the Center for Public Management and Educational Development, University of Oklahoma, for reviewing our book.

And to all of you whom we have worked with over the years who have mentored us, guided us, given us constructive criticism and feedback, and allowed us to experiment and be creative, you are too numerous to mention—but without all of you, we would never have gained the experience to share with others.

Thank you!

本書に寄せて

NPO法人 日本イーラーニングコンソシアム
会長　小松秀圀

　e-ラーニングシステムの進歩は速く、ここ数年は新しいテクノロジーの貢献でこれまで困難であったことでも比較的容易に実践できることが増えてきました。その結果、社会人教育にe-ラーニングを活用することで教育機能は勿論のこと、業務支援機能、能力管理機能、アドミニストレーションシステム化機能などを高度に改革することが可能になりました。私はアメリカのe-ラーニングの活用状況を見るにつけ、日本でe-ラーニングを正しく普及させるためには優れたテキストが必要であると痛感していました。そのとき、この本に巡り合いました。

　e-ラーニングに関心を持たれ、この本を手にされた方は"インストラクショナルデザイン"というキーワードを一度はお聞きになられたことがあると思います。インストラクショナルデザインは社会人のための教育工学とも言える学問で、そのめざす教育の目的とは経営に貢献する教育機能を企画・運営することにあります。この本はインストラクショナルデザインの基本を踏まえて、経営に寄与する教育を調査・分析し、あらゆる状況を踏まえた教育実践のプロセスをマルチメディアやITの活用を前提にまとめられた本です。e-ラーニングの活用を前提としたインストラクショナルデザインの本は、まさに日本中のe-ラーニング関係者が心から待ち望んでいた本であると喜んでおります。

　この本の出版を企画したのは、NPO法人・日本イーラーニングコンソシアムです。同法人は100社以上のメンバー企業や個人で構成する、e-ラーニングの普及をめざすコンソーシアムです。情報化社会に向けてe-ラーニングは社会人教育を飛躍させ、情報化社会にふさわしい教育を実践するのに必須のツールになると確信を持つ人たちの集りということもできます。

　日本イーラーニングコンソシアムの活動は、e-ラーニングの標準化推進のための「ガイドライン」を発行する活動から始まりましたが、現在では標準化の国際的活動、日本語に訳された標準化規格の発行や商品の標準化認証などをしています。またe-ラーニングの利用促進のための啓蒙も大切なのですが、毎年東京ビッグサイトで行われる"e-Learning World"のexpoやフォーラムの企画・運営に同法人は大きな役割を果たしています。e-ラーニングのベンダーやユーザーのレベルを上げるために教育活動も定期的に行い、コンソーシアムによる定期的なセミナーや先進学習基

盤協議会などと共同で行うイベントも開催しています。今年もまた、"e-Learning Forum 2002 Winter"をその中心になって開催いたしました。将来、ユーザーへのe-ラーニング活用法を啓蒙する教育も充実させるという目標もあります。

　インストラクショナル・デザインの考え方がe-ラーニングシステムで実践できることから、日本イーラーニングコンソシアムでもインストラクショナルデザインはe-ラーニング活用調査研究委員会での研究テーマになっています。従来のインストラクショナルデザインの本は、ややもすると理論と実践が分離している傾向がありました。例えば、インストラクショナルデザインの理論はよく理解できるが、ITの技術を活用しないでインストラクショナルデザインを実践するためには非常に複雑なコストのかかるプロセスを必要とするという感じがありました。また、インストラクショナルデザインの工程にITやマルチメディアを応用する技術の紹介もあまり見当たらないという状態でした。本書「インストラクショナルデザイン入門－マルチメディアにおける教育設計－」は、インストラクショナルデザインの理論と、ITやマルチメディアのテクノロジーをインストラクショナルデザインのプロセスに応用することの両側面を同時に学べる貴重な本であります。あらゆることが情報システムで処理され、社会活動のスピードも上がる昨今、ITやマルチメディアを応用して企業活動に貢献できる社会人教育を構築するために、本書は重要なヒントを提供すると確信しています。

　e-ラーニングが話題になっているとはいえ、このような専門書を発行するには困難な事が数多くありました。その時、脳裏に浮かんだのが日本で企業内教育にも多くの指導・育成の実績を残しておられる、東京工業大学名誉教授であり、国立教育政策研究所／教育研究情報センター長の清水康敬先生と、日本イーラーニングコンソシアムでインストラクショナルデザインを信奉する優秀なメンバーの皆さまでした。この本が多くの課題をクリアして出版までこぎ着けられましたのは、翻訳と監訳をしていただいた皆さまの献身的なご努力と、東京電機大学出版局のご協力によります。監訳をお引き受けいただいた清水先生はじめ、日本イーラーニングコンソシアムのメンバー有志が、貴重なお時間と努力をこの事業に捧げていただいたことに心から感謝を申し上げます。

インストラクショナルデザインの重要性

国立教育政策研究所
教育研究情報センター長　清水康敬

注目されるe-ラーニングとID

　　　　最近e-ラーニングの用語が頻繁に使われるようになった。また、e-ラーニングのセミナー等が多く開催されると多くの参加者が集まる。これは、e-ラーニングがビジネス的に期待が持てるためであろう。また、インターネットを始めとする情報通信ネットワークの高度化と普及によって、従来とは異なる形態の学習が可能となったためである。そして、受動的な教育を受けるよりも、学習者が主体的に学習することが特に重要になってきたためであると考えられる。
　　　諸外国では、大学教育や生涯学習におけるe-ラーニング化が進められている。しかし、わが国では、企業内教育におけるe-ラーニングが先行している。特に、日本の経済状態が悪く、従来型の企業内教育を実施するだけの力がなくなっているとの状況がある。そのため、個人個人が自ら働くために必要な知識やスキルの修得をしなければならなくなっている。また、最近の社会構造の変化に伴い、業務内容が変化している。例えば、コンピュータやインターネットなどの情報に関する知識・スキルは、あらゆる分野の職業人に求められるようになった。
　　　IT化の波に乗り遅れないようにとの意図から、多くの企業がe-ラーニングを導入し始めている。また、現在わが国ではe-ラーニングがブーム的になっていることから、e-ラーニングを導入することがゴールであると勘違いしてしまうことも起きているように感ずる。これはe-ラーニングの実際が十分理解されていないことを表している。このようなことが起きているのは、e-ラーニングがそれぞれの立場で恣意的に定義されていることも原因であると考えられる。オンラインコースや遠隔授業

をe-ラーニングとする場合や、インターネットを使った学習をe-ラーニングと定義している場合もある。

　一方、e-ラーニングの先進国である米国において、各方面でe-ラーニングが実施され始めたが、「勝ち組」と「負け組」が決まりつつある。そのため、すでに見直しの必要性に迫られている。「e-ラーニングが思ったほど効果が上がらない」とか、「開発費や著作権契約に経費がかかり過ぎる」とか、「期待したほど学習者が集まらない」など、種々の理由によってe-ラーニングから手を引く企業が現れている。しかも、多額の費用を回収できないまま撤退せざるを得ない状況である。もちろん、e-ラーニングを導入して成功している企業も多くある。これらは、失敗しないだけの十分なニーズ調査や組織的な企画、開発、実施、評価を実施していることがキーになっている。

　このようなことなどから考えると、e-ラーニングを導入して運用する際には幅広い観点から教育をマネージメントできる人材が求められることになる。その際、インストラクショナルデザイン（ID）に関する知識やスキルが必要不可欠となる。IDは米国等では十分定着しており、IDデザイナが多数いる。しかし、わが国ではインストラクショナルデザインを十分に理解した人材が極めて不足していることから、本書は重要な意味を持ってくる。

15年前から米国企業で注目されたID

　インストラクショナルデザイン（ID）とは、教育プロダクトをシステム的に企画、設計、開発、実施、評価する手法である。

　米国企業においてインストラクショナルデザインの重要性が注目されたのは、15年も前のことである。別な言い方をすれば、メディアを活用した人材教育をシステム的に企画、実施、評価することについては、わが国は米国に比べて15年遅れたことを意味している。

　私がインストラクショナルデザインに最初に接したのは、1988年5月のことである。米国の企業内教育の現状を調査するために、ボーイング社、アメリカン航空、IBM社サンノゼ工場、イーストマンコダック社を訪問した時のことである。

　当時のコンピュータの機能は、現在とは比較にならない低機能であったが、コンピュータでビデオディスクをコントロールできるようになって、人材開発用のCBT（Computer Based Training）コースが多数開発された。そして、開発したCBTシステムにより確実に営業成績を高めた企業が多く現れた。その際、ほとんどすべての企業がインストラクショナルデザインの手法を活用して、効果的な教育プロダクトを作り上げた。また、実際に多くの成果をあげることに役立った。そのため、教育プロダクトを販売する際に、自社のIDの手順を明記することによって、製品の品質

が高いことを示す企業も多かった。

e-ラーニングも教育プロダクトの一つであるので、e-ラーニングを導入したり、実施したりする際にインストラクショナルデザインの考え方が重要であることになる。

ID導入の先行例

現在、わが国ではe-ラーニングに関連したインストラクショナルデザインが注目されているが、品質の高い教育プロダクトを作る点で考えると、15年前の米国におけるCBT開発の状況とまったく同じである。そこで、当時米国で注目を浴びた二つの事例について説明する。

1. IDによる教育改革

1989年に米国のIBMソーンウッドを訪問したときに、教育担当から以下のような説明を受けた。これは、インストラクショナルデザインを多くの企業が導入するきっかけになった事例である。

1985年に、IBMの会長が自社における教育費がどのくらいで、どのくらいの教育効果を上げているかについて調査を要請した。教育への投資と効果についての調査である。そこで、調査チームが調べた結果、教育に年間9億ドルの投資をしていることがわかった。しかし、教育効果についてはまったく不明であった。当時、同社ではインストラクタが教材を作成して教育を実施していたため、品質のばらつきが大きかった。また、開発体制が体系的でなかったため、開発された教材の再利用やノウハウの蓄積ができなかった。

そこで、同社ではインストラクショナルデザイン（同社ではインストラクショナルシステムデザインと呼んだ）の手法に基づいたSATE（System Approach To Education）を確立させた。これは、全社で実施されている教育全体に対してインストラクショナル・デザインの考え方を導入して、教育を見直すプロジェクトである。その結果、教育費用を12％減少させることができた。さらに、削減の分析も可能となり、方法論による削減が1億8,700万ドル、教育方法による削減が1億4,900万ドルと明確にすることができた。ここで、前者の方法論による削減は、カリキュラム開発における削減と、開発に際してインストラクショナルデザイン手法を導入したことによる削減である。また、後者の教育方法による削減は、集合教育から通信衛星教育や自己学習システムへの移行によって、教育工数が25％、教育コースが16％増えても、全体で経費節減となった。

これは、全社的教育をインストラクショナルデザインの手法によって大きく前進させた例として重要な事例である。

その時のIBM社におけるIDのステップは、以下に示すように、基本的なIDに使うものそのものであった。
① 分析（Analysis）
② 設計（Design）
③ 開発（Development）
④ 実施（Implementation）
⑤ 評価（Evaluation）

2．総合保険会社の成功例

1989年に米国へ海外出張した際に、Massachusetts Mutual Life Insurance Companyを訪問したことがある。この総合保険会社では、保険外交員用のCBTプログラムを開発していた。当時の訪問資料を思い返してみると、106のうち104の代理店や20の地域事務所等で、170セットのCBT学習端末を使用していた。このCBTシステムは本社所有で、代理店は$450/月支払うが、従来のように指導員をおく場合の給与よりはるかに安い。

システム構成は、IBM-PC（Info Window）、SONY LDP-2000 ビデオディスク、Panasonic 6200 VTR, CCD小型ビデオカメラが1セット（$15000）である。学習用のビデオディスクは4枚（平均学習時間8時間）ある。保険外交員は、CBTのプログラムに従って生命保険勧誘のスキルとノウハウを学習する。そして、CBTの画面が客となり、ビデオディスクからの映像によって学習者に質問などが出される。

例えば、保険外交員が一人の顧客に保険に加入してもらい、契約書にサインをさせるシーン（外交員と顧客の会話シーン）がビデオで提示されたところでビデオが停止する。そこで、画面には「ここであなたはどのように行動しますか？」と表示される。これに対して学習者は画面の客に向って説明するわけである。その際、その様子が自動的に小型カメラによってVTRに録画される。自分の説明を終えてキーを叩くと、画面には「あなたはここでこのことを言いましたか？」といくつもチェック項目が提示され、「Yes」か「No」を入力する。その後、それを参考にして学習者は何度も繰り返し、画面に向かって説明することができるが、最終的に自分がよしとしてキーを押すと、その録画されたビデオは消去できなくなり、後で上司がチェックすると書かれていた。要するに、学習者は自分の説明シーンを再生しながらチェック項目によって採点し、その結果に不満な場合には繰り返して行うことが可能である。そして、満足した場合にはVTRに記録されるわけである。

このCBTプログラムを用いたある代理店の業績は、客からの週間電話数が16％増加し、面会予約数は24％、実際の面会数は43％も増加した。また、ある代理店では、新外交員に対する教育期間が30％減少（5.5週から3.5週に）した。また、週に8〜10時間の管理時間が減少したと報告している。新しい外交員が得る1年目の

手数料も平均15％多くなり、その結果、1986年に比べて1987年は外交員数が13％増えた。システム導入前の年と比較すると、導入後1年後に外交員数は26％、2年後には50％増加している。外交員が増加した理由は、CBTシステムによる教育効果により外交員の収入が増えたためである。

このように営業成績を大幅に向上させることができたのは、CBTプログラムの開発に際してインストラクショナルデザインの手法を十分に取り入れた結果であった。そして、このCBTは企画から始め、ニーズ分析や学習者分析、タスク分析を行い、その結果からデザイン、開発をして、実施、評価へと一連のフェーズを踏まえて実施した。

この事例は、自社の保険外交員の知識と対人関係能力を高めるためにインストラクショナルデザインが大きな成果を上げた例として当時注目された。そして、そのときの開発担当マネージャーが重要な役割を果たした。その実績によってそのときの開発マネージャーは社長に就任している

この優れたCBT学習コースは、以下に示すIDのステップによって制作された。

① ニーズ分析（Needs Analysis）　何を教えたいのか、何を変えてゆきたいのかを明確にする。
② 内容の収集（Content Gathering）　何でも必要と思われることをすべて集める。
③ 取り扱い（Treatment）　見せるのか聴かせるのか、またはその組合わせをどうするか。専門家がやるのを見るのがよいか、あるいは実際に自分がやるのがよいか。応対のしかたを録画し、後で自分で見る方法がよい。知識の修得だけならCBTで十分であり、ビデオは不要である。
④ 記述と設計（Writing/Design）　執筆する、構成をきめる。ただし、WritingとDesignは交互に行い、しっかりと台本をつくる。
⑤ 制作（Production）
⑥ 追加制作（Post-Production）　Authoringもあり Programmingもある――編集作業
⑦ 試験（Testing）　重要なので、おろそかにしないこと。
⑧ 評価（Evaluation）　予算、時間面からおろそかにしがちであるが、第3者による客観的評価が必要である。

なお、このステップのうち①と②はフロントエンドプロセスである。このレベルを十分に時間をかけて行うことが大切である。

3．各社のIDステップ

2つの代表例を示したが、多くの米国企業ではそれぞれ独自のIDステップを決め

て、品質の高い教育プロジェクトを商品化してきた。

　例えば、DEC社はIDに関してリーダーシップ的な役割を果たしたが、同社のIDステップは下図に示すようになっていた。ここでは4つのD（Define問題の定義、Design設計、Develop開発、Deliver供給）と、2つのM（Management管理、Measurement測定）から構成されている。

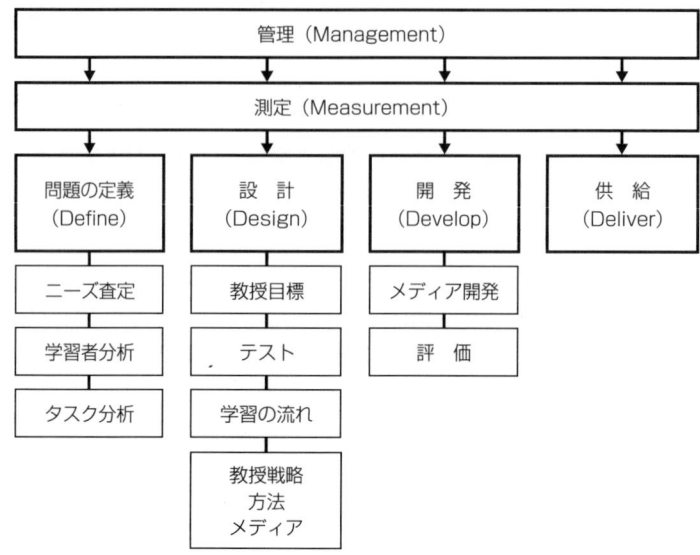

　また、ある社のIDステップは以下に示すようになっている。
① Task Analysis（タスク分析）
② Objectives Hierarchy（目標の階層化）
③ Performance Standards（能力標準）
④ Instructional Strategy（能力戦略）
⑤ Lesson Specification（レッスンの明細事項）
⑥ Lesson Development（レッスンの開発）
⑦ Student Evaluation（学生評価）
⑧ Lesson Validation（レッスンの検証）

　このように、各社ではそれぞれの教育プロダクト制作に適するIDのステップを定めて実行している。
　これらからわかるように、本著でIDについて学習した後、それぞれ自社が目指す教育プロダクトに適するステップを検討することが望まれる。

本書の特長と利用方法

本書はマルチメディア教育の設計や実施に関わるすべての人に有益で具体的な手順を説明したハンドブックである。IDの概念だけではなく、具体的に何をどうしていけばよいかを示している。この特長を列挙すると次のようになる。

1. 本書のID手順はループである

従来のID手順を示すフェーズは、「分析から始まり評価で終る」という直接的なステップが多い。しかし、本書では評価の後、また分析に戻るループとなっている。したがって、このループを繰り返し実施することが教育には大切である。日本の場合、コンテンツ制作に重点を置くe-ラーニングコース開発では、評価から分析へのフィードバックが少ない。よりよい教育プロダクトを制作するためには、このループを確実に生かす必要がある。

2. 分析手順をニーズ調査と初期分析に分割している

また、従来のIDの分析部分をニーズ調査と初期分析に分けている点が特長である。分析しながらニーズ調査を行うと、真のニーズではなく、調査者が欲しいニーズを集めてしまうなどの弊害が起きることがあるが、ニーズ調査は調査のみに専念するようになっている。また、本著では分析を初期分析として9個に分け、抜けのない確実な分析を可能とした。

3. ツール（テンプレート）が豊富である

本書の付録には、各種のツールが多くある。そのフォーマットに記入例を書き込んでいけば、IDの手順が実施できるようになっている。そのため、誰でもがIDを実施してみることができるようになっている。ただし、本書を学習してIDの内容をよく理解してから利用することが望ましい。

4. 高速分析手法（RAM）が提供されている

ニーズ調査や分析を行うIDのすべてのフェーズを実施すると時間がかかる。そこで、本書ではID経験者を対象にして時間を短縮できる手法として高速分析手法を提供している。ただし、IDをよく理解し、経験を積んでから本手法は用いることが肝要である。未経験者がこの方法をとると、必ず失敗する。

5．本書の手順やツールはカスタマイズが必要である

本書に示す手順やツールは標準のものである。したがって、学習者はまず、この標準に従ってIDが実施できるようになっていただきたい。しかし、各組織ごとにそのIDニーズは異なり、それに合わせて行くためには、本書の標準手順、ツールを各組織に合わせてカスタマイズしていく必要がある。

6．本書には著作権に関する記述が欠けている

著作権法は国ごとに異なり、米国の著作権が書いてあっても日本では役に立たない。例えば、日本の著作権には送信可能化権があるが、米国にはない。しかし、e-ラーニングを進める上では著作権に対する意識が重要となる。

IDと著作権

IDは教育プロダクトの品質を高めることに役立つ。ただし、最近の情報化の進展を考えると、情報通信ネットワーク等と関係をもつ教育プロダクトが多い。このような場合、著作権の処理が重要となる。

先述したように、本書では教育プロダクト制作に関して必要となる著作権については扱っていない。そこで、わが国における著作権についてこの節で簡単に触れておく。それは、例えIDによって優れた教育プロダクトを制作しても、著作権処理の点で不備があれば価値を失うことになるためである。実際、e-ラーニングコースを実施するに当たり、著作権契約に予想以上に経費がかかり実用化されなかった例もある。設計・開発の段階から著作権について配慮しなかったためである。

1．教育利用の例外的な利用

著作権法では、「他人の著作物を無断で使用してはならない」ということが基本である。ただし、教育利用における例外規定（第35条）がある。

例えば、教員が自分の授業のために著作物をインターネットで取得して、そのコピーを学生に授業中に配布したり、提示したりすることは許されている。しかし、教育に関係した利用であれば、許可なく利用できると勘違いしている場合が見受けられる。

教育を目的とした場合、例外的に著作者の了解を得ずに利用できる条件は以下のようになっている。

- 営利を目的として設置されている教育機関でないこと
- 教育を担当している者自身がコピー等を行うこと

- その授業の課程における使用に供することを目的としていること
- 必要と認められる限度のコピーであること
- 公表された著作物であること
- その著作物の種類および用途、並びにその複製物の部数および様態に照らして著作権者の利益を不当に害することとならないこと

これらからわかるように、授業を担当する者がコピーすることが条件となっている。しかし、授業における学習者がコピーした場合も可能になる方向である。

2．著作物の引用について

次に、引用のルールに注意する必要がある。例えば、e-ラーニングの課程で取得した著作物を個人でコピーして学習に役立てることは私的利用として許される。他の著作物を引用して、自分の主張や意見をはっきりさせたり、まとめる際に補うことが必要になる。そこで、重要と思われる「引用」に関するルールを以下に示しておく。

- 他の人の文や資料を引用する必要性があること
- 自分が書いたものが主で、引用の部分はあくまで参考であり、自分の主張等を補強するものであること
- 自分の書いたものより少ない分量であること
- 引用部分をかぎ括弧でくくる、一段下げるなどして、自分の物とは区別すること
- 引用部分の著者名や題名を表記すること

この引用についてはe-ラーニングのテキストを作る講師にとっても、e-ラーニングで学ぶ学生にとっても非常に重要となる点である。

3．送信可能化について

教育用コンテンツをコンピュータのサーバ等に保存して、利用者の希望によってオンデマンド的に情報を提供することは、よく行われている。この場合に、自分の著作物であれば問題がないが、他人の著作物をサーバに蓄積するには、著作者の了解が必要となる。実際の場合、コンテンツをサーバに置いただけで自分で送信しているわけでないから問題ないと考えたり、教育目的であれば了解なしに行ってよいと誤解している人が多い。しかし、誰かが要求してくれば送信されることになることから、送信可能化の状態にすることは著作者に無断ではできないことになっている。

この点も、教育用コンテンツの流通を考える際に、常に意識下に置いておかなければならない点である。

4. 公衆送信による配信について

著作権の問題の中で考えなければならない点の1つが「公衆送信」によるコンテンツの流通である。公衆送信とは、不特定の者や特定多数の者を対象とする通信である。したがって、インターネットによってストリーミングするような形態は公衆送信にあたる。

例えば、大学における授業をビデオカメラで撮影してストリーミングによって他の場所に送信するような場合、他人の著作物の提示やコピー配布は使用許可が必要である。ただし、授業をしている講義室の学生にコピーを配布することは、著作権法第35条によって承諾なしに行うことができる。しかし、遠隔地の受信地にいる受講生に対して他人の著作物を送ることは、無断ではできない。ただし、リアルタイム送信については、遠隔地から送ることができる方向で検討されている。

このように、今後の教育用コンテンツの流通を促進するためには、著作権の処理の問題を十分クリアして行わなければならない。ただし、すでにできあがった創作物の権利処理を行うことは容易ではない。例えば、テレビ番組等の場合は、原作者、脚本家、作詞家、作曲家から俳優、振り付け指導者にいたる多数の関係者の承諾が必要となる。したがって、ネットワークで流通させることを目的とした制作の初期段階で著作者に承諾を得ることが肝心である。

IDマネージャーの二つのタイプ

以上、ここでは本著におけるIDの位置づけ等について解説したが、本著を学習することによって米国で呼ぶところのインストラクショナルデザイナが養成されることが期待される。しかし、わが国の場合、IDと管理に関する2つの能力を兼ね備えたIDマネージャーが求められると考えている。

ここで、IDマネージャーには①教育の総合化のためのIDマネージャーと、②個別目標達成のためのIDマネージャーの二つのタイプが想定される。これら二つのタイプのIDマネージャーは共に、インストラクショナルデザインに関する能力（知識・スキル・行動）を十分修得する必要がある。

1. 教育の総合化IDマネージャー

教育全体の立場からマネージメントする者が必要となっている。このIDマネージャーは、ビジネスプロセス全体から教育体制と教育システムを大規模にマネージメントする。そして、この総合化IDマネージャーは、企業戦略や人事戦略の観点

から教育ニーズを把握し、現状分析の結果を踏まえてトータル的な目標と個別目標を決定することになる。

その際、集合教育やOJTとe-ラーニングなどの教育形態の特長を明確に理解した上で、最適な教育形態を選択する。また、ある個別目標を達成するためにすべてをe-ラーニングにするのではなく、e-ラーニングが最も適している部分だけをe-ラーニングで実施して、他の教育形態とサンドイッチ型にするなどの判断も任されることになる。

また、全体を統合化した教育の学習効果（Learning Effectiveness）とコスト効果（Cost Effectiveness）の観点と、トータルコストの観点からの評価を事前に予想する能力が重要となる。

このような観点はインストラクショナルデザインの手法そのものである。また、職員のコンピテンシー・マネージメントや、企業が必要とするナレッジ・マネージメントを融合する力も必要となる。このように考えると、企業全体あるいは企業の教育全体をマネージする役割を果たす統合化IDマネージャーが、わが国には欠けている。

2．個別課題達成IDマネージャー

具体的な個別課題に対する教育プロダクトを開発する場合にマネージメントする者を、ここでは個別課題達成IDマネージャーと呼ぶことにする。ある教育を実施することが決定された後、教育コースなどを設計開発するマネージメントである。この場合は、従来から米国で実施してきたインストラクショナルデザイナーの役割に、開発プロジェクトをマネージする能力を加えたマネージャーである。

この個別課題達成IDマネージャーは、最初にニーズ分析のフェーズ（段階）として、目標分析、学習者分析、タスク分析を実施する。次に設計フェーズとして学習目標の設定と達成度を測る評価法を決定し、学習項目の抽出と構造化、系列化を行い、e-ラーニングコースを設計する。そして、その開発を行い、体制を確立した上で実施する。そして、最後に効果の評価を行い、改良に努めることになる。

要するにインストラクショナルデザインの一連の作業フェーズをマネージメントすることがマネージャーの任務となる。ただし、日常の業務の遂行に必要な知識スキルの修得と、実績を向上させるための教育が求められる。

以上、本章ではインストラクショナルデザインの必要性、米国における先行例、そして本書の特長と著作権、並びにIDマネージャーについて説明した。

e-ラーニングに対する期待が高まる現在、インストラクショナルデザインに託された役割は大きい。

目　次

本書に寄せて　小松秀圀 ·· i
第0章　インストラクショナルデザインの重要性　清水康敬 ··························· iii
　　　　注目されるe-ラーニングとID ·· iii
　　　　15年前から米国企業で注目されたID ·· iv
　　　　ID導入の先行例 ·· v
　　　　本書の特長と利用方法 ··· ix
　　　　IDと著作権 ··· x
　　　　IDマネージャーの二つのタイプ ··· xii

はじめに ·· 1
　　　　どんな人がこの本を購読するべきか ·· 1
　　　　なぜこの本を買うのか？ ·· 2
　　　　この本の焦点 ··· 3
　　　　この本の構造 ··· 3

第1部　マルチメディアのニーズ調査と分析

第1章　マルチメディアのニーズ調査（ニーズアセスメント）と
　　　　初期分析（フロントエンドアナリシス）の概要 ······························· 9
第2章　ニーズ調査（ニーズアセスメント） ·· 11
　　　　作業工程 ··· 12
　　　　われわれの経験から「職務議定書は職場の地図」 ·························· 16
　　　　まとめ ··· 17

第3章　初期分析（フロントエンドアナリシス）　19
われわれの経験から「プロジェクトは先憂後楽」　20

第4章　対象者分析　23
作業工程　24
われわれの経験から「プロジェクト成否の分岐点」　25
まとめ　25

第5章　技術分析　27
作業工程　27
われわれの経験から「ハードも大切」　31
まとめ　31

第6章　環境分析　33
作業工程　33
われわれの経験から「環境改善が解決策のときもある」　35
まとめ　35

第7章　タスク分析　37
成人学習理論　37
作業工程　38
まとめ　40

第8章　重要項目分析　41
作業工程　41
われわれの経験から「熟練って何？」　43
まとめ　43

第9章　目標分析　45
関連理論　45
作業工程　49
われわれの経験から「目標こそ目標」　54
まとめ　54

第10章　メディア分析 ……………………………………………………… 55
　作業工程 …………………………………………………………………… 56
　われわれの経験から「メディアはメッセージではない」 ……………… 63
　まとめ ……………………………………………………………………… 66

第11章　既存資料分析 ……………………………………………………… 67
　作業工程 …………………………………………………………………… 67
　われわれの経験から「こだわりすぎもダメ」 …………………………… 69
　まとめ ……………………………………………………………………… 69

第12章　コスト分析 ………………………………………………………… 71
　作業工程 …………………………………………………………………… 71
　われわれの経験から「はかれないものもはかる!?」 …………………… 73
　まとめ ……………………………………………………………………… 73

第13章　高速分析手法 ……………………………………………………… 75
　作業工程 …………………………………………………………………… 79
　われわれの経験から「全階層の組織評価が真の解決をもたらす」 …… 81
　まとめ ……………………………………………………………………… 81

第2部　マルチメディアのインストラクショナルデザイン

第14章　マルチメディアのインストラクショナルデザイン概要 ……… 85
　われわれの経験から「団結すれば完成度も高くなる」 ………………… 88
　まとめ ……………………………………………………………………… 88

第15章　プロジェクト・スケジュール …………………………………… 89
　作業工程 …………………………………………………………………… 90
　われわれの経験から「専任プロジェクトマネージャが必要！」 ……… 92
　まとめ ……………………………………………………………………… 93

第16章　プロジェクトチーム ……………………………………………… 95
　作業工程 …………………………………………………………………… 95
　われわれの経験から「拡大スタッフで人手を賄う」 ………………… 101

まとめ ……………………………………………………………………………… 101

第17章　メディア仕様 ……………………………………………………… 103

　　　関連理論 …………………………………………………………………………… 104
　　　学習への4つのアプローチ ……………………………………………………… 104
　　　作業工程 …………………………………………………………………………… 105
　　　われわれの経験から「シンプル・イズ・ザ・ベスト」 ……………………… 113
　　　まとめ ……………………………………………………………………………… 113

第18章　コンテンツ構造 …………………………………………………… 115

　　　関連理論 …………………………………………………………………………… 115
　　　学習・教育実施戦略 ……………………………………………………………… 122
　　　作業工程 …………………………………………………………………………… 125
　　　われわれの経験から「最も楽しく活気のある作業」 ………………………… 130
　　　まとめ ……………………………………………………………………………… 131

第19章　教材のバージョン管理 …………………………………………… 133

　　　作業工程 …………………………………………………………………………… 133
　　　われわれの経験から「教材バージョン管理は綿密に」 ……………………… 136
　　　まとめ ……………………………………………………………………………… 137

第3部　マルチメディアの開発と実施

第20章　マルチメディア開発の手引き ………………………………… 141

　　　われわれの経験から「型にはまって個性を出す」 …………………………… 144
　　　まとめ ……………………………………………………………………………… 145

第21章　共通開発手順 ……………………………………………………… 147

　　　制作期間 …………………………………………………………………………… 147
　　　まとめ ……………………………………………………………………………… 155

第22章　CBT(コンピュータ利用トレーニング)の開発 ……………… 157

　　　作業工程 …………………………………………………………………………… 159
　　　われわれの経験から「バックアップと、混沌から美への神秘の謎」 ……… 163

第23章　インターネット、イントラネット、Web利用、業務遂行支援型学習環境の開発 …… 165

まとめ …… 164

インターネットとイントラネット …… 166
Web用に設計する …… 168
Web上でテストを実施する …… 170
業務遂行支援システム …… 171
作業工程 …… 172
われわれの経験から「WBTの道具立て」 …… 174
まとめ …… 177

第24章　対話型遠隔ブロードキャスト環境の開発 …… 179

作業工程 …… 180
われわれの経験から「インストラクショナルデザイナの創造性と想像力！」…… 182
まとめ …… 184

第4部　マルチメディア評価

第25章　マルチメディア評価概要 …… 187

われわれの経験から「自分の仕事への自信と証明責任」…… 189

第26章　評価の目的 …… 191

手順 …… 192
われわれの経験から「難しいけれど重要な"評価"」…… 195
まとめ …… 195

第27章　妥当性の測定 …… 197

関連理論 …… 197
手順 …… 198
われわれの経験から「評価は継続する」…… 199
まとめ …… 201

第28章　測定手段の開発と測定計画 ･････････････････････････････････ 203
手順 ･･ 204
われわれの経験から「正確な評価データが欲しくないですか？」 ･････････ 209
まとめ ･･ 213

第29章　データの収集と分析 ･･･････････････････････････････････････ 215
作業工程 ･･ 215
われわれの経験から「データ分析ソフト」 ･････････････････････････････ 217
まとめ ･･ 217

付録A　インストラクショナルデザイン工程のステップ／作業項目
チェックリスト ･･･ 219
工程：ニーズ調査と分析 ･･ 219
工程：設計 ･･ 223
工程：開発と実施 ･･ 224
工程：評価 ･･ 225

付録B　ニーズ調査と初期分析 ･･････････････････････････････････････ 227
行為動詞リスト ･･ 227
顧客サービスの組織評価サンプル ･･････････････････････････････････････ 236

付録C　開発と実施 ･･ 241
台本（シナリオ）の基準 ･･ 241

付録D　評価 ･･･ 245
直接面接の方法 ･･ 245
調査対象グループの方法 ･･ 248
観察調査の方法 ･･ 250
自己記入式アンケートの方法 ･･ 251
テスト仕様書（見本／テンプレート） ･･････････････････････････････････ 252
評価報告（見本／テンプレート） ･･････････････････････････････････････ 255
評価用語集 ･･ 261

| 付録E | ツール | 263 |

ニーズ調査と初期分析ツール ………………………………………… 263
設計ツール …………………………………………………………… 280
開発・実施ツール …………………………………………………… 292
評価ツール …………………………………………………………… 310

参考文献 ……………………………………………………………… 315
索引 …………………………………………………………………… 317
著訳者紹介 …………………………………………………………… 322

はじめに

　マルチメディアはなぜ着々と注目を集めるのか。教育のためのテクノロジーを利用した解決策（テクノロジーベースソリューション）とは何か。ビジネスの問題におけるテクノロジー利用の解決策とは何か。

　国際企業環境では、バーチャルワールドが増加している。バーチャルワールドでは、人々はテクノロジーで結び付いている。その中では、コミュニケーションの高速化、継続的な情報の流れ、市場対応の高速化が絶対的に必要である。ビジネス組織を一つの部屋の中や同じ時間内だけで構成することは難しくなってきており、不可能の場合もある。人々を結び付けておくためのバーチャルトレーニングは避けられなくなってきている。しかし、まだ実際の教室での授業が主要な教育方法となっているのが現状である。

　テクノロジー利用の解決策（テクノロジーベース・ソリューション）は企業のゴールや目標達成を補助するものとして捉えなければならない。John Noonan（1993）は「教育機関が"アメリカ株式会社"の地下室に押し込められている状態から脱却するつもりなら、教育機関はビジネスニーズ解決組織とならなければならない」と書いている。

　アンダーセンコンサルティングは1994年に航空業界の教育の必要性について調査し報告した。その報告は企業がとるべき今後の方向を示している。そこで報告された内容は、航空業界だけではなく他の多くの産業にも当てはまるものであった。主要な報告項目の一つは、教育支援テクノロジーの活用、業務遂行サポートテクノロジーの活用の必要性であった。

どんな人がこの本を購読するべきか

　この「インストラクショナルデザイン―マルチメディアにおける教育設計―」は

インストラクショナルデザイナ、制作者、プロジェクトマネージャなどのコース開発者向けに作成された。マルチメディア・プロジェクトの初心者から、すべてのチームメンバーが整然たる手順に従うような大きなプロジェクトを経験した設計者までを対象としている。初心者と経験者が混在しているようなプロジェクトにピッタリである。メンバーが縦横にマトリクスを組み、内外部のリソースを活用するプロジェクトの推進方法を提供している。

この本はコース開発を社内で実施する場合の多くの問題についてふれているが、コンテンツベンダ会社の人も、この本から有効なツールや素晴らしい顧客要望管理へのヒントを見つけることができるであろう。

なぜこの本を買うのか？

CBT（Computer Based Training；コンピュータ利用トレーニング）、WBT（Web Based Training；Web利用トレーニング）、遠隔ブロードキャスト（遠隔配信）トレーニング設計開発に関する多くの本が出版されている。それなのに、なぜこの本を買うのだろうか。

それらの本は各々のメディアによく対応している。しかし、そのインストラクショナルデザインの手順は各々異なっている。ほとんどのものが従来のインストラクショナルデザイン（ID）のフェーズ（分析、設計、開発、実施、評価）に従っているが、各々のフェーズのタスクと実施方法が異なっている。

必然的に違うメディアのデザインを行う場合は、各々の本を買い、メディアによってIDモデルを変更しなければならない。そこで考えて欲しい。なぜ、この本を買うのか。なぜならこの本は、複数の本やモデルを不必要にするからである。

インストラクショナルデザイナは理知的で創造性のある人である。長時間の開発を経験すれば、各々のデザインモデルの良い部分を統合する方法を見つけるであろう。誰でもマルチメディアプロジェクトで働けば経験をつむことができる。しかし、通常われわれには時間が足らないのである。われわれはスムーズにプロジェクトを進めるための作業に振り回されている。われわれが行なっているのは問題を乗り越え、障害物を避けているだけである。この「インストラクショナルデザイン―マルチメディアにおける教育設計―」は、数百のコース開発者の経験の集約、つまり使用実績のある制作手順とツールを提供する。そのため、この本を使えば、過去の成功と失敗を反映させる時間を節約できるのである。プロジェクトの基本としてこの本を採用し、あなたのグループに特有な作業やより良い方法がある場合のみ、該当ステップだけを変更して使えばよいのである。

この本の焦点

　インストラクショナルデザインの哲学は、人の逐行能力（ヒューマンパフォーマンス）のエリアに焦点を当てることである。このことは、従来の経験的アプローチに影響されているマルチメディア開発グループに挑戦することを意味する。われわれはTom Gilbert（1996）の「すべての教育の目的は学習と逐行能力支援（パフォーマンスサポート）を通じて人の逐行能力に影響すること」を前提としている。マルチメディア開発グループが人の逐行能力の考え方を取り入れれば、組織的作業ができるようになり、より価値あるものになるであろう。われわれは、Judith Haleの「The Performance Consultant's Fieldbook: Tools and Techniques for Improving Organizations and People（1998）」を、この方向へ移行して行く助けとして推薦する。

　長時間の仕事、予算オーバー、不必要な仕事をくり返すことなどは、皆が経験していることである。これらに関するフラストレーションを感じたことも多いであろう。プロジェクト期間を短縮し、仕事を簡単にし、また、インストラクショナルデザインの学習時間を短縮できるハンドブックの提供がわれわれのゴールである。

この本の構造

　この本は次の4部で構成されている。
　第1部　マルチメディアのニーズ調査と分析
　第2部　マルチメディアのインストラクショナルデザイン
　第3部　マルチメディアの開発と実施
　第4部　マルチメディア評価

　結局この本は、段階的な実践ハンドブックとして構成されている。つまり、プロジェクトを成功させるための作業項目と、精錬された手順を提供している。各作業工程で得た情報を構造化するツールも提供する。付録Aは段階的実践テーブルである。この中にインストラクショナルデザイン工程の各段階を記述した。プロジェクトは手順通りに進めることもできるし、必要に応じて手順を変更することもできる。

　次の図は、少しずつ変更するが各部の先頭に記載しているものである。この図は、各部で説明するインストラクショナルデザイン工程（ID工程）を表す。プロセスの直線性より、円形になっている全体の形に注目してほしい。各ID工程はその次の工程に繋がっており、最初の工程が結局最後には、最初の工程に影響を及ぼすこと

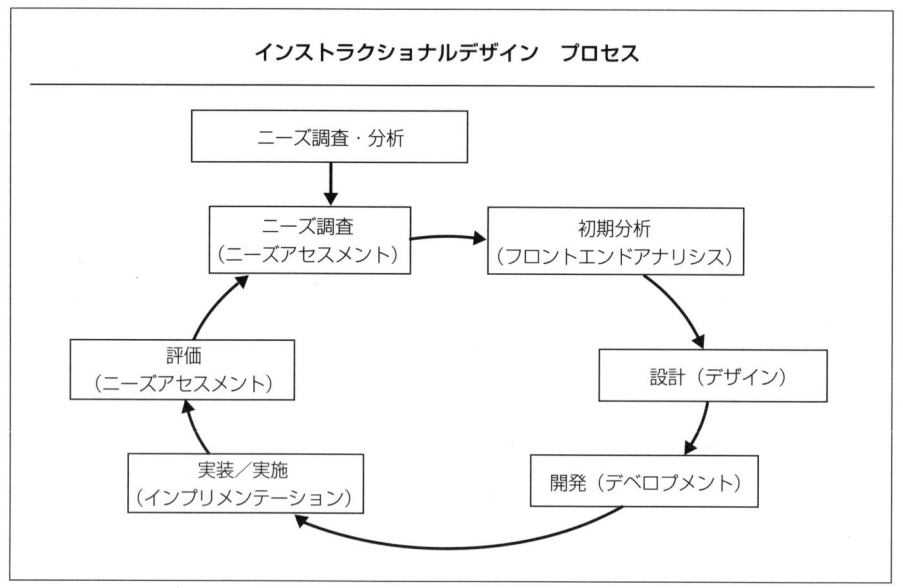

になる。これが調和のコンセプトである。

　ニーズ調査は現状の調査、望ましい状態の調査、ニーズが発生する業務の種類の決定に主眼を置いている。初期分析（フロントエンドアナリシス）は結果重視で、そのギャップを埋める方法を決定する。初期分析は次の9種類に分類される。

1. **対象者分析**
   対象者は誰か、態度／性向等から、学習ニーズを決定する。
2. **技術分析**
   使用できる技術を決定し、技術上の考慮点、実施上の問題点を特定する。
3. **環境分析**
   実施環境の考慮点を決定する。
4. **タスク分析**
   業務を実施する上での物理的、心理的必要要件を決定する。
5. **重要項目分析**
   学習者をトレーニングしたり、情報を与える必要のあるタスクを決定する。
6. **目標分析**
   業務とその学習目標を決定する。教育目標種類の分類、何時または何処で必要とされるか、その目標のコンテンツ上のインパクト、使用メディアを決定する。
7. **メディア分析**
   最適メディアを選択する。

8. **既存資料分析**

    既存教材と開発が必要な教材を決定する。基本的には作成するか購入するかの選択となる。

9. **コスト分析**

    各解決策（ソリューション）のコストを比較し、先行投資に対応した利益のある解決策を決定する。

高速分析モデル（Rapid Analysis Model）を13章に示した。コース開発の経験を積めば、ニーズ調査（ニーズアセスメント）と初期分析（フロントエンドアナリシス）でのデータ収集段階の段階的工程を直観的に理解できるようになる。このモデルは、このような理解力を持ったコース開発経験者用である。

第2部のマルチメディアインストラクショナルデザインでは、コース設計仕様書（CDS：Course Design Specification）作成の作業項目と段階を説明する。この中にはコース開発プロジェクト管理に必要な多くの注意点が含まれるので、マルチメディアプロジェクトに含まれる複雑性を完全に理解できるであろう。そのような情報によりメディアの選択が可能となる。例えば、ニーズ調査（ニーズアセスメント）と初期分析の結果がWeb利用の解決策（ソリューション）を選んだときに、必要な項目をプロジェクトチームは知ることができる。そして、ビジネスとしてその解決策が有効かどうか判断し、プロジェクトスタート前にリソースを集めることができる。また、その結果、他の解決策（ソリューション）を選択し直すこともあり得る。

第3部は、マルチメディアの開発と実施である。メディアごとに方法が異なるが、共通的項目から説明する。続いて、CBTによる解決策、WBTによる解決策、遠隔ブロードキャスト解決策、業務遂行支援解決法について説明する。

コース開発者は膨大なスキルを求められる。それによって、コースの著作者となれることになる。設計とオーサリングが別なグループで実施されるとしても、デザイナは解決策（ソリューション）に含まれる複雑性を理解していなければならない。デザイナは注意深くコース実施に関わる問題についても考慮しなければならない。

第4部はマルチメディア評価である。評価は、「設計テスト、開発テスト、配信テスト」と「テストの有効性と信頼性」の二つの面から行う。様々な教育目標テストを構成する方法を提供する。そして、各々の利点と欠点を説明する。

この本全体には、応用学習とインストラクショナルデザインの理論「われわれが事を為す理由の追求」に基づく節を多数含んでいる。人間の逐行能力に関係していない人々は、開発の一部分の必要性を感じられない場合がある。そのような人たちは学習にかかわる人間の基本部分、われわれに必要な構成部品を理解していないのである。

ほとんどの章には「われわれの経験から」の節がある。われわれの経験した落とし穴を避け、われわれの成功を追体験する助けになると思う。
　結論としてこの本では、再現可能などんなメディアにも対応可能なモデルを提供した。マルチメディアプロジェクトの開発段階でのみメディアごとに異なる手法を取ればよいのである。

第1部 マルチメディアの
ニーズ調査と分析

マルチメディアのニーズ調査(ニーズアセスメント)と初期分析(フロントエンドアナリシス)の概要

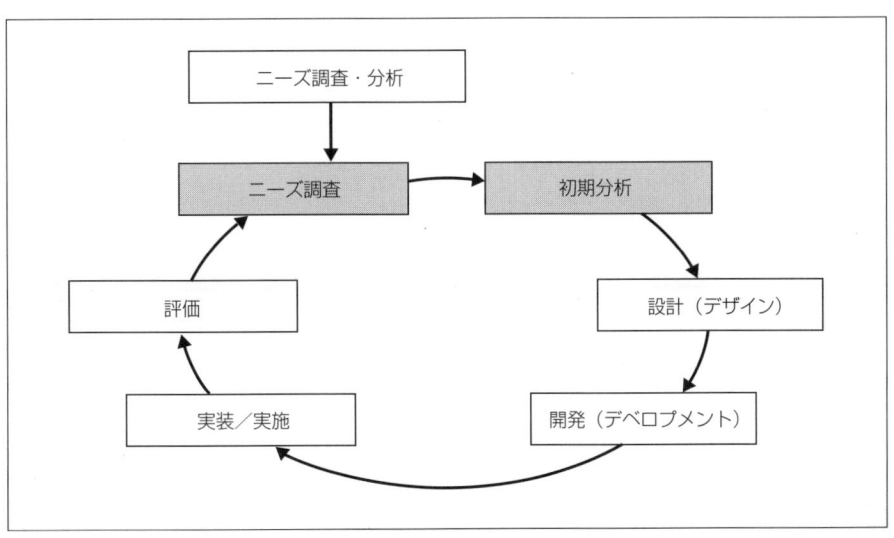

　分析の工程は2つの部分から成っている。第1は「ニーズ調査（ニーズアセスメント）」で、必要な解決策の形式を検討して確立することである。第2は「初期分析（フロントエンドアナリシス）」で、必要な解決策の種類や難易度の絞り込みであり、いろいろな組み合わせで使用できる手法である。

　この工程では次の作業項目を実施する。
- 顧客の業務上の問題を見つける。
- その業務問題をどのように解決するか決定する。
- 解決のために提供できる方法を決定する。

- 目標を書き出す。
- コストを分析する。

ニーズ調査では、詳細な情報を得た上で決断ができるよう、情報収集に集中することが最も重要である。ニーズ調査から得られた情報は、次の初期分析に引き継がれる。つまり、ニーズ調査でいったん確定された教育ニーズについて、初期分析では解決策の設計のために必要な、より深いレベルの情報を検討する。ニーズ調査と初期分析では次の項目を実施する。

1. スケジュール、プロジェクトの規模、プロジェクトの制限について詳細な情報を得た上で決断するために、どの程度の調査と分析が必要か判断する。
2. 情報収集のための適切な情報源を特定する。
3. 情報の収集方法、構成方法を確立する。

2

ニーズ調査(ニーズアセスメント)

　ニーズ調査(ニーズアセスメント)は、ゴールを設定し、実際の条件と望まれる条件の相違点を明確にし、解決策開発の優先順位を確定する体系的なプロセスである。

　Briggs(1977)は、表2.1の5種類の教育ニーズを明らかにした。

表2.1　5種類のニーズ

ニーズ	内容
1. 標準比較ニーズ	・標準と比較して明らかになる必要性 例1)　業界標準では、1時間のCBT(コンピュータ利用のトレーニング)を開発するためには、750時間かかると言われている。X社では現時点でこの開発に1500時間かかるので、他社と競合するためには標準の750時間まで開発時間を減少させる方法を探す必要がある。 例2)　銀行Aは、銀行Bに比べてサービスに必要な事務処理が十分に自動化されていないため、サービスの多様性において競争力が劣っている。このため、銀行Aは銀行Bと同じ水準にするための自動化を必要とする。
2. 感覚ニーズ	・人々が感じていること 例)　販売・マーケティング会社の幹部は、営業担当者が他の担当者の売上増加に役立つような価値のある情報を共有しないため、対人関係のトレーニングが必要と考えている。彼らは問題解決のためにこのトレーニングが必要であると感じている。
3. 需給関係ニーズ	・需要と供給 例)　ドライバーが自動車保険会社を選ぶときの第一の基準は請求処理手続きのスピードであるというコンサルティング会社の調査結果から、保険会社Yは請求

		処理手続きのスピードを改良する方法を探している。
4. 比較ニーズ		・個人ごとの業務遂行能力等の差 例） 小売企業Aの顧客営業担当者は平均10件の顧客調査を行っている。しかし実際には営業担当者の行なう調査は、5〜15件の範囲である。顧客満足を維持するためには、顧客営業担当者に最大限の水準で処理を行なわせる必要がある。
5. 予測された、あるいは将来のニーズ		・予測需要量 例） 銀行Aの運営委員会は、競争に勝つために、顧客により多くのサービスを提供するための情報処理機能を機械化しなくてはならないと決定し、5年間の戦略計画でゴールを設定した。

作業工程

ニーズ調査の工程には次の6つの作業項目がある。

1. 現在の条件を明確にする。
   提示されたニーズの根本的原因を明確にする。
2. 職務を定義する。
   仕事を成功させるためにどのような知識とスキルが要求されるか明確にする。
3. ゴールを重要度の高い順に列記する。
   ゴールにどのような相互関係があるかを示す。
4. 相違を明確化する。
   ゴールに達したとき、期待される遂行能力と、実際の遂行能力はどう異なるか。すべての相違や未定義のタスクをリストアップする。
5. 成功領域を決定する。
   その会社が業務上の問題に関して優れている分野を特定し、その状態を記述する。
6. 活動の優先度を決定する。
   業務上のゴール、望まれる結果、他の関連要因を考慮し、行動に優先順位をつける。

ニーズ調査は評価アンケートの作成、データ収集手順の確定（郵便、電話、面接など）、意義のある情報を生成するためのデータ分析からなる。
表2.2に記したデータ収集方法の採用を検討する。説明は付録Dに記載。

- 自由回答（空欄式）アンケート
- 直接インタビュー
- 調査対象グループ
- 階層順序付け技法

● 観察

表2.2 情報収集

	インタビュー	
技法	長所	短所
電話	・早くて安価 ・監督が容易	・対面でないため、多少感覚的なところで不利 ・短時間に終わらせる必要がある：15分以下（対象者は電話に長い時間をとられたくない）
対面（面接）	・応答率が高く、最も正確 ・情報量を最も多く採取可能	・時間がかかりがち ・しばしば本筋でない情報がもたらされる ・スキルを持ったインタビュアーが必要
	アンケート	
技法	長所	短所
電子メール	・高い応答率 ・大量の情報を取得可能 ・スキルを持ったインタビュアーは必要ない	・明確な指示手順が必要 ・回答者同士の協力を認める（必要な場合）
アンケート用紙	・大量の情報を取得可能 ・スキルを持ったインタビュアーは必要ない	・明確な指示手順が必要 ・回答率は低め
	行動観察	
技法	長所	短所
ビデオ撮影	・対象者の言うことではなく、実際にすることを観察する ・何人かで観察できるので先入観が入りにくい	・時間がかかる ・スキルのある分析者が必要 ・対象者（作業者）は、観察されているので行動が不自然になる可能性がある ・環境によっては、対象者（作業者）に対して、その場で質問することができない ・カメラに写る情報しか観察できず、写る以外の周囲の状況がわからない
観察者	・対象者の言うことではなく、実際にすることを観察する	・時間がかかる ・スキルのある観察者が必要 ・対象者（作業者）は、観察されているので行動が不自然になる可能性がある
	シミュレーション	
技法	長所	短所
安価なモックアップ（模型）の使用または口頭によるシミュレーション	・機器が開発される前に職務遂行の遂行能力情報を収集できる	・模型がリアルでないと、結果が職務遂行の遂行能力に反映されない可能性がある ・何をシミュレーションする必要があるか決定するスキルが必要

実際の機器やソフトを実際の職場環境ではないところで使用する	・制御されたストレスやシステムエラー等の条件下で観察できる唯一の方法	・モチベーション要因を考慮できない ・非常に高価 ・何をシミュレーションする必要があるか決定するスキルが必要 ・モチベーション要因を考慮できない

秘密の厳守も重要である。従業員には、ニーズ調査や初期分析で得られたどんな回答も他には漏らさないことを保障する必要がある。そのために、守秘義務契約書または類似書類を作成する（付録E参照）。そして、組織の代表と調査者が署名した守秘義務契約書の写しを両者で保管する。

ニーズ調査手順

ニーズ調査は次のように実施する。

作業項目1　現在の条件を明確にする。

ステップ1　タスクを遂行するのに必要な知識およびスキルを明確にする。
ステップ2　タスクを遂行する要員を選出するための、そのタスクに特有の知識およびスキル領域を明確にする。
ステップ3　ステップ1とステップ2の結果に差異がないか調査する。差異があれば、不足しているスキルを特定し、可能なトレーニングもしくは遂行支援ツールを見直す。また、対象従業員を選ぶ基準も再考を検討する。
ステップ4　ステップ1と2の結果に相違がなくなったら、問題の環境的原因の調査を行う。その職場環境を訪れ、平均の遂行能力と、典型的なまたは理想の遂行能力を比較する。遂行能力における相違を明確にし、ステップ5へ進む。
ステップ5　次のような環境要因により、どのようにタスク遂行能力が影響を受けるか調査し、文書化する。

- 雑音
- 機器
- ツール
- 温度
- 職場スペース

ステップ6　すべての結果をレビューし、ニーズ領域を明確にする。
ステップ7　そのニーズ領域に関わる次の情報を従業員から収集する。

- 経営的なサポート
- 既存のトレーニング
- チームワークと権限の付与

- 業務の流れとプロセス
- 安全性

ステップ8　ステップ7の結果を含め、すべての結果をレビューし、ニーズ領域を確定する。

作業項目2　職務を定義する。

職務の理想的状況の定義を行い、その理想と現在のタスクの遂行能力を比較する。

作業項目3　ゴールを重要度の高い順に列記する。

重要度の高い順序でゴールをリスト化し、どんな相互関係にあるかを示す。

作業項目4　相違を明確化する。

理想と実際の遂行能力との違いを洗い出す。不明確なタスクや矛盾点をリスト化する。

作業項目5　成功領域を決定する。

好評調査技法（Appreciative－inquiry　technique）（Hammond、1996）を用い、順調に機能し成功している業務を洗い出し、文書化する。好評調査技法は、組織の強さをはっきりさせることが出来る。この技法の利点は2つある。第1は、単純な原理と手順により、すべての問題に適用できることである。第2は、否定的な面ではなく、肯定的な面を評価し、成功領域を組織に拡げていけることである。

作業項目6　活動の優先度を設定する。

ステップ1　ニーズ調査の結果から、考えられるすべての解決策を書き出す。解決策を実施しない場合、業務がどうなるか明確にする。
ステップ2　時間、経費、顧客満足の観点からそれぞれの解決策の有効度を決定する。
ステップ3　業務のゴール、望まれる結果、および他の適切な要因を考慮し、最適な解決案を作成する。

> **われわれの経験から　「職務議定書は職場の地図」**
>
> 　この章で述べられた作業項目およびステップの概略を読んで、解決策が研修とは限らないことに驚いたであろう。明確になったビジネスニーズを解決するための賢明な提案を行うには、十分な時間をかけて情報を集めよう。
> 　時間をかけて、認識できた問題の根幹を体系的に調査することは、ビジネスニーズを満たすことができないマルチメディアプロジェクトに無駄な時間と資源を費やしてしまうことを防止してくれる。ニーズ調査（ニーズアセスメント）の結果の文書化と報告を作るには、付録Eの「ニーズ調査と初期分析ツール」の項にある、ニーズ調査報告様式を使用すること。
> 　会社がうまく行っている任務やタスクは、分析して、その成功しているスキルが現在どのように学習・教育されているのかを調べるべきである。考えられるのは、この成功している学習技術をその通り研修に取り入れること、または現在うまくいっている業務についてはそのスキルを訓練する必要はないということであろう。
> 　ニーズ調査は、会社で職務に応じて使われている職務議定書の分析から始めることが多い。一般的に、このような職務議定書は研修生メンバーが行うことになる任務の規範が詳述されている。通常、職務議定書には「…その他の割り当てられた業務」のように何にでも使える言葉が入っている。これらの「その他の業務」が、示されている業務上の問題に関係があるかないか、確実に識別しておこう。面接や観察で集めたデータを使えば、汎用の言い回しを職務を表す正確な言葉に直すことができる。
> 　職務議定書がいつのものかということは、大事な問題である。現在のものなら、従業員の責務が正確に反映されている可能性が高い。現在のものでなければ、正確かどうかを調べるべきである。今日のビジネスと産業の早い変化と成長のペースでは、正確かどうかの問題はどのようなケースでも持ち上がるであろう。現在では、ひとりで複数の責務を負ったり、かつて何人かの社員が行っていた業務をひとりで行うことを要求される職業が増えている。
> 　最小限、分析する職務議定書には以下が記載されていること。
> - 職務名。これは組織全体図または階層図に記載されるべきである。
> - 職務の説明（全体的）。正しく業務を遂行するための、この職業の全体的な説明や作業・活動のリストなど。
> - 職務に求められる知識、スキル、態度。
> - 熟練度評価。職務の遂行評価の記述と一覧。
>
> 　職務議定書が存在しなければ、ニーズ調査の段階で作成するべきである。

職務議定書を使い、「ゴール」または「製品完成」から始まり作業を逆にたどっていく職務の流れ図を作る。この流れ図により、前もって必要なスキル、重要な業務遂行上の手順、関連するスキルを調べる。

最新の責務と職能の合格レベルの確認を、実際に業務を遂行している人やその上司に尋ねれば、作成した職務議定流れ図を検査することができる。
調査と初期分析の作業には、電子データベースが役立つことが多い。データベース形式により、データを保管、計算、組織化して、分かった事を明確に簡潔に報告することができる。

表2.2の技術はデータ収集に役立つ。これらを分析すれば、職業別にどのような方法が一番うまくいくかがわかる。

すべての関連情報を収集した後、その情報が解決策の提案の必要性や（さらに）内部調整の必要性を示しているかどうかを確認する。出した結論を時間、リソース、プロジェクトの制限事項が許す限り詳細に文書化する。

経験豊かなインストラクショナルデザイナであり、また、プロジェクトがニーズ調査と初期分析を高速化した手段で行なえると判断できた場合は、13章で述べる高速分析手法を用いる。

まとめ

ここまでで、望ましい業務遂行能力と現在の業務状況との間にギャップがあるかどうかが判断できたはずである。もしギャップがあるならば、初期分析に移り、それを埋めるために必要な教育活動の形式を決定する。相違がない、あるいはあったとしてもマルチメディア開発または研修グループにとって教育対象の範囲外なら（13章で述べる、性能やシステムの問題である場合など）、関係者にそのように報告する。

学習開発者とマルチメディア開発者、研修グループは、研修以外の問題でも対応できるように技術範囲を広げるべきである。他の問題については、最低でも、いざというときに活用できる情報源を知っておく必要がある。解決策の一部でも研修グループの技術範囲内にあるならば、研修担当者もプロジェクトに在籍したままとし、起こっている変更事項についての情報を受けるようにする。こうすれば、変更が終わったらすぐに研修担当部分を処理することができる。

3

初期分析（フロントエンドアナリシス）

　ニーズ調査（ニーズアセスメント）において、トレーニングまたは業務遂行支援型学習が必要と判明したら、次の段階は、何を開発するかについてさらに詳しい情報を入手することである。
　表3.1は、初期分析の形式と、その結果として得られる結果をまとめたものである。

表3.1　初期分析の形式

形式	目的
対象者分析	対象者の背景、学習の特徴、前提となる技術（スキル）について明確にする。
技術分析	利用可能な機能を明確にする。
タスク分析	トレーニングまたは業務遂行支援型学習の結果、実行可能となる職務に関連するタスクを記述する。
重要項目分析	マルチメディアを利用した学習またはトレーニングにおいて、どのような技術や知識の習得を目標としているかを決定する。
環境分析	ゴールとマルチメディアの設計に影響を与える環境、組織の制約を明確にする。
目標分析	教育すべき職務内容に対し、タスクごとに学習目標を記述する。
メディア分析	適切なメディア提供方法を選択する。
既存資料分析	既存のトレーニング用資料、マニュアル、参考書籍、学習指導計画を調査する。
コスト分析	費用と利益、投資効果を明確にする。

　なお、初期分析の最後に、分析レポートツールを利用して分析結果をまとめる。（付録Eのニーズ調査と初期分析ツール参照）

第3章 初期分析（フロントエンドアナリシス）

> **われわれの経験から　「プロジェクトは先憂後楽」**
>
> 　ニーズが明確になったら、初期分析（フロントエンドアナリシス）ツールを使ってビジネスニーズに関するすべてのデータを収集し、解析する。コストのかかる繰り返し作業を避けるため、設計開始前に、内容収集を含めたすべての初期分析を完了することを推奨する。
>
> 　初期分析が、学習設計の過程の中でも「隠れた工程」になっていることがよくある。「時間節約」のために、調査と分析を飛ばしていきなり設計を始める組織は多い。しかし、設計の変更が起きたときの問題点については耳にしているだろう。たいていの場合、チームはプロジェクトのある点に到達したときに、情報が足りないことやエラーがあったことに気が付くのである。チームメンバーは最初の案に戻ってそこから前に進もうと決める。チームはこの変更によって新しく許可を得なければならないことがあるかもしれない。それはたいてい手に入るが、時間と資源の投資と引き換えである。そしてプロジェクトは進み始めるが、また止まる。また変更である。そして、ある時点でプロジェクトは目的から大きく逸脱し、努力や対価に見合う便宜がなくなって中止されるか、予算と日程を超過してでも完了させられるかである。
>
> 　やり直しということは、分析をしなければならないということである。分析を完了させるのに費やされる時間は、あとで取り返す以上に価値あるものである。これは報酬を今もらうか、あとでもらうかという種類の話である。どの段階になるにしろ、プロジェクトは分析を行うことになってしまう。われわれの経験では、適切なニーズ調査と初期分析を完了させるのに十分に時間をかければ、設計と開発の過程にかける時間は大幅に削減できるのである。設計に直接行くようなプロジェクトはより時間がかかるだけで、大忙しの開発という結果となる。
>
> 　開発中は、品質確認検査を省いたり急いでやってしまうことが多いが、結果は低品質でエラーだらけの製品である。われわれはより適切な割合は分析が1/3、設計と開発が1/3、実装・評価・保守が1/3であることを見出した（図3.1）。

分析 33%	設計 10%	開発 23%	実装，評価 保守 33%
1/3	1/3	1/3	

プロジェクトスタート → プロジェクト終了

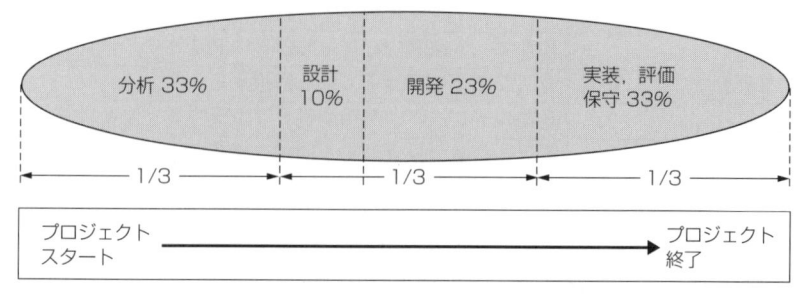

図3.1 インストラクショナルデザインにおける工程と時間の比率

われわれは調査や分析にあまり時間をかけたくない管理者や顧客の立場にどのように応じるかを尋ねられる。われわれの答えは、プロジェクトで時間と作業を使う限りは、どんな作業でも判断者が気に入るように持っていこう、ということである。判断者に調査・分析の作業から得た重要な情報を常に報告し続ければ、彼らはプロジェクトの進行が分かって満足するだろう。

　次の9つの章では、9種類の初期分析を扱う。それぞれの種類を検討し、そこから得られる情報を説明する。また、初期分析で収集した全データをプロジェクトの立案にどのように使うかということも説明する。

　13章では分析を完了するのに必要な時間を、質を落とさずに削減する手法を述べる。高速分析手法は、9つの種類の分析から得られる方法論と情報を理解した方のみが使うことができる。

4

対象者分析

　研修コースに参加したが、難しすぎたりゆっくりすぎたりして学習が進まなかったことはないだろうか。このような経験は楽しいものではないが、常に起こり得ることである。対象者分析では、対象となる集団の背景と学習特性の一部を明確にする。

　この情報に従い、対象者に適する解決策を設計する。対象者に関する最終的な解決策に影響を与える情報の例を次に示す。

- トレーニング媒体の経験、例えばCBT（コンピュータ利用のトレーニング）または自己学習教材等。対象者がこれらの媒体を使いこなせるよう、補助教材を解決手法に加える必要な場合もある。
- 学習方法の好み（例えばチーム学習と個人学習）。もしも、その職務では人々と連携して働くことを要求されるなら、チームで連携する学習方法を選択するべきである。
- 言語の能力または好み（国語が第2言語であるような場合の考慮）。特別な参考資料、オンライン辞書・翻訳が必要とされることがある。
- 過去のトレーニングまたは職務経験。もし職務を実行する人たちの技術・レベル差が大きいなら、適当なレベルの資料を準備するなどして、そのレベル差に対応する必要がある。
- 特別の要求（手話、点字など）。もし対象者に学習上の特別要求があれば、その要求を満たさなくてはならない。

作業工程

対象者分析手順は次の4つの作業項目で構成される。
1. 対象者の統計的情報や特徴を分析する。
2. 学習内容に対する態度を明確にする。
3. 対象者の言語スキルを分析する。
4. 結果を文書化する。

対象者分析手順

次の作業項目に従う。

作業項目1　対象者の統計的情報や特徴を分析する。

ステップ1　ニーズ調査の間に集めた職務・タスク情報を集計し、対象者の特性を確認する。

ステップ2　研修プログラムの受講者数と、学習背景を確認する。

ステップ3　母国語、口調、ユーモアの使用、画像など対象者に最も適切な情報を収集する。対象者の出身国が多岐にわたっていたり、男性または女性に偏っている、あるいは狭い年齢範囲、というような特性を持っていれば、分析に特に注意を払う必要がある。文化的違いについて理解を深め、対象者の感性への特別の注意を払うことが必要である。

ステップ4　物理的、人間工学的、または環境面で、学習者に特別な配慮が必要な点も記録する。

作業項目2　学習内容に対する態度を明確にする。

ステップ1　学習内容について、誤解あるいは間違った情報を持っていないか分析する。

ステップ2　学習内容について、前向きあるいは後ろ向きのどちらの態度にするか明確にする。

ステップ3　学習中に使う必要がある、または学んでほしい特定の用語または表現様式を決定する。

作業項目3　対象者の言語スキルを分析する。

学習の実施には適度に読みやすい教材を開発することが重要である。必要な言語のスキルの分析は2段階で行う。まず、対象者が読み書きする第1言語を調べ、次に第1言語のレベルを確認する。

言語が一貫して使われていることを確認する効果的な方法は、FOG Index（Gunning 1968）である。これは、読みやすさの指標を計る技法のひとつである（FOG Indexについては、付録Eの初期分析ツール参照）。また、洗練されたワープロシステムには、読みやすさを分析するツールが装備されている。

作業項目4　結果を文書化する。

設計工程では設計チーム（グラフィックアーティスト、インストラクショナルデザイナ）に、開発工程では開発チーム（インターフェース・デザイナ、オーサ（開発者）、ビデオ撮影者）に利用してもらうために、分析の結果を文書化する。

われわれの経験から　「プロジェクト成否の分岐点」

受講生の分析は、しばしば確認なしで見込みが立てられるような領域である。受講生に関する見込みが間違っていた場合、検査や評価の段階で問題が持ち上がる。この時点では製品を修正するには遅すぎるか、コストがかかりすぎる。受講生の言語、態度、配布形式を確認する分析を注意深く行うことは、「優秀なマルチメディア製品でありながら対象が間違っている」ということになるか、「優秀なマルチメディアであり、さらに要点をついておりビジネスニーズも解決する」ということになるかの分かれ目である。

世界中の受講生を対象とした教材の開発の場合は以下を推奨する。（1）受講生の文化的・言語的な要求に応じた製品を確認するのに適切な文化（または様々な文化）背景と言語（または様々な言語）能力を備えた人員をプロジェクトチームに入れる。（2）製品のいずれかの版を目的の文化圏の販売会社か開発チームに送り、文化的な見直しと翻訳をしてもらう。

まとめ

ここまでで、言語、文化、教育背景、業務と学習内容に対する考え方などに関して、受講生の特徴がつかめたはずである。これらのすべての要素は、解決策のために使う媒体の決定を左右するものであり、考慮しなければならないものである。

次の章では技術の問題について、解決策に使用できるかまたは必要か、顧客が考える技術とは何か、学習者が親しみやすく心地の良い使用性とは何か、などの面から分析する。

5

技術分析

　　トレーニング科学技術者とインストラクショナルデザイナとの間には大きな違いがある。インストラクショナルデザイナは、インストラクターと参加者へのガイド、職務へのアドバイス、OHPシートまたはフリップ・チャートといった「一般的な」研修メディアを作成する能力を持っている。典型的なインストラクショナルデザイナは「科学技術系出身」ではない。しかし今日のビジネス・ニーズへ応えるためには、独自の技術環境の基本的理解が非常に重要である。

　　組織として専門技術レベル分析をすること。
- 独自の技術環境のコンテンツにより、ビジネス上の問題を解決するのには柔軟性を持つこと。
- 組織の特定の人、または何人かしか持っていないマルチメディア技術については、段階的に評価しながら対応する方法を考えること。
- メディアを選ぶために必要な情報を準備すること。

作業工程

技術分析を進めるには7つの作業項目がある。
1. 利用できるコミュニケーション技術を分析する。
2. 業務遂行支援や参考情報に利用できる技術を分析する。
3. テストと評価に利用できる技術を分析する。
4. 配布のための技術を分析する。

第5章 技術分析

5. 配信のための技術を分析する。
6. 専門技術を分析する。
7. 結果を文書化する。

技術分析手順

次の作業項目に従う。

作業項目1　利用できるコミュニケーション技術を分析する。

基礎的なコミュニケーションのために利用できる技術を評価するために、現在使われている技術を特定する。

- **電話会議**　従業員は、自席または便利な場所から電話により会議ができるか。
- **電子メール**　従業員は、自分の電子メールを使えるか。添付ファイルを送受信することができるか。ほとんどの従業員は、電子メールのアドレスを持っており、電話のようにありふれたコミュニケーションの手段として認められている。電子メールは、インストラクターと学生の間のとても効果的なコミュニケーション手段であると認められている。電子メールは、インターネットの初期の頃からのアプリケーションであり、広く利用され、いまだに最も強力なアプリケーションである。
- **チャットルーム技術**　チャットルーム技術は、電話会議に類似しており、ユーザーのWebブラウザーを使い、お互いをテキスト・ベースでオンライン会話を可能とする。
- **ニュースグループ技術**　ニュースグループ（ディスカッション・グループ）は、チャット・ルームに類似している。しかし、ディスカッションはサーバに記録され、誰でも読んで学ぶことが出来る。ほとんどのWebブラウザーは、ユーザーがニュースグループとやりとりする機能を持っている。
- **メーリングリストサーバー技術**　メーリングリストサーバー機能は、共通の領域に興味を持つグループがディスカッションできるように電子メールを使う。メーリングリストは、前述のニュースグループやチャットルームとは別の形式のディスカッション・グループである。そして基本的なインターネット・アプリケーションである。

作業項目2　業務遂行支援や参考情報に利用できる技術を分析する。

ステップ1　Web上のHTML形式の参考資料とリンクされた文書が使用可能かどうか決定する。そのような企業のWebサイトが他の参考資料や他のWebサイトやグラフィック、ビデオ、写真のデータベースにリンクしているか。Web上の電話リスト、

コース・カタログ、スケジュール、概要、コースの特徴、インストラクタの紹介等にリンクしているか。

ステップ2 従業員が業務遂行支援用ファイルやヘルプシステムを閲覧できるかを決定する。もし可能なら、どのようなソフトウェアを利用するか。Robohelp[1]やDoc-to-Help[2]、その他同様のソフトウェアがヘルプファイルやWeb上の業務遂行支援システムの開発によく使用される。

作業項目3　テストと評価に利用可能な技術を分析する。

どのような技術が、テストと評価に利用できるかを決定する。

ステップ1　電子的な自己評価、テスト、認定が利用できるかを決定する。可能な場合は、データベースと記録保持要求事項を決める。もしテストを内部で開発するならどの言語を使うかを決める。HTML、Java、Shockwaveはテスト開発に使われるアプリケーションである。加えて既成の、テストと評価生成ツールもある。

ステップ2　セキュリティの問題を定義する。セキュリティの問題は、Web版のテストや評価を難しくする。セキュリティについては、しばしばコンピュータ業務全般のニーズに責任を持つ情報システム（IS）部門の責任範囲になる。システム統合などの問題に取り組んでいるIS部門にとって、マルチメディア開発組織が抱えるセキュリティを保証する遠隔テストの必要性は、高い優先度ではないかもしれない。インターネットやイントラネット経由のテストやアセスメントについては、一般に2種類のセキュリティの問題が出てくる。ひとつはユーザー認証である。ユーザーの識別とアクセス権を認証することが、拠点でのアクセス制御方法の一つである。ユーザーは個人のパスワードと一緒に独自の情報を提供することによって認証を要求する。いずれにしても認証に対する条件を決定する必要がある。

第2の問題は、情報の秘匿性である。最大の注目すべきセキュリティタイプは、情報プライバシーである。Webの暗号化は、個人的な情報をインターネットを通過させるために使用される技術である。暗号化は、情報を乱数化することによって秘匿性を確保し、発信者と受信者だけが、それを理解することができる。最近は、WebブラウザとWebサーバーは、暗号化機能を標準装備で持っている。情報秘匿性に対する要求を決定する必要がある。

作業項目4　配布のための技術を分析する。

どのような技術が、トレーニングまたは業務遂行支援の配布に利用できるか？

ステップ1　CD-ROM、ディスク等が参考資料やコースやヘルプファイルに利用さ

1　Microsoft®などからHTMLヘルプやWindowsヘルプを作成するソフトウェア商品
2　Robohelpと同様の機能を持つソフトウェア商品

れるか。使用される場合、どのようにそれらを配布されるか決定する。
ステップ2　ファイルをダウンロードするために、ファイル転送（FTP）を使うかどうか決定する。FTPは、イントラネットまたはインターネット上で1台のコンピュータからのもう1台のコンピュータにファイルを転送する標準的機能である。FTP技術は、コースウェア配布のために広く利用されている。微妙な情報や、会社が所有権を持つ情報を含むコースにとって、セキュリティが問題になる可能性がある。しかし、開発メンバ間だけのファイル転送にFTPが利用されるなら、FTPは内部的に利用可能である。

作業項目5　配信のための技術を分析する。

どのような技術が、トレーニングまたは業務遂行支援の配信に利用できるか？
ステップ1　専用のオーディオ・ビデオサーバーによりコースを提供するかどうかを決定する。必要なら、ファイルタイプとファイル・サイズに対する要求も記録する。
ステップ2　従業員がマルチメディアPCを利用するか決定する。最小限の標準環境でも利用されることができるように、開発とテストでは最小限の仕様での学習PCを想定する。最も遅いコンピュータでもコースのパフォーマンスが良くなければならないことを忘れてはならない。
また、会社のコンピュータが従業員にとって唯一の利用できる環境だと仮定してはならない。多くの家庭用PCは、会社相手よりもよりマルチメディア能力がある。代替のPCでアクセスする可能性も想定する。
ステップ3　テレビ会議または教育TVシステムが情報の配信に利用されるか確認する。その場合は、利用スケジュールに注意すること。

作業項目6　専門技術を分析する。

デザイン、開発、保守に使われる専門技術を分析する。それぞれの技術にとって必須の装置、ハードウェア、ソフトウェアと、それら装置の保守をどうするか決定する。組織内の他の部門のベンダーあるいはリソースを含める事。次に、各要員に必要なリソースチェックのための、サンプルチェックリストを示す。

- ☐ ビデオ制作要員用————————————設備、装置、ソフトウェア
- ☐ オーディオ制作要員用———————————設備、装置、ソフトウェア
- ☐ グラフィック制作要員用——————————設備、装置、ソフトウェア
- ☐ ヘルプまたは参照システム開発要員用———設備、装置、ソフトウェア
- ☐ CBTオーサリング・開発要員用——————設備、装置、ソフトウェア
- ☐ WebとHTMLの開発要員用————————設備、装置、ソフトウェア
- ☐ テスト、データベース、統計プログラム要員用－設備、装置、ソフトウェア

作業項目7　結果を文書化する。

適当な細目も含めて収集した情報と技術分析の結果を文書化する。結果を文書化し、次にあげる技術を記録するため、技術分析のツールとして付録Eの「ニーズ調査と初期分析ツール」の部分を使うとよい。

- コミュニケーション
- 参考資料
- 配布
- 配信
- 専門技術

> **われわれの経験から　「ハードも大切！」**
>
> 　ユーザーのPCの基本構成や自分の会社のセキュリティー検査の実施能力などの技術的な詳細点を知らずに、マルチメディアを使ってビジネス目標を達成することは不可能である。通信が正確にできない、保守ができないとか、配信プラットフォームに不適合なマルチメディアの制作などは時間、資金、エネルギー、社内資源の無駄遣いである。現在の開発技術力で可能な限りの技術を理解し、文書化することは、解決策の効果を確実にする設計仕様をもたらす。技術査定（アセスメント）により、技術とリソースの見えないギャップを見つけることもできる。
>
> 　この査定（アセスメント）は定期的に行ったり、複数のプロジェクトで再利用して分析コスト全体を抑えることができる。

まとめ

　ここまでで、自分のグループや目標組織の技術能力が明確になった。解決策（ソリューション）に入れる要素や、最終的な解決策の形態を決定する際に、技術力は重要である。例えば、受講生が使うのが音声・ビデオ再生機能のない機能の低いコンピュータであれば、高機能のコンピュータを使用することに基づいた解決策は役に立たない。

　次の章では、実際の作業が行われている場所の物理的な環境と、求められる研修設備の利用可能性について見てみよう。

6

環境分析

　ニーズ調査（ニーズアセスメント）（第2章）で、職務とタスクを分析して、職務が遂行される物理的状態を明確にできた。職務やタスクを遂行するときに影響する環境的な要素を明確にすることにより、環境分析では以下のような情報を集められる。

- 実際のゴールと目標の設定時に、環境的要素を考慮に入れるための情報。
- 効果的な職務遂行支援戦略やマルチメディア提供戦略を策定するための情報。
- 職務遂行を確実に成功させるための設計方法洞察のための情報。
- 職業遂行技能を習得したり、職務遂行をする際の障壁を発見するための情報。

作業工程

　解決策（ソリューション）の設計を始める前に、その職場環境が、従業員の職務遂行をどの程度阻害するものか、あるいは助長するものか検証する必要がある。環境分析を行う方法として、職場環境訪問は最も良い方法である。
　環境分析の実行には3つの作業項目がある。
1. 職務環境を分析する。
2. 提供環境を分析する。
3. 結果を文書化する。

環境分析手順

以下の作業項目に従って行う。

作業項目1　職務環境を分析する。

職務が通常行われる環境に精通する。
職務遂行に影響を与える以下の環境要因を分析する。
- 雑音、換気、または温度などの環境的要素
- トレーニングと人材開発などの管理支援
- チームワーク
- 権限委譲
- 委任と管理
- フィードバック
- 仕事の作業工程と方針
- 安全問題
- 指導

作業項目2　提供環境を分析する。

トレーニング提供環境のどんな要素が、職場での学習に影響するだろうか？　例えば、e-Learning研究室の設備は立派であっても、会社の本当の職場の設備とは違っているかもしれない。また、騒がしい小売現場では、明らかに適切な訓練施設が欠如していることが多い。
レビューでは、次の要素について考慮すべきである。
- トレーニング施設への行き方（アクセス）
- インストラクター、コーチング[1]、およびメンタリング[2]が使えるかどうか
- 雑音、換気、および温度などの環境的要素

作業項目3　結果を文書化する。

設計、開発、および実行段階で使用するため、分析結果を文書化する。従業員の守秘義務と、分析結果がどう報告されるかには、特に気を配る必要がある。

1　課題・目標設定の手助け、遂行に必要な気付きや励ましを与え、挑戦を促し、現在の課題・目標の達成を図るとともに、将来の可能性を引き出す（これは訳注としての定義例である。定義はいろいろあり、具体的には専門書参照のこと）。
2　知識や経験の豊富な人（メンター）が、未熟な者（メンティー）に対して行う一定期間の支援行動（これは訳注としての定義例である。定義はいろいろあり、具体的には専門書参照のこと）。

> **われわれの経験から　「環境改善が解決策のときもある」**
>
> 　世界一素晴らしいマルチメディアでも、ネットワークが絶えず不具合を起こしたり、経営者が対象業務をほとんど支援しなかったり、対象業務を遂行するために必要な設備や道具が無かったりすることを、克服することはできない。環境に関して必要な情報を得るために、付録Dで説明するような観察・調査ツールを作ろう。
>
> 　環境的な要素が作業効率を悪くしている可能性があるときは、この分析が有効である。この分析によって、職場環境、組織管理、職務行程上の問題改善時に、時間と学習資源（リソース）の無駄遣いを防ぐことができる。

まとめ

　この環境分析で、職場環境と、学習が行われる環境についての情報を得た。この情報は解決策（ソリューション）の設計において大変重要である。例えば、教室が無ければ講師指導型の授業は設計できないし、騒音の多い工場では、実地のワークショップはできない。

　学習者、技術、環境についてわかったところで、次はタスク分析によって、職務が何から成り立っているかを見てみよう。

7

タスク分析

タスク分析は、職務遂行者に必要な知識、スキル、態度（KSA；Knowledge, Skills, Attitudes）を決定するだけでなく、職務を職責とタスクに分解する。

職務とは職務議定書に記述されている内容である。職務は職責とタスクとして記述される。職責は職務議定書で記述されている主要な分類（カテゴリ）であり、タスクは職責を果たすのに必要なステップである。KSAで言えば、知識は職務遂行者に必要な知的な情報であり、スキルは必要な振る舞いであり、態度は、職務遂行者の職務遂行時の姿勢である。

成人学習理論

行動理論と発達理論をもとに成人学習理論は形成される。成人は発達段階を経て来ていて、その思考は、現有知識体系を作り上げた数々の経験に影響されている。しかし成人はまた、各々の経験の違いにより、様々な点で互いに異なっている。何かまったく新しいものを学習するときは、成人も幼い子供と同じ発達段階をたどる。ただし、過去の経験から得た知的な処理で、成人はずっと速くその過程を通過する。例えば、成人は子供よりも少ない概念例でものごとを把握できる。

成人学習の構成要素（Knowles、1990）を表7.1に示す。

成人学習理論は二つの点でマルチメディア教育の開発に適用される。一つは、学習者の職務より上級のレベルで書かれた教材は、あまり効果的ではないということである。二つ目は、成人が楽しく効果的に学習できるなら、その教材はレベルに適しているということである（Lee、1990）。

表7.1 成人学習理論

構成要素	解説
適切性	成人学習者は、学ぶ主題や情報と、その知識を使用する現実世界との間の直接的な関係を知っていると思われる。
積極性	成人学習者は、受動的に、ただ座ってインストラクターの講義を見たり聴いたりするよりは、むしろ能動的に学習に参加すると思われる。
自主性	成人学習者は、どこで何をどのように学習するのが自分にとって最も良いか、自分自身でわかっていると思われる。
個別化	成人学習者は、学習のプライバシーを必要とし、また、個人の事情に合わせ自分の速さで学べるよう、自分で調整できる指導を必要とする。

作業工程

正しいタスク分析を行うと、職務遂行に必要な全タスクのリスト化情報が得られる。タスク分析で行う作業項目は以下の通りである。

1. 職務名を定義する。
2. 職務に関連した職責をすべて明確にする。
3. すべてのタスクを明確にする。
4. タスクを順序化する。
5. 結果を文書化する。

図7.1に、職務、職責、タスク、KSAの関係を図式化した。

タスク分析作業手順

以下の作業項目に従う。

作業項目1　職務名を定義する。

ニーズ調査（ニーズアセスメント）で定めた職務議定書から職務名を定義する。職務名とは、例を挙げると「インストラクショナルデザイナ」などである。

作業項目2　職務に関連した職責をすべて明確にする。

職務を職責の主要な部分に分解し、そして次に、行動の目的に沿った進行形の動

作業工程

```
                    ┌──────┐
                    │ 職務 │
                    └──┬───┘
        ┌──────────────┼──────────────┐
      ┌─┴──┐        ┌──┴─┐         ┌──┴─┐
      │職責│        │職責│         │職責│
      └─┬──┘        └─┬──┘         └─┬──┘
     ┌──┴──┐       ┌──┴──┐      ┌────┴────┐
   ┌─┴──┐         ┌─┴──┐       ┌─┴──┐  ┌──┴─┐
   │タスク│        │タスク│      │タスク│ │タスク│
   └─┬──┘         └─┬──┘       └─┬──┘  └─┬──┘
  ┌──┼──┐         ┌─┴─┐      ┌──┼──┬──┐ ┌┴─┐
  K  S  S  S       S  A      K  K  S  S  S  S
              S                  S  K
```

K＝知識（knowledge）
S＝スキル（skill）
A＝態度（attitude）

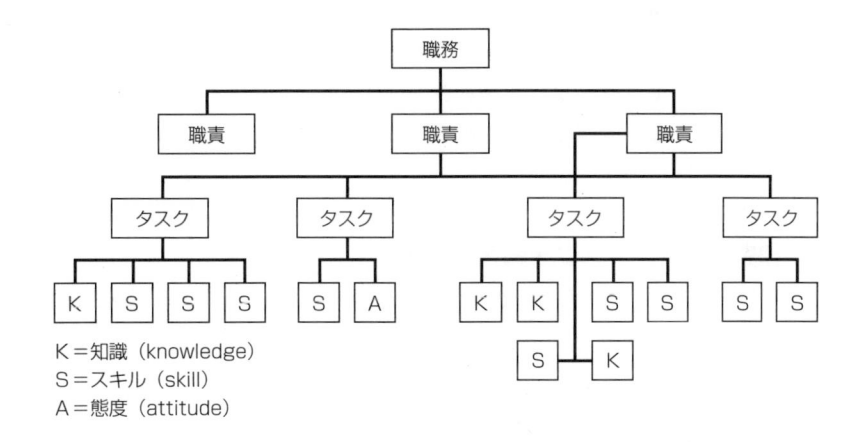

図7.1　タスク分析図

詞でそれぞれの部分の職責を記述する。（例：インストラクショナルデザイナの職責は、「コース目標を書くこと」と「コースの粗筋を書くこと」などとなるであろう。）　それぞれの職責が他の職責と重複していないことを確認する。職責記述の配下に記載するタスクが一つも見つからない場合は、恐らくその職責は他の職責の配下に位置する。

作業項目3　すべてのタスクを明確にする。

ステップ1　最初に、タスクを確認し明確にする為に、アンケートや、インタビュー、観察を行う。内容の専門家(SMEs：Subject Matter Experts)や、模範的職務遂行者、または現職の労働者から情報を得る。
次の事を確かめよう。
- ツールや様式（フォーム）の名前などを示すものが含まれているか。
- 略語や専門用語を避けているか。
- 簡潔か。

ステップ2　それぞれのタスク記述が重複していないか確認する。タスク記述には、行為動詞を使用し、必要に応じて説明の記述を加える。例えば、インストラクショナルデザイナが目標を書く場合に、その職責と関連するタスクは、「目標の5つのパート（状況、修得能力、内容、行為動詞、ツールと制約や状況）のすべてを用いる」ということになるであろう。

ステップ3　職務遂行者に必要なKSAを決定する。例えば、目標の5つのパートを書くための知識とは、目標の5つのパートそのものの知識と、目標書式の中に、それらの項目を含ませて書くための知識である。例を用いて復習すると、

- 職務　　インストラクショナルデザイナ
- 職責　　コース目標を書くこと
- タスク　目標の5つのパートの記述
- 知識　　目標の5つのパート

となる。

作業項目4　タスクを順序化する。

　　すべての上位タスクを配下のタスクとともに記述して、タスク階層を作成する。もしタスクの実行順序に好みや必要性があるなら、タスクはその実行順序に従って配列したほうがよい。表7.2の方法で、タスクを順序化する。

表7.2　タスクの順序化

タスクのタイプ	順序化方法
実施手順に依存するタスク （実行するステップに順番がある場合など）	完成した手順と同じ順番にタスクを順序化する。 （職務タスク順序化）
総合的な技能に依存するタスク （チームのコミュニケーションを改善するのに傾聴技術（アクティブリスニングテクニック）を使用する場合など）	最も単純なタスクから最も複雑なタスクへ順序化する。(単純から複雑への順序化)
規則や原則の適用を必要とするタスク （返品処理のガイドラインに従って処理する場合など）	関連する内容に分類してタスクを順序化する。 （分類順序化）

作業項目5　結果を文書化する。

　　付録Eの「ニーズ調査と初期分析」に載っている「職務・タスク分解（ブレイクダウン）ツールとタスク棚卸（タスクインベントリ）ツール」を用いて、この分析の結果を記述する。

まとめ

　　ここまでで、職務を構成要素に分解できた。次は重要項目分析に移り、解決策（ソリューション）に盛り込むべき構成要素を調べてみよう。

8

重要項目分析

　ここまでで、多くの見地から受講者と職務を評価・分析してきた。タスク分析が終了したところで、どのタスクを教え、どのタスクは教えないかを決めねばならない。

　職務遂行を改善するタスク、ビジネスニーズの解決に不可欠なタスクに焦点を合わせることが重要である。さもなくば、他の問題に使えるお金と資源（リソース）を、筋違いの設計と開発に浪費することになるであろうし、受講生も役に立たない情報を我慢して学習して、エネルギーを無駄にすることになる。その結果、解決策（ソリューション）の有効性は低下する。

　重要項目分析では、タスクリストを分析して、現在うまく遂行されている職責とタスク、及び重要だがうまく遂行されていない職責とタスクを決定する。

　重要項目には、効果的な職務遂行分野と非効果的な職務遂行分野があるが、どちらであろうとも、重要項目とは、職務の成功失敗を左右するような場合の行動規定のことである。重要項目分析を実行するには、解決策の重大な部分を決定する為に、調査対象グループ、観察、直接インタビュー、およびアンケートを使用する（必要と思えば、これらを組み合わせて使用してもよい）。　これら観察ツール、インタビュー様式、アンケートを開発する為の方法は、調査対象グループ（フォーカスグループ）の解説とともに付録Dに記載した。

作業工程

　基本的な作業工程は、タスク分析中に発生したタスクを再検討し、4つの作業項

目を遂行することである。

1. 重要なタスクを決定する。
2. 重要だが、本質的でないタスクを決定する。
3. 排除するタスクを決定する。
4. 結果を文書化する。

重要項目分析手順

以下の作業項目に従って行う。

作業項目1　重要なタスクを決定する。

標準的な状態で、従業員が首尾よく職務遂行する必要のあるタスクを明らかにする。優先順位が高く、職務遂行の弱点として明らかになっているタスクは、必ず解決策（ソリューション）に含めるべきである。

どれが重要項目か決める一般的な基準は無く、自社の状況に合った基準を作る必要があるが、独自の標準を定める際には、以下について考慮するとよいだろう。

- そのタスクはどのくらい頻繁に遂行されるか（一般には、頻繁なものほど重要である）。
- そのタスク遂行が失敗したときの痛手の大きさ。（大きければ大きいほど、重要なタスクである）。
- 職務、タスク、任務を遂行できる人々が属する組織の制約（例えば労使協定は、通例それらのタスクに対して、より厳しい制約を課すものである）。

作業項目2　重要だが、本質的でないタスクを決定する。

時間と予算が許す場合だけ採用するタスクは、どれか選定する。また、その境界にあるタスクのための選択基準を決定する。

例えば次のように

- そのタスクは時折遂行されるか。
- そのタスクはバックグラウンドを構成するか。
- それは直接職務タスクに関連しない支援知識の提供か。

作業項目3　排除するタスクを決定する。

解決策（ソリューソン）に含まない、排除するタスクを決定する。
タスクを排除する典型的な理由のいくつかを挙げる

- そのタスクはめったに実行されない。
- そのタスクは職務遂行に重要ではない。

- そのタスクは容易に学べる。
- そのタスクは学習者が雇用条件として、あらかじめ持っているスキルである。
- そのタスクは対象とする受講者の能力や許容の範囲を超えたスキルを伴う。
- そのタスクは、現在最先端の非常に高い熟練したレベルで遂行されるスキルを伴う。

作業項目4　結果を文書化する。

重要項目分析の結果を、学習目標の作成に使うタスクリストとして文書化する。

われわれの経験から　「熟練って何？」

重要項目分析は、技術的な分野で職務遂行を定義するのに、最も効果的に使用される。調査対象グループ（フォーカスグループ）戦略は、熟達した職務遂行者が自分自身の職務遂行について説明することができる状況では役立つ。しかし、何が熟達した職務遂行なのかを説明するのが難しいことがある。例えば、有能な販売員やトップマネージャーのタスクを、平均かそれ以下の者と明確に区別するものはいったい何なのかを説明するのは、難しいと思われる。

設計について検討する前に、対象とする受講者のスキルレベルを分析することは、適切で効果的な解決策（ソリューション）を作る上で役立つ。前提となるスキルのリストは重要である。なぜなら、学習目標として設定すべき知識と技能の上限は熟達者の能力であり、下限は前提となる知識とスキルであるからである。職務遂行者が通常持っていると推定される入社段階のスキルは、訓練する必要がなく、「教育する必要のない、良いスキル」として分類されるということを覚えておこう。

まとめ

重要項目分析によって、学習目標を開発する際に、重視すべき焦点がずれるのを防ぐことができる。この分析による情報を用いれば、職務遂行の改善に何が最も重要かを見極め、解決策（ソリューション）に何を入れればよいかを決定することができる。

9

目標分析

効果的な解決策（ソリューション）の開発には、明確で検証可能な学習目標を設定することが不可欠である。学習目標により、つぎの4つのことが決まる。(1) コンテンツには何を入れるか。(2) 解決策は知識を生み出すのか、職務遂行能力を生み出すのか。(3) 解決策の効果測定方法。(4) 解決策提供メディア。
　これまでの全分析が、学習目標という形で集大成されることになる。

　学習目標分析手法は、次の二つを主な目的として考え出された。第一は、熟考して学習目標を設定することであり、第二は、有意義な目標を設定するということである。

関連理論

　学習目標については、Magerが1962年に著わした'Preparing Instructional Objectives'に、その基礎が述べられている。その後、Gagné, Briggs, Wagerが'Principles of Instructional Design' (1988) で、この学習目標理論を完成したと考えられる。
　学習領域は、認知、情意、運動、精神運動、メタ認知の5領域である。これらの領域は目標分析のための基礎をなす。これらの領域について表9.1で説明する。

表9.1　学習領域

NO.	領域	領域内で取り扱う内容
1	認知	思考の処理過程
2	情意	感覚と態度
3	運動	身体的な運動の学習
4	精神運動	意識せずにできる状態になった身体的運動に関する思考処理過程
5	メタ認知	「学習」を意識せずに学習方法そのものを活用する思考処理過程

認知領域

　　　　Gagné, Briggs, Wager（1988）は認知領域における学習で必要とされる様々なレベルの知的スキルの概要を提示した。表9.2でその7つのレベルについて説明する。

表9.2　認知領域のレベル

NO.	レベル	知的技能
1	識別	受けた刺激の違いを見分けたり、聞き分けたり、感じ分けたりできること。
2	概念の具体化	ある種の事物について1つ以上の例を挙げられること。
3	概念定義	ある属性と機能により、物や出来事を分類できること。
4	ルール	具体的もしくは定義された概念間の関係を区別する分類法を作れること。
5	問題解決	ルールを新しい状況に適用できること。
6	認知戦略	学習状況に対して問題解決戦略を適用すること。
7	教授伝達	言語化された内容を理解して、その情報を言葉で表現できること。

情意領域

　　　　Krathwohlは情意領域のレベルを概説した"A Taxonomy of Educational Objectives"（1964）を編集した。

彼はレベルを5つ挙げたが、筆者らは表9.3で最初の二つのレベル「受信」と「応答」を一つにした。なぜなら「受信」は、(1) 学習者が応答し (2) その応答を評価できる学習目標を設定しなければ、達成レベルを測定できないからである。

表9.3では4つのレベルについて解説する。

表9.3 情意領域のレベル

NO.	レベル	解説
1	受信と応答	学習者が「感じたり」「価値を認めたり」「態度を変えたり」したことを言葉で述べること。
2	価値付け	学習者が「感じたり」「価値を認めたり」「態度を変えたり」したことを行為や動作に表すこと。
3	組織化	比較、理論付け、系統だて、バランス化、定義化、行為を評価するための規準作り、行動の規範化、評価測定の標準化をすること。
4	個性化	組織化の結果としての行為の変化と、一貫性のある、より成熟した行動パターンを確立すること。

運動領域と精神運動領域

Harrow (1972) は運動領域と精神運動領域のレベルの分類学を発表した。ここに3つの例を記載する。本書では、学習目標を設定するのに最も関連すると思える、これら3つのレベルだけを扱う。(その他のレベルの詳細な議論についてはHarrowの著書を参照のこと) 運動領域の学習目標は、実際に運動(動作)スキルを指導することに重点を置いており、インストラクショナルデザイナにとって重要な分類である。精神運動領域には、その基礎として、運動活動の基盤となる知識とスキルがある。精神運動領域のスキルとは、認識して蓄積した学習を通して、意識せずにできる状態にまでなった運動スキルのことである。表9.4で運動領域と精神運動領域のレベルについて説明する。精神運動領域には「知覚」というレベルが1つあるだけだが、それは5つのサブレベルからなっている。

表9.4 運動領域と精神運動領域のレベル

NO.	レベル	解説
1	反射運動	自律的／非自律的な身体的運動または動作

2	基本的運動	取る、握る、這う、物体を操作する、歩く、などのような連携した運動
3	知　覚	自分自身と外界の識別 サブレベル (1) 運動上の識別：自分の体と周囲の関係、周囲の空間との関係の中で自分の体を制御すること。 (2) 聴力による識別：学習者が様々な音（音の高さ、強さ、方向性）を聴き分ける能力、また、必要があれば、音を再生させる能力。 (3) 視覚による識別：対象物の外観と細部の識別；目視による対象物の追跡；対象物の属性の想起；バックグラウンドからの主要物の選別；形と構成の一貫性の認識。 (4) 触覚による識別：手触りで対象物の風合いや形を識別する能力。 (5) 連携能力：2つ以上の知覚能力の連携。

メタ認知領域

　　メタ認知（AlleyとDeschler、1979）は認知、情意、運動、精神運動の領域を統合したものである。メタ認知は、学習者がタスクに取り組むときや問題を解決するときの、学習者の頭の中の戦略である。つまり、学び方を学習する戦略である。メタ認知は、他のすべての領域の統合であるため、恐らく最も文献が少なく、最も理解されていない学習領域である（筆者らの意見では最も重要であるが）。非常に優秀な学習者であれば、自分自身で戦略を開拓するものだが、それを修得する機会をおろそかにするべきではない。

　　優れたマルチメディア教育は、単に一つのタスクに必要な知識とスキルを提供する以上のことをすべきである。学習者が他の状況にも一般化できるようなやり方や問題解決戦略を教えるべきである。学び方を指導する場合の、基本的な8ステップのメタ認知戦略（AlleyとDeschler、1979）を以下に示す。

1. 学習者のタスク遂行を観察する。
2. 学習者のタスク遂行方法について説明する（各ステップについて言葉で）。
3. 望ましいタスク遂行方法について説明する。
4. 新しいタスク遂行方法をデモンストレーションする。（各ステップについて言葉で）
5. デモンストレーション中、およびその前後に質問を奨励する。
6. 正確に述べられるようになるまで、学習者に口頭で繰り返させる（繰り返しながら、学習者に間違いがあれば正してフィードバックする）。
7. 学習者にシミュレーションで練習させる（間違いがあれば、即座に正してフィードバックする）。

8. 学習者に実地で練習させる。

学習領域での目標の記述

解決策（ソリューション）のための4種類の目標を、表9.5に記載して、説明する。

表で概要を示した順で目標を設定しよう。

表9.5 目標を設定する順序

目　　標	解　　説
ゴールと コース目標	コース全体のゴールを1つか2つの文で簡潔に述べる。コース全体の終了後に、学習者は何（KSA：Knowledge, Skill, Attitude）を知り、何（行為、職務遂行）ができるようになるかを明示する。目標には学習者の立場で目的とする学習結果を記述する。
職務遂行目標	この目標は実際にコースの目標には入れない。これらは、インストラクショナルデザイナ間のコミュニケーションに用いる。この目標には5つの要素があるが、後述するように、最終的に、最終目標とレッスン目標を補足するものである。
最終目標	この目標には、学習者が職務に戻ったとき、修得しているべきKSAを記述する。
レッスン目標	学習者がレッスンを受けている間に、実演できる具体的なKSAを記述する。

作業工程

目標を設定するときの作業工程は以下の通りである。
1. 学習領域を決定する
2. レベルを決定する。
3. ゴール宣言文を書く。
4. 職務遂行目標を設定する。
5. グループディスカッションを行う。
6. 職務遂行目標から最終目標を分離する。
7. 職務遂行目標からレッスン目標を分離する。

目標分析手順

以下の作業項目とステップに従って行う。

作業項目1　学習領域を決定する。

KSA：Knowledge, Skill, Attitudeを決定するためのタスクリストを使用して、それぞれのタスクの学習領域を決める。学習領域を各タスクに割り当てる。

作業項目2　レベルを決定する。

それぞれのタスクの学習領域の範囲でレベルを決定する。

作業項目3　ゴール宣言文を書く。

コース全体のゴール宣言文を書く。

作業項目4　職務遂行目標を設定する。

各タスクの職務遂行目標を設定する。表9.6の5つの要素を使用して、各タスクの職務遂行目標を設定する。

表9.6　目標の5つの要素

NO.	要素	解説
1	状況	刺激を与える状況、行為が観察される状況。
2	修得能力	様々なレベルの知的スキルに対して、それを表す行為動詞を厳密に定義する。その行為動詞で表現される学習成果のかたち。
3	対象	学習者の職務遂行内容。
4	行為動詞	職務遂行のなされ方。（注：Gagnéの階層構造のそれぞれのレベルに対応する行為動詞のリストを、付録Bに掲載した）
5	ツール、制約、状態	必要な特殊ツール、制約、実際の職務遂行が観察される状態。

表9.7に能力動詞として使用される動詞をリストアップした。これらの動詞は互いに排他的になっている。目的とするレベルに適した修得能力の動詞を使用しよう。Gagné（1985）は、識別から態度まで修得能力ごとに、使用する動詞を限定している。それは、解決策（ソリューション）が解決しようとしているのは何なのかということに、目標設定者の焦点が合うようにするためである。

付録Bの始めに、参考として「行為動詞リスト」[1]を載せた。

表9.7　Gagné, Briggs, Wagerによる修得能力とそれに沿った職務遂行目標開発のための動詞（1988）

修得能力	行為動詞
識　別	識別する
概念の具体化	特定する
概念定義	類別する
ルール	（実例によって）明示する
問題解決	解決策を作る
認知戦略	採用する
教授伝達	述べる
運動技能	実行する
態　度	選択する

　次に示す例は、成人の技術的スキルとソフト的スキル学習の職務遂行目標であり、各領域や各レベルにおける目標である。
　この後に述べる各レベルの文中では、【　】内に「目標の5つの要素」のいずれに該当するかを記載した。

　技術的スキルのための目標　技術的スキルのトレーニングは、通常、ソフトウェアや設備、機械などのトレーニングと共に行われる。ここで例としてあげる製造業のトレーニングは、ある電子装置のメンテナンスに伴って行われるものである。各目標ごとに学習領域とレベルを決める。

● **認知領域の識別レベル**　学習者は、電子機器の図面を入手し【状況】、完全に正確に【特別な状態】その主要な部品を【対象】丸で囲って【行為動詞】、それぞれの機能の部品を識別する【修得能力】。
● **認知領域のルールレベル**　学習者は、電子機器の主要な部分で原因が明確に

1　原著の英語による動詞をそのまま掲載した

わかっている不具合が発生したとき【状況】、完全に正確に【特別な状態】トラブルシューティング手順を述べて【行為動詞】、そのトラブルシューティング手順の【対象】知識を明示する【修得能力】。

- **情意領域の価値付けレベル** 学習者は、電子機器に原因が明確にわかっている不具合が発生したとき【状況】、不具合を修復し始める前に【制限】緊急停止安全手順【対象】を遂行する【行為動詞】ことを選択する【修得能力】。
- **精神運動（知覚）領域の視覚識別レベル** 学習者は、電子機器の電源供給システムにおける原因が明確にわかっている不具合が発生したとき【状況】、正しい端子に正しい方法で【制約、またはツール】、電圧計をアースと適切な低抗や導線の間に【対象】、正確に取り付けて【行為動詞】診断手順を実行する【修得能力】。
- **メタ認知領域** 学習者は、仕様のわからない特殊な電子機器の電気系統で原因のわからない問題が発生したとき【状況】、事前情報無しで問題に対処するために【制約】必要な手順を言葉にしてリストアップし【行為動詞】、状況に対処する戦略【対象】を作る【修得能力】。

ソフト的スキルのための目標 ソフト的スキルのトレーニングでは、質の高いサービスの提供、管理技術、リーダーシップスキル、対人関係スキルなど形のないものを扱う。ここでは、監督スキルの目標記述を例として示す。

- **認知領域の具体的概念レベル** 学習者は、選択された作業単位（ワークユニット）を与えられると【状況】、すべての【状態】顧客の特性を言葉にしてリストアップし【行為動詞】、内外の顧客【対象】を特定する【修得能力】。
- **認知領域の問題解決レベル** ワークグループのメンバーが、任務を遂行するための情報、トレーニング、責任、資源（リソース）を持っていることを確認するため【状況】、学習者は、顧客要求と品質規格にあわせ【状態】、ワークグループで実行する所定の要素【対象】を列挙して、作戦を立てる【修得能力】。
- **情意領域の組織化レベル** 品質規格を遵守できない作業状況が発生したとき【状況】、学習者は、会社のポリシーを堅持する言葉を使用して【状態】、次期の品質規格【対象】にその経験を活かせるように、次の人に伝えることを【行為動詞】選ぶ【修得能力】。

作業項目5　グループディスカッションを行う。

職務遂行目標を設定するときに仮定したことを明確にして検証するために、ディスカッションには、プロジェクト・チームや、中立なグループを参加させる。

ステップ1 職務タスクの妥当性を確認しながら、グループで目標をレビューする。
ステップ2 ディスカッションの後に、必要に応じて職務遂行目標を書き直す。

作業項目6　職務遂行目標から最終目標を分離する。

職務遂行目標の中には最終目標とレッスン目標が存在する。最終目標は、職務遂行目標の中の状況と修得能力の部分を成す。製造業のコースのために作成した目標の例を使用して、職務遂行目標から最終目標を分離してみよう。

● **認知領域の識別レベル**　学習者は、電子機器の図面を入手し【状況】、完全に正確に【特別な状態】、その主要な部品を【対象】丸で囲って【行為動詞】、それぞれの機能の部品を識別する【修得能力】。

この場合、最終目標は「学習者は、電子機器の図面を入手し、それぞれの機能の部品を識別する。」となるだろう。

最終目標には、コース終了時、すなわち職場に戻るとき、学習者が修得する目に見える職務遂行能力を記載する。

最終目標は、学習者が何を達成できるのかわかるように、学習教材に記載する。そのため、目標は、形式的でなく、わかりやすく書き直すべきである。たとえば、学習教材の最終目標は、「このレッスンを終了後には、あなたは電子機器のそれぞれの機能の部品を識別することができるでしょう。」というように。

最終目標では、インストラクショナルデザイナは、より上位レベルの概念の学習に重点を置く。(この場合は識別(部品を見分けること)であるが。)

作業項目7　職務遂行目標からレッスン目標を分離する。

職務遂行目標から修得能力を取り除いて、レッスン目標とする。

レッスン目標には、学習者が最終目的を達成するために行うレッスンにおいて、何をするかを明示する。作業項目6の職務遂行目標を用いると、レッスン目標は、「学習者は、電子機器の図面を入手し、完全に正確に、その主要な部品を丸で囲む。」となるであろう。

レッスン目標はインストラクショナルデザイナに、最終目標を達成するためのレッスン活動に焦点を置かせる。

> **われわれの経験から　「目標こそ目標」**
>
> 　われわれは、この目標設定システムを目標について考える方法として作った。プロジェクト・チームのメンバーはすべて、目標を設定するためにこのシステムを理解しなければならない。われわれのシステムを使用すると、二つの点で混乱を避けられる。一つ目は、設計者と内容専門家が、トレーニングの目的のレベルを明確に理解できることであり、二つ目は、最終目標とレッスン目標を、同時に並行して作成できることである。
>
> 　この作業工程はチームで行うことを強く勧める。われわれの経験では、チームで作成した目標は、1人で作成した目標より効果的である。
>
> 　目標を作成した後、タスクリストに載っていない目標が見つかるかもしれない。そういう場合は、適宜、目標やそれに付随する内容を、移動させたり分類したりしよう。
>
> 　目標は、直接、解決策（ソリューション）の効果テストや測定に関わる。テストと測定については第4部で論じる。

まとめ

　目標を作成してみると、学習者が職場へ戻ったとき、何を修得しているべきかということが、明確にわかる。

　また、解決策（ソリューション）に含めなければならない情報や活動は何なのかということも、知ることができる。

　解決策の内容と、何を提供すればよいかがわかったら、次は提供に使うメディアを選択しよう。

10

メディア分析

　費用をかけずに業務上の問題を解決するには、理路整然と、そして注意深くメディアを選定することが必要である。我々は、学習者および費用面での要因についていろいろな考察ができる配信メディア分析ツールを開発した。

　メディアには多種多用のものがある。CBTの中では、マルチメディアという言葉がよく使われているが、メディアという言葉は複数名詞であることを思い出して欲しい。常に1つ以上のメディアを使うことを検討すべきである。
　この章では、表10.1に示すメディアについて考察する。

表10.1　提供メディアの種類

メディア	記述
インストラクタ主導	教材は、先生や教育運営者によって学習者に提供される。教材は昔ながらの研修室で使われる。または、仕事中に必要事項を学習するために利用される。プレゼンテーションには、講義、討論、実習、ワークショップなどが含まれる。尚、これは、他のメディアでも同様である。
コンピュータ版（CBT）	コンピュータを使用したあらゆる提供形態のこと。CAI（Computer Assisted Instruction）もこの中に含まれる。CAIは、インストラクタを支援したり、印刷物の提供を行う。また、統合的なコンピュータを利用した学習として、コンピュータがすべてのコンテンツを提供するものもある。
遠隔ブロードキャスト	テレビや電話や衛星を経由して遠隔地へインストラクションを提供する方法を示す一般的な用語。動画、音声によるテレビ会議や双方向遠隔配信などがある。

ウェブ版（WBT）	インターネットやイントラネットを使い、研修をWANまたはLANを通じて配布する。
音声テープ	音声テープを使い（支援教材を含むことがある）インストラクションを提供する。
ビデオテープ	ビデオテープを使い（支援教材を含むこともある）インストラクションを提供する。
業務遂行支援システム（PSS; Performance Support System） e-業務遂行支援システム（EPSS）	職務支援。人々の職務を電子的にまたは紙で支援するために使用する。この方式では、職務支援ツールだけで学習し職務を遂行する。集合教育などの公式研修や指導なしで学習し職務を遂行することができる。

作業工程

メディア分析は以下の作業工程で行う。
1. 期待される学習結果と適切なメディアを適合させる。
2. 期待される学習結果とメディアの利点および制限を適合させる。
3. 結果を比較し、メディアを決定する。
4. 結果を文書化する。

メディア分析の手順

作業項目1　期待される学習結果と適切なメディアを適合させる。

書き出した目標を使って望まれる学習結果と適切なメディアを一致させる。
ステップ1　従業員があまり頻繁に実施するものではないが複雑なタスクを遂行できるようにするため、以下の項目を検討する。
- コンピュータを利用した業務遂行支援（Web上のヘルプまたはリファレンスシステム）
- テキストの補助資料または、リファレンスマニュアル
- メンタリング[1]、電話サポート、またはコーチング[2]

例えば、コールセンタで希にしか使用されない顧客の依頼書を完成させなければならない顧客サービス代行業務では、研修よりも支援システムを選ぶ方が賢明であろう。

ステップ2　プロセスや手順の学習が必要な場合は、運動または、精神運動スキルが必要かどうか判断する。もしどちらかのスキルが必要な場合は、運動学習用メディアの選択を考える。

1　前出（第6章）脚注参照
2　前出（第6章）脚注参照

- 実習もしくはシミュレーション
- OJT（On The Job Training）もしくはメンタリング
- 担当訓練者、または、バーチャルリアリティシステム

　例えば、工場の作業員に安全な手順で正確に作業遂行することを学ばせたいならば、熟練者の管理のもとで実作業を経験するべきである。

ステップ3　業務遂行上、運動または、精神運動が必要なければ、自分のペースで学習できる自習タイプのメディアの選択を考える。

- CBTまたはWBT
- 対話型遠隔ブロードキャスト
- 自習タイプのワークブック
- 演習問題または、学習ガイド付きの音声テープまたはビデオテープ

　例えば、商品化部門の責任者がWeb上の申し込み書式作成方法を学習するには、CBTを使っての学習だけで十分である。

ステップ4　詳細な説明が必要な概念や事実を学習させる場合は、以下のようなメディアの選択を考える。

- インストラクタ主導のクラスルーム
- Webを利用したチャットルーム
- 電話会議
- テレビ会議

　参加者から特定の質問を数多くされがちな内容の場合、高度な人材がいてかつ即時の対話ができるメディアが必要になる。

ステップ5　詳細な説明が必要ない概念や事実を学習させる場合、画像等の使用が有効である場合は、以下の項目を検討する。

- CBT
- ビデオテープ
- WBT
- 解説図付きの文書

　ホテルの清掃員に客室の正しいベットメーキング方法を学習させる場合、その手順について、清掃員が判断することはほとんどない。従って、質問は少ないはずである。ゆえに視覚化したメディアで十分である。

ステップ6　概念や事実の説明に視覚化の必要がない場合は、以下のようなメディアの選択を考える。

- 文章
- 電話会議
- 音声テープ

　化学薬品工場の事務員は、薬品を扱う方法ではなく危険な薬品に関する新しい

OSHA（Occupational Safety and Health Administration；労働安全衛生局（米国労働省の機関））の指示を知る必要がある。

ステップ7　従業員の動機づけや態度を改めさせたい場合は、役割モデルの実習を考える。
- ビデオテープ
- テレビ会議または電話会議
- コーチングまたは、メンタリング

例えば、航空業界で従業員に顧客サービスに前向きな姿勢を教え込みたい場合、これらすべての方法が利用できる。

ステップ8　学び方や批判的思考法（クリティカルシンキングスキル）を学習させる場合は、即時にフィードバックできる手法を考える。
- テレビ会議または電話会議
- コーチングまたは、メンタリング
- CBTによるシミュレーション
- 実習練習会（ワークショップ）

例えば、操作員に原子炉の緊急停止手順を教えるには、これらの方法を利用できる。

作業項目2　期待される学習結果とメディアの利点および制限を適合させる。

メディアの長所、短所を業務上の要件と一致させる。

ステップ1　各々のメディアの長所と制限事項を分析する。地位、組織の大きさ、内部および外部資源、開発経験レベルに要因がある。表10.2は、それぞれのメディアの種類とその利点および制限事項の分析方法の出発点である。各職場独自な業務環境項目を自由に追加して活用すること。

表10.2　メディアの利点と制限事項

メディア	利点	制限事項
インストラクタ主導	・直接の対話ができる。 ・対象者人数が多くても対応できる。 ・個々に対してフィードバックをかけられる。 ・多種のメディアを統合することができる。 ・教材を受講グループに合わせることができる、または進捗に応じてインスト	・学習者やインストラタの日程が合わない場合がある。 ・必要なフィードバックをすべての人に与える十分な時間がない。 ・ある一定のペース、もしくは、クラスの大多数が理解できるペースで学習が進む。個人個人の学習形態に合う説明はしない。 ・仕事場への技術移転が欠如している。

	ラクタが調整することができる。 ・開発時間が短い。 ・受講者とインストラクタが慣れ親しんでいる昔ながらの教授方法である。 ・学習者は仕事の環境から離れるため、コースに集中することができる。	・インストラクタの知識に大きく左右される。 ・学習者のレベルが異なるため、ある箇所を強調したりしなかったりと提供方法に一貫性がない。 ・評価が一貫していない。 ・学習者やインストラクタの移動時間と移動費用がかかる。
コンピュータ版 (CBT)	・提供方法が一貫している。 ・個人個人のスケジュールに調整して学習ができる。 ・多くの感覚を使って学習できる機能がある。 ・学習のペースをコントロールできる。 ・高い双方向性があり、関与し合うことができる。 ・学習者の遂行能力に合わせられる。 ・一貫したテストとその記録をとることができる。 ・何度でも復習することができる。 ・同じ概念の多くのプレゼンテーションや例を通じて身につくまで学習できる。	・1度に参加できる人数が制限される。 ・おそらく文字の量が多い。 ・設計チームメンバの要望の量や、オーサリングをするためのプラットフォーム、ハードウェア、ソフトウェアやメディア費によって高価になる。 ・内容の複雑さにもよるが、設計と開発時間として、1時間あたりのインストラクション開発に250時間から750時間という長時間がかかる。最初のプロジェクトでは、もっと長い時間を計画しなければならない。 ・特殊なプログラミングおよびオーサリング技術が必要である。 ・内容や文脈へのある特定のフィードバックは制限される場合がある。 ・ユーザインタフェース設計が貧弱（例えばメニュー階層が深い）だと、ナビゲーションで混乱したり、学習を妨げてしまうことがある（例えば、効果音がやたらと鳴る）。
遠隔ブロードキャスト	・地理的な境界線がなくなる。 ・距離があるにもかかわらず、対話ができ、質問に対し迅速にフィードバックできる。 ・受講者が多くのグループになるのに対し、インストラクタが1人で対応できる。 ・受講者とインストラクタの出張を減らせる。（費用を減らせるうえ、より便利になる。） ・短期間に大人数を育成することができる。 ・多くのメディアを合わせることができる。	・時差が大きい場合、参加者によっては適切でない時間に学習しなければならない。 ・ほとんど双方向性がなく、または、まったく双方向性がない講義になりがちである。そのため、退屈になり受講者は興味を失う。 ・インストラクタに装置の扱い方を、多くのスタッフに放送機器の扱い方を覚えてもらうための特別な研修が必要になることがよくある。 ・遠隔配信技術を使いこなすインストラクタは授業前に多くの準備をする必要がある。

第10章 メディア分析

テレビ会議	・双方向ビデオを使えば、インストラクタは受講者を、受講者はインストラクタを見ることができる。 ・既存の電話回線を使うことで、衛星放送より安価になる。 ・地理的な境界線がなくなる。 ・距離があるにもかかわらず、高いレベルでの対話が可能であり、質問に対し迅速にフィードバックできる。 ・インストラクタ1人で多くの受講者に対応できる。	・衛星使用料はとても高価。 ・1方向ビデオを使うと受講者とインストラクタはお互いを見ることができない。 ・映像の圧縮および伸長によって遅延が発生し、映像と音声の同期がとれなくなる。 ・時差が大きい場合、受講者によっては適切でない時間に学習しなければならない。 ・ほとんど双方向性がなく、または、全く双方向性がない講義になりがちである。そのため、退屈になり受講者は興味を失う。
ウェブ版（WBT）	・受講者とインストラクタの移動を減らせる。 ・短期間に大人数を育成することができる。 ・多くのメディアを組み合わせることができる。 ・双方向ビデオを使えば、インストラクタは受講者を、受講者はインストラクタを見ることができる。 ・受講者とインストラクタが直接問答できる、または、議論できるチャットルームを備えている。 ・受講者がインストラクタや他の受講者に出せる電子メール箱を備えている。 ・データ参照機能およびデータ保存機能を持っている。 ・ファイルおよびデータ共有を備えている。 ・コースの教材に音声、ビデオ、画像を取り入れることができる。 ・教材を簡単に更新することができる。	・インストラクタはコースの各要素の調整や計画のために多くの準備をする必要がある。 ・プログラマと製作者の特殊な設計能力が要求される。 ・セキュリティ、テスト、そしてフィードバックが限られている。 ・ユーザインタフェース設計が貧弱（例えばメニュー階層が深い）だと、ナビゲーションで混乱したり、学習を妨げてしまうことがある（例えば、効果音がやたらと鳴る）。 ・映像の圧縮と伸長スピードがゆっくりなため、映像と音声が同期しないことがある。
音声テープ	・配信に柔軟性がある。 ・テープの再生機があれば、受講者は情報を入手することができる。 ・開発および配信に費用がかからない。	・学習時、1つの知覚のみ使用される。
ビデオテープ	・配信に柔軟性がある。 ・ビデオデッキがあれば、受講者は情報を入手することができる。 ・初期開発の後の複製および配信に費用がかからない。 ・役割モデルを使ったマナーおよび動機づけに適している。	・学習時、2つの知覚のみ使用される。 ・ビデオグラファ、編集者、プロデューサ、脚本家の高度な技術が必要なため、生産するのに費用がかかる。 ・ビデオ1分間あたり、500ドルから2000ドルの制作費が必要である。
業務遂行支援システム（PSS）	・必要性に合わせ情報を提供する。 ・職務から離れた形ばかりの研修をする	・概念や方針、実習を提供するには適していない。

e‐業務遂行支援システム（EPSS）	・必要がない。 ・手順や作業工程上の情報、または参照する教材を提供するのに最適である。 ・複雑な情報やまれにしか必要とされない情報を準備しておける。	・EPSSでは、設計チームに特殊なプログラミングおよびオーサリングの技術が必要になる。 ・複雑すぎるユーザインターフェースを選んだり構築してしまうことがある。 ・顧客の必要な情報にすばやくアクセスできるように構築されていないことがある。

ステップ2　提供にかかるコストを分析する。表10.3に、多くの研修メディアに関する費用を記載した。

表10.3　メディアに関連する費用面の要因

カテゴリー	要因	考慮点
開発チームの人的資源	・プロジェクトリーダ ・インストラクショナルデザイナ ・内容の専門家（SME） ・展開/配備に関する責任者 ・メディアスペシャリスト（音声技術者、ビデオ技術者、グラフィックデザイナ、システムデザイナなど） ・プログラマ（制作者、インタラクティブデザイナ、システムエンジニアなど） ・出版者（編集者など）	・開発活動に含まれるチームメンバのための1時間あたりの費用
管理面での人的資源	管理職 事務	・開発活動の管理のためにかかった1時間当たりの費用
制作物	・ビデオ、ディスク、またはCD-ROMの複製 ・制作後処理 ・ナレーション ・スタジオレンタル ・ビデオ機器レンタル ・ビデオテープ ・設備費	・メディアを開発するためにかかった制作費用
材料	・ディスク ・CD-ROM ・ビデオテープ ・音声テープ ・ソフトウェア ・ハードウェア	・材料にかかる費用

ステップ3 提供の要因を分析する（表10.4参照）。

表10.4 メディアに関する提供面の要因

カテゴリー	要因	考慮点
流通	・望まれるコースの存続期間（年）	・長期間実施されるコースほど、利用価値が高く、費用効果が高い。
	・コースの長さ	・より多くのコンテンツを開発するとより多くの費用がかかる。
	・顧客の数	・生徒の数が多くなればなるほど、1生徒当たりの費用は低くなる。
	・1年間に開催されるコースの回数	・開発費を算出する。
	・対象者の地理的な位置関係	・出張費とその他の開発費を算出する。
	・教材	・複製作成費、郵送費、送信費を算出する。
研修当たりの費用	・生徒、インストラクタ、事務スタッフ、管理職の平均年収	・含まれている各人の費用を決定する。
	・生徒、インストラクタの平均時間給	
	・生徒、インストラクタの平均旅費	
	・設備費	
	・クラス当たりのインストラクタの数	
	・それぞれのユニットにおける1時間当たりの開発費	

ステップ4 維持面の要因を考慮する（表10.5参照）。

表10.5 多様なメディアに関する維持面の要因

カテゴリー	要因	考慮点
継続的な教材の複製	ビデオテープ、音声テープ、ディスク、CD-ROMや印刷物のような追加品の費用	・誰が教材を必要に応じ複製するのか。
材料	CD-ROM、紙、ディスクや音声テープや、ビデオテープなど購入した材料の追加の費用	・誰が、継続的な教材の複製用に追加材料を購入するのか。 ・誰が追加用の材料の支払をするのか。
保管	教材を保管するための費用	・配布するまで、教材原本や付加教材をどこに保管するのか。 ・誰が保管管理をするのか。
配信	教材を配信するための費用	・誰が配信する教材を保管しているのか。 ・顧客は、どこに教材を注文すればよいか知っているのか。
改訂	教材を改訂するための費用	・誰が教材の改訂に責任を負うのか。

| | | ・誰がバージョン管理の責任を負うのか。 |
| | | ・時代遅れの在庫品の処分にかかる費用は？ |

作業項目3　結果を比較し、メディアを決定する。

　　メディア選定結果を比較し、学習項目に関連する適切なメディアを決定する。付録Eの「ニーズ調査と初期分析ツール」の中にあるメディア選定様式を使って、メディアに優先順位を付ける。解決策（ソリューション）では、1つ以上のメディアを提供できることを覚えていて欲しい。最も効果的な解決策は、それぞれのタスクに最適なメディアまたはメディア群を決定する。

　　チームや資金提供者はランク付け尺度が使える。正しいアプローチは、各自の判断によって決められる。もし、資金提供者やチームのメンバが、あなたが正しいと思えない解決策をすでに決定していたら、ランク付け書式上の質問を使用してみる。この質問により、解決策の中に学習者やコストに対する完全な考慮がされているかどうか判定できる。

　　ランク付け尺度は冗長度を持っており、学習者および費用の両方の見地から多数の要因を考慮する必要がある。それはあなたの決断そのものに焦点を当てるように設計されており、あなたの味方になるよう作られたものではないのである。ここに準備された考慮点はあなたが各要因を物差しの上でランク付けするとき、あなたが本当に意図しているものは何であるかを問うのである。

作業項目4　結果を文書化する。

　　メディアの種類をリスト化、グループ化し、その結果を文書化する。

われわれの経験から　「メディアはメッセージではない」

　　メディアの選定は、ランク付け方式で行うほうが良い。ランク付け方式なら、関連するすべての局面を熟慮して、決定が行われるからである。

　　以下は、研修部門のプロジェクト室での会話の抜粋である。

A：CBTの教材として開発しよう。
B：そうだね。コースの中に学習者が楽しめるようなゲームを入れよう。
A：高解像度グラフィック、アニメーション、ビデオなど、オーサリングシステムに付いている機能がすべて使えるからね。
B：それにCBTは他の教材に比べて設計するのが楽しいよ。ワークブックの開発は飽き飽きして叫びだしそうだった。CBTの経験ありっていうのは経

歴書の見た目も良いよね。

この会話にはある要素が欠けている。実際はこの状況で会話が続いたのだが、重要な要素がまったく出てこなかったのである。学習の設計、業務上の問題や職務遂行要求の解決、時間と費用の有効性についての議論に向かわなかった。主な基準は、チームが研修の開発を楽しむべきであることのように見えた。

本当に、よく言われる「仕事を楽しめ」という言葉は無意味ではないが、効果的な技術を使ってパフォーマンスを上げ、組織上の業務のニーズを解決するためには、もっと重要なことがある。AやBやここの設計者チームにとって、エンドユーザが低コストで短時間に学習する必要性は重要ではない。または、学習は魔法のように行われるとでも思っているのであろう。もちろん、以上の両方の考え方とも間違いである。

本書でわれわれは、メディアはメッセージではない、と宣言する。これは数年前のMarshall McLuhanの発言と逆である。しばしば誤解されるこの警句はマルチメディア開発の嵐を巻き起こし、学習者も開発者もいまだ後遺症に苦しんでいる。

われわれは、この「メッセージ」とは、適切なメディアを通じて提供される必要のある情報のことを指していると考える。その情報とは、工程、手順、方針、概念、資料、またはシステムであろう。それぞれの情報には教育的な戦略が必要である。メディアは目的により決定される。もし、制作した教材が学習者の必要事項を満たし業務遂行能力を向上させないなら、そのメディアのすべての能力、特徴は、目的に達成に役立っていないことになる。

ここに1つの例がある。X社は、新しい政府規制に応じるため新しい方針を採用した。その実行には、すべての従業員とただちに連絡をとることが必要となる。では、この情報を従業員に提供するためにどのようなメディアを使うべきであろうか。

この説明や質問を読んで、簡単にメディアが決められるか。または、その選択に迷うか。それとも、次のように自問するか。

- 対象者は何人か。
- 対象者は地理的に離れているのか。
- 従業員は、方針の情報が知りたいだけなのか、それとも使う技術を教わりたいのか。
- 会社は大きなミーティングを開催する現実的な能力があるか。

もし、これらの質問をし始めたなら、それは考え方が正しいと言える。反対

に、ただちに決め始めようとする衝動にかられたのなら、それは適切でない解決策を開発することになるであろう。

　ただちに解決策の開発に取りかかる場合も、コンテンツ、学習の流れ、学習設計、提供時に直面する制約について、ある程度の仮定はするであろう。もし、その仮定が正しいなら、それはすばらしいことである。解決策は成功し、皆幸福になれる。しかし、もし仮定が間違っていたら結果はどうなるだろう。その問題の解決策としては効果的でなくなる。

　X社についての追加の情報を以下に記す。
- 情報を必要としている従業員は3000人いる。
- すべての従業員は、1週間以内に規制について知らなければならない。
- 従業員は、規制についてのみ知ろうとしている。彼らは、実行するスキルを必要としていない。
- すべての従業員は、同じ地域で働いている。
- 会社の施設に1000人を集客できる講堂がある。

　もし、この情報をもらう前にメディアをただちに決めていたら（われわれはあなたがそれほど性急な部類とは思っていないが）、あなたの決定にこの情報が与える衝撃はどれほどになるだろうか。この情報を知る前であれば、対話型遠隔ブロードキャストを使うことをすぐ決めたであろう。衛星使用料と開発コストに数千ドルを浪費していただろう。

　しかし、このリストにある情報のおかげでもっとよい選択ができる。会社の1000人収容の講堂でミーティングを開催する。3回ミーティングを開催してもいいし、もし可能ならば研修室にテレビを組み立てて従業員に呼びかけてもよい。また、質問に対し回答をFAXしてもよいだろう。

　われわれは、娯楽社会に生きている。その娯楽の法則は、成人が研修教室に出席したときも適用される。たいていの場合、生徒に一番評判が良いのは、最も楽しませてくれる教材や講師である。しかし、いわゆる「エデュテイメント」[3]を、学習設計の基本にしないように、とわれわれは提言する。「教育娯楽」提供者は、知識とスキルを手に入れ、遂行能力を増すことが目的だという事実を見失っている。

　論理的に表示され、適切な練習とフィードバックのある内容を備えたマルチメディアは、「エデュテイメント」よりももっと効果的である。同様に、自信

3　エデュテイメント＝ゲーム感覚で遊びながら学習できるソフトウェアのこと。

> を持って学習を提供し、専門知識を備え、自分の行っていることを本当に楽しみ、個人的なレベルでも生徒と関わることのできる講師なら、コントを練習して時間を使うような講師より効果的である。ユーモアを使うべきではないなどと言っているのではない。関係があってユーモラスな物語や話題を交えることができるなら、そうすればよい。しかしながら、コンピュータ版研修で画像そのものを目的としたり、無関係な冗談のためにオーディオ資源を使用することは、コストを抑えた効率的な業務遂行支援のゴールからの離脱となる。
>
> 　同様に、自信を持って専門知識と仕事の本当の楽しさを伝えられる、受講者に合わせられるインストラクタは、喜劇的学習に多くの時間を費やすインストラクタよりも、より効果的である。

まとめ

　ここまでで、解決策のメディアが決定できた。解決策の立案設計を始める前にもう1つ行わなければならない分析作業がある。全体的に、または部分的に使用することができる「製品」がすでに存在する可能性がある。現存するデータの分析をすれば使用可能な製品についての情報が分かる。他社が開発した素材を使用できないときは、新しい素材を設計し開発する。

11

既存資料分析

　マルチメディアを設計することではなく、業務課題を解決することが主目的であることを忘れてはならない。不必要な費用をかけないためにも、一部だけでも解決策がすでに存在しているかどうか知る必要がある。昔は、既存の利用可能物の探索という仕事はあまり実施されなかった。しかし今は、遠隔通信およびコンピュータ技術の進歩により、探すこと、つまり既存資料分析は比較的簡単にできるようになった。この分析により時間もお金も節約することができる。また、すでに開発されているものを再度開発しているのではないということを明確にすることが出来るのである。

作業工程

　既存資料分析を行うために、以下の作業項目を完遂させなければならない。
1. 有望な情報源を明確にする。
2. 情報と既存のコース教材を収集する。
3. 情報を比較する。
4. 購入か開発かを決定する。
5. 決定事項を文書化する。

既存資料分析の手順

　以下の作業項目を行う。

作業項目1　有望な情報源を明確にする。

調査するものを決定する。調査するものは解決策全体なのか、それとも一部なのか。調査するものを以下の2点によって決定する。

1. 解決策の大きさや複雑性（大きくて複雑な解決策は統合的な解決策を1つ以上探すことである）。
2. 会社所有の教材の量（自社のコンテンツの所有量が多ければ多いほど、他社に既存の有用で便利なコンテンツがある可能性は少ない。）

作業項目2　情報と既存のコース教材を収集する。

収集開始にはWebサーチエンジンを使用するのがよい。Web上のアカウントを持っており、サイトにアクセスできれば、インターネットでの掲示板やSIGs(Special-Interest Groups)を使い情報検索ができる。検索費用は検索1件当たり無料の場合や、検索時間または作り出される情報量による従量料金制の場合などがある。

図書館の多数のガイドや定期刊行物の索引は優れた情報源である。ほとんどの図書館では、コンピュータを利用した検索でほとんどの情報を調査できる。

付録E（ニーズ調査と初期分析ツール）にある既存資料分析ツールを使い、検索結果を文書化する。

作業項目3　情報を比較する。

収集した情報が目標や対象者や業務課題に合致するものか評価をする。

ステップ1　教材の妥当性や有用性を評価する。教材が実際に必要な情報を含んでいるかどうか把握する。再び既存資料分析ツールを使い、対象者、学習項目、メディアと解決策に必要なものを比較する。また、既存の教材によって必要とされるハードウェア、ソフトウェア、またはスケジュールが現在利用しうる技術かどうか把握する。

ステップ2　プロジェクトの時間的制約から、情報の利用可能性を検討する。簡単に既存教材が利用可能ならば、それを使うことが適当であり、しかもその使用はプロジェクト期間の短縮にも貢献する。

ステップ3　既存教材利用費用がプロジェクトの予算に対して適切かどうかを検討する。解決策の完成期限を延長したり、高価なハードウェアの購入が必要であるというような技術的な問題がないかどうか検討する。

作業項目4　購入か開発かを決定する。

分析の結果として既存教材が利用可能（そのままであろうと、改造が必要であろ

うが）ならば購入することに決定する。分析の結果として既存品が解決策に適応していないことが判明したなら教材を新規に開発することをこの時点で決断する。

作業項目5　決定事項を文書化する。

出所、理論的根拠、および分析による決定事項を記載した結果を文書化する。

われわれの経験から　「こだわりすぎもダメ」

　解決策（ソリューション）が、市販の製品や、購入して業務上の要求を満たすことができる教材としてすでに存在するならば、わざわざ開発する必要はない。ウェブ上の資源から広告や発表会議に出ている制作・販売会社まで、数多くのデータ分析情報源がある。上手に検索するコツは、組織立てて検索することである。これを踏まえて、時間をかけてカギとなる単語や語句を一覧にし、特殊な質問の答えを探す。できるだけ効果的で関連の深い情報だけを収集し、調べなければならないものの量を減らすのが肝要である。

　コンピュータ検索用の質問を作成するには、検索用の質問を絞り込む。コンピュータ検索ではキーワードで探した情報を返すことしかできない。おかしな例として、「マイス（マウスの複数形）」と、「マウスANDコンピュータBUT NOTげっ歯類」でヒットする言葉の数とかかる時間を考えてみよう。

　現存するデータの分析に使える時間は限られている場合がある。分析を行う日程と計画を立て、検索の結果の分析のための費用で情報の調査と収集の方に時間をかけすぎるということがないようにしよう。一旦一覧表を作成しても、まだ誰かが結果を並べなおしたり、コンテンツや製品の一覧表を入手して分析したり、適切な提案を出さなければならないことを覚えておくこと。

まとめ

　この章を終了すると、利用し得るもの、解決策に含むもの、プロジェクトチームが開発しなければならないものが判明する。分析中に既存品の費用を記し、この後始めるコスト分析に含めることを忘れてはならない。

12

コスト分析

　この章では、解決策の利益を決める2つの共通して使うことのできる公式の概要を説明する。

1. 費用便益分析（CBA ; Cost-Benefit Analysis）は、プロジェクトに実施する意味があるかどうか判断するために使用する。
2. 投資効果（ROI ; Return On Investment）は、プロジェクトが実行された後、実利益を把握するためにしばしば測定される。

　業務では、常にコストを意識していなければならない。もし、解決策によって組織に利益をもたらすことができなかったら、その解決策は、開発されるべきではなかったということになる。IDの専門家として、提案した解決策によって生まれる価値を判断すべきである。コスト分析は以下の目的のため、その結果を文書化し、プロジェクト出資者と共有する。

- プロジェクトを成功させるために必要な支援を獲得するため。
- 提案された解決策は対費用効果があり、付加価値があることを証明するため。
- 開発組織内の信用を維持し、プロジェクトに焦点を当て続けるため。
- 間接費使用者ではなく、解決策提供者、収入をもたらすものと見てもらうため。

作業工程

　提案した解決策によって加えられる価値を明確にするため、以下のコスト分析を実施する。

1. 費用便益分析を実行する。
2. 投資効果を把握する。
3. 結果を文書化する。

コスト分析の手順

以下の作業項目に従う。

作業項目1　費用便益分析を実行する。

制作費と関連する予想されるプロジェクトの利益を把握する。
公式は、

$$\frac{教育活動の利益見積}{ニーズ調査・初期分析・設計・開発・実装・評価にかかる費用}$$

例えば、ある組織に対して提案した解決策の価値を100万ドルと予想し、実際に予算として計上した費用が10万ドルであれば、1ドルごとに10ドルの割合で費用便益効果をもたらすということになる。関係者と共にこの効果が高い比率であるかどうかを判断しなければならない。組織は受け取る利益に対する費用を最小限にしようとするものである。

作業項目2　投資効果を把握する。

プロジェクトが実行された後、投資効果を測定する。
公式は、

$$\frac{教育活動の実際の価値}{ニーズ調査・初期分析・設計・開発・実装・評価にかかる費用}$$

例えば顧客が100万ドルの利益を得られ、実際の費用が10万ドルなら、1ドルごとに10ドルの費用対投資効果をもたらすということになる。これが顧客の望んだ投資効果額である場合、解決策は成功である。

作業項目3　結果を文書化する。

対象者にわかりやすい形式で結果を文書化する。もし、顧客が管理者チームであればコスト分析の結果についてチームが慣れ親しんだ形のプレゼンテーションをする。

> **われわれの経験から　「はかれないものもはかる!?」**
>
> 　もし、プロジェクトの中に専門家がいなければ、経理グループから応援を呼ぶか、表計算ソフトを使うとよい。コスト分析をすれば、価値を証明でき、資金調達ができ、マルチメディアの開発に集中できる。2つの公式を使った計算に関する詳細な文献はASTD（American Society for Training and Development; アメリカ人材開発協会）のような専門組織からWeb上にも公表されているし、図書として出版されてもおり、誰でも利用できる。
>
> 　すべてのものが測定できるわけではないと思っている人もいるが、われわれはすべてのものが測定できると考えている。リーダシップのような柔軟な技術の測定はより難しいが、量ることができる。リーダシップのような柔軟な技術の本当の価値は、直接観察できることの1つ上のレベルにある。以下の例で考えると、
>
> 　　よりよいリーダがいることで従業員により大きな満足を与えられる（観察することはできない）、そして満足している従業員は会社から離れてはいかないであろうということ（観察できる）を仮定してみる。すると、従業員減少および従業員の満足度に関する統計は、満足度が上がり人員減少率は減るというような相関性を示すはずである。従業員の満足度は、従業員満足感調査(その調査項目の中で従業員のリーダに対する満足感を評価する)を行うことにより測定することができる。
>
> 　　人員交代費用平均×離職率が計算できる。離職率統計をリーダに対するリーダシップ技術の教育の前と後で継続的にとれば、離職率の増減とそれに付随する原価削減額がわかる。このように、リーダへの従業員満足度をある数字まで増加させ、離職率をある数値まで減らすという目標は測定できるものの1つである。

まとめ

　費用便益分析の公式を使えば、提案する解決策による利益が顧客の基準を満たしているのかどうか（そして潜在的にいくらくらいか）、計算することができる。これで、解決策の設計と開発を始める準備ができたことになる。提案した解決策が基準に満たなかったならば、他の解決策を探さなければならない。これは、おそらくメディア分析で2番目に検討したものになるであろう。

13

高速分析手法

　現代社会の変化のスピードや多様性は、人材開発部門に、その変化によるニーズに対応することを要求する。そこで、高速分析手法（RAM; Rapid Analysis Method）を紹介する。RAMにより有用な情報を手に入れる一方で、分析にかかる時間を大幅に減らすことができる。

　RAMには以下のような利点がある。
- すべての組織の階層（経営層と従業員層）からすべての手法を（インタビューと観察手法）使って、同時にデータを収集することが容易にできる。
- 実状と望まれる状況の間のギャップを見分けられる。
- 組織内でのさまざまな階層における認識のずれを見分けられる。
- 効果的に使用すれば、分析のサイクルタイムを3分の2に減らせる。

　この手法を使って成功するためには、いくつかの要素が必要である。もしその要素が1つでも欠けると、検索したデータは標的をはずしてしまう。
　1つめの要素は、高度の経験を持ったアナリストがいなければならないということである。高度な経験を持ったアナリストは評価項目や各質問の中で分析プロセスがどのように働くかを直観的に理解していなければならない。RAMは、経験の浅いアナリストには向いていない。RAMの中には複雑な分析プロセスが集約されているのである。RAMはたった5つの質問だけを要求していてるが、各々の質問はニーズ評価および初期分析から得られるすべての情報の高い視点から作られているのである。RAMと通常の分析方法の違いは、RAMでは追跡調査のための質問が出来なければならないことである。

2つめの要素は、分析される組織の状態が以下の条件に該当していなければならないということである。

- 中核となる作業工程には、はっきりと文書化された戦略がなければならない。
- 中核となる作業工程のオーナー（例えば、マーケティングプロセスのオーナーとは、マーケティング部門のバイスプレジデントである）が、インフラと人員の操業管理の責任を負っている。
- 人材開発部門は、中核となる業務活動と連携していて、その戦略を知っていなければならない。

この2つめの要素が欠けている場合は、アナリストは解決案で部分的な成功しか導けない。なぜなら、長期的問題に短期的な解決策を持ってきたりするからである。

RAMを使って効果をもたらすためには、アナリストは組織の方向性に気づいていなければならない。少なくともアナリストは、業務、中核となる作業過程、そして組織の目標を完全に理解していなければならない。この理解は、解決策に必要な高速分析の背景として必要なのである。もし、分析チームが業務活動と連携していないなら、業務解決には、あまりにも時間がかかりすぎる。分析時間の不足、または分析をまったく行わないと、間違った解決策を開発する原因になる。または、はるかに大きな問題に絆創膏のようなもので対処することになる。

3つめの要素であるが、アナリストは、研修のニーズを超え、本当の原因である業務遂行方法やシステム問題を組織的に評価しなければならないということである。研修評価のみが職務に必要な知識、スキル、態度を明確にするのである。職務遂行評価はツール、作業工程、手順、作業環境、作業の質と量のどちらが重要かを明確にする。

全体組織評価は、インセンティブ（奨励）、企業風土、意思決定能力のような組織全体に関わるような問題を検査する。表13.1に組織的評価の3つのレベルを示す。

付録Bに、例として顧客サービスでどのように組織的な評価を行えばよいかを示した。この例は、シナリオ、分析結果、評価の情報構造の3階層から構成される。組織的な評価は分析を通じて情報を生み出す。付録Bの例に示す情報構造は解決策の開発時に考慮すべきモデルの各レベル例である。

研修ニーズだけを分析することは単に問題だけを解決する方法しか作れず、教育活動の成果物は非常に効果の薄いものになる。

4つめの要素は、RAMでは、顧客はビジネスを進める方向について明確な考えを持っていると仮定することである。もしそうでなければ、RAMにより方向性についての考えを明確にすることはできるが、解決策の開発と実行には時間がかかる。あるタイプの分析が成功する前に、組織的開発がうまく遂行されるときがある。例

表13.1　組織的評価によるニーズレベル

レベル	要因	ニーズの例
全体組織評価	継続性	高度な能力を持った経験のある従業員を保持する。
	インセンティブ（奨励）	従業員をより高度な業務遂行者にするために報奨金を提示する。
	企業風土	人を評価する。
	意思決定と承認レベル	誰が意思決定の責任者なのか。
職務遂行評価	労働環境	新しいスキルを学ぶための労働環境になっているか。
	ツール	業務を遂行するために必要な装置はあるか。
	作業行程と手順	どのように仕事が実行されればよいか各自が知っているか。
		効率的、効果的に仕事をする方法を知っているか。または、仕事をするために動き回るだけか。
	質、量のどちらに重点	より重要であることは何であるか。うまく職務を遂行することか、仕事をして製品が出荷されることか。
研修評価	知識	職務を完遂するのに必要な概念と情報を理解すること。
	スキル	職務を完遂するための物理的な能力を持つこと。
	態度	職務が完遂されることの価値を理解すること。1つの仕事が他の仕事に与える影響を理解し注意すること。

えば、解決策が組織の展望や使命に結びついているなら、展望や使命は文書化されており、直ぐ利用可能で、明確であるはずである。工程や手順が望む結果を生んでいないなら、それらは変更されるべきである。

　ほとんどのRAMの情報は、人々に話させてその中から拾わねばならない。アナリストは、高いヒアリングスキルを持ち、適切なレベルで詳細を探ることができなければならない。"高速"の意味は、現場に入って、必要な情報を入手し、現場から出てくる、そして二度と人々の邪魔をしないということである。

　追加情報を集めたいという要求が繰り返し出てくるということは、インタビューアがRAMを活用するだけの経験を持っていないということを示す。
表13.2の概略は以下のとおりである。
- RAMにおける活動名と分析全体に対する各活動のおおまかな時間
- オペレーションまたは各活動中に現実に起こること
- 各オペレーションの予想される結果

第13章　高速分析手法

表13.2　高速分析手法

レベル	総時間に対するパーセンテージ	オペレーション	結果
質問	9%	幹部、中間管理職と従業員にこれらの質問をする。 「ニーズの源は何か？」 「このニーズに対応するために何をすべきか？」 「このニーズに対応するために何を知らなくてはならないか？」 「組織に対する解決策の価値は何か？」 「解決策の成功をどのようにして計るのか。」	すべてのグループからの反応の有効性を確認して、相違点を調整する。
聴取	50%	以下の5つのカテゴリーに沿って反応を分類する。 1. 感覚ニーズ 2. 標準比較ニーズ 3. 将来ニーズ 4. 比較ニーズ 5. 需給関係ニーズ	観察段階で使用する項目について情報をまとめる。この情報により、言われたことと実際になされていることの有効性を確認し、その間にある相違点を調整する。
観察	40%	模範的な遂行者とその他ランダムに選んだ遂行者を観察する。 それぞれのグループが知り実施する必要があると言っていることは環境によるものであるか判断する。 タスク分析（ある部署では効果的効率的に業務が遂行されているか） 環境分析（仕事が遂行されている環境） 対象者分析（学習者の特徴：学識、背景、文化） 重要項目分析（従業員が実際に知りたいこと）	さまざまなグループの反応の有効性を確認する。多様なニーズと環境下における実際の状況の違いを識別する。
報告	1%	結果をまとめる。 発見した事柄について説明し、対策案を提案する。 説明、提案は次の3つのレベルで行う。 1. 研修 2. 職務遂行 3 全体組織	対策案の受け入れ、または拒絶。（この時点では、提案設計は研修、職務遂行、全体組織レベルで始まる。その提案でそのレベルにどのくらいの衝撃がもたらされるかを理解したグループ全体からの、部分的な受け入れも含む）。

作業工程

RAMを行う際には、以下の5つの作業項目を行う。
1. 分析の準備をする。
2. 基本的な質問をする。
3. 聴き取り、回答を記録する。
4. 実際の職務遂行を観察する。
5. 結果を報告する。

高速分析手法の手順

以下の作業項目に従う。

作業項目1　分析の準備をする。

ステップ1　顧客やチームと評価の焦点について議論し、研修、職務遂行や全体組織の各レベルにおいて査定すべきであることに気づかせる。

ステップ2　（インタビューおよび観察される人を除いた）プロジェクト全員が出席するキックオフミーティングを開き分析の準備をする。

そして、誰がどのタスクを実行するかを決めるために、付録Eの「ニーズ調査と初期分析ツール」セクションに記載されている役割職責マトリスクのテンプレートを使う。

一旦、参加者がすべての役割を受け入れ、責任を持ったら、プロジェクト計画書とプロジェクト日程表を作り、全員に各タスクの開始終了時期を知らせる。

役割職責マトリスクの凡例を使って、どのメンバーが

タスクの責任者である（R）

タスクについて意見を聞かれる（C）

タスクの結果を単に知らされる（I）のかを見分ける。

1人以上がタスクについて意見を聞かれ、結果を知らされ、1人だけがそのタスクを完遂する責任を持つことになる。全員に少なくとも1つのタスクに責任を持たせると、プロジェクトメンバーは参加料を支払ったことになる。そうすることでやる気が起る。また、全員がプロジェクト成功という分け前をもらうことができるのである。古い諺では、「責任者とは、タスクをどのように完遂するかを決める権威でもある」といっている。HammerとChampy（1994）は、権限を与えないで責任をとらせようとしてもうまくいかないと述べている。事を思うように成すためには、働けるように権限を与え、そして、その働きに応えてやらなければならない。

ステップ3 対象は幹部、中間クラスの管理職、従業員という3階層である。アナリストが複数いる場合は、3階層を縦に分割し、各アナリストが全階層にインタビューと観察をするように担当を分ける。分析のためにこの縦の階層を使うことで、アナリストは、言われていることと実際に起こっていることの違いに気が付くことが出来る。

作業項目2　基本的な質問をする。

ステップ1　表13.2の「質問」にある基本的な5つの質問をする。完全な情報を得るため追加の質問をする必要があることもある。すべての作業工程の中で、この作業項目は全分析時間の約9％しか占めていない。組織内の幹部、中間管理職、従業員のすべての階層に同じ質問をする。そして、各グループの発言の一致点を捜す。

ステップ2　それぞれの階層に対するインタビューの答えから一致しないものを識別する。

作業項目3　聴き取り、回答を記録する。

ステップ1　回答を聴き取ることから始める。聴き取りは、分析時間の半分を占めている。質問に分析のほとんどの時間を使ってしまうことがよくある。聴き取りすることに徹すれば、人々はこちらが知りたいことを話してくれるものである。特定の質問を多くすると、質問の表現のしかたによって回答が偏ってしまうことが多い。言い換えると、見つけなくてはならないものでなく、見つけたいものを見つけることになる。

ステップ2　必要な情報をすべて得たことを確認するため表13.2の「聴き取り」にある5つのカテゴリーに分類する。

作業項目4　実際の職務遂行を観察する。

ステップ1　タスクを完遂する様子を観察する。「話が1人歩きする」という言い回しを聞いたことがあると思う。言うことと、することは合わないことが多い。人々は、理想的な希望を伝えるかもしれない。または、現実を知らないこともあり得る。

ステップ2　言葉での応答と実際の職務遂行の不一致を明確にする。差異を調整することはアナリストの仕事である。言っていることと、行動の不一致を判断することが本作業項目4を実行する理由である。

作業項目5　結果を報告する。

　　　　メモをレビューし、調査結果、勧告の報告準備を行う。プロジェクトの大きさ、アナリストの人数やインタビューアの人数や観察人数により変わってくるが分析するデータは多くなる。そうだとしても、報告が完全で全領域情報を集めているなら、RAMのこのステップにかかる時間は分析総時間の中の約1％だけである。付録Eの評価・初期分析ツールの分析レポートツールを使用すること。

> **われわれの経験から　　「全階層の組織評価が真の解決をもたらす」**
>
> 　　T＆D（研修－開発）機能においては、D（開発）の比重のほうがT（研修）よりも大きい。また、研修分析のみを行ったならば、組織に貢献できる任務は、とても狭まる。だから、表13.1の3つすべての階層について組織的評価を実施する必要があることを顧客にアドバイスするのである。
>
> 　評価を完遂すれば、全階層の組織的評価により統合的な問題がいかに解決できたのか、顧客に明快に示すことができる。通常、作業の改善度や組織レベルの改善度を示す。
>
> 　研修が唯一の問題解決策であるという場合もある。原則よりも例外が多い。組織とはとても複雑なものである。一部を変えれば常に他に影響を与える。例えばガラス工場で自動車設計部品を生産する時間を劇的に減らす業務支援型学習システム（EPSS）を実行したとしよう。その場合、部品保管場所があるかどうかに気をつけなければならない。部品製造部門で削減した金額は、組み立てラインが車を組み立てるまで部品を保管しておく費用として消えてしまう。

まとめ

　　　　高速分析手法RAMは、第1部で説明した他の分析手法と同等な分析を行う。

　5つの質問を注意深く行い、聞き、答えを記録し、分類し、要求調査とニーズ分析プロセスをショートカットしたものである。

　RAMを使用することで、第1部の前半で示した9つの分析を行うよりもずっとはやく設計段階に入ることができる。どちらの評価と分析の手法、戦略を使おうが、すでにもう、解決策の設計を開始する準備ができたことになる。

第2部 マルチメディアのインストラクショナルデザイン

14

マルチメディアのインストラクショナルデザイン概要

要求調査と分析で得た情報をすべて文書化して要件を決定したら、設計段階に入る。

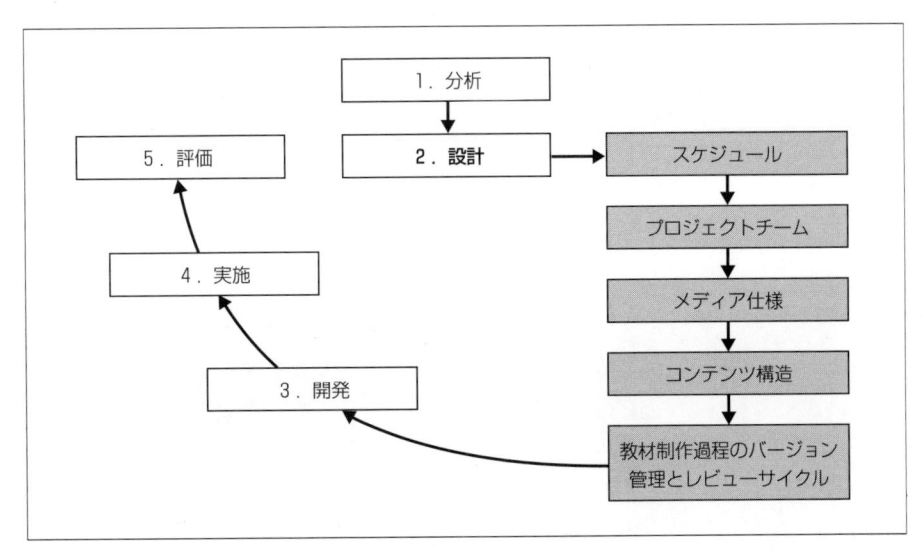

```
        ┌──────────┐
        │ 1. 分析  │
        └────┬─────┘
             ↓
┌──────────┐  ┌──────────┐   ┌──────────────┐
│ 5. 評価  │  │ 2. 設計  │→ │ スケジュール │
└──────────┘  └──────────┘   └──────┬───────┘
     ↑                               ↓
     │                        ┌──────────────────┐
┌──────────┐                  │ プロジェクトチーム │
│ 4. 実施  │                  └──────┬───────────┘
└──────────┘                         ↓
     ↑                        ┌──────────────┐
     │                        │ メディア仕様 │
     │                        └──────┬───────┘
┌──────────┐                         ↓
│ 3. 開発  │                  ┌──────────────┐
└──────────┘                  │ コンテンツ構造 │
     ↑                        └──────┬───────┘
     │                               ↓
     │                    ┌──────────────────────┐
     └────────────────────│ 教材制作過程のバージョン │
                          │ 管理とレビューサイクル   │
                          └──────────────────────┘
```

設計段階は、マルチメディアプロジェクトの企画段階に当たる。企画は、おそらくプロジェクト成功の最も大きな鍵を握る。なぜなら、企画の失敗が原因でプロジェクトが崩壊するということはよくあることだからである。

この段階の成果物は、コースが完成したらどのようになる予定かを詳述したコース設計仕様書（CDS; Course Design Specification）である。コース設計仕様書を完成

させるためには次の作業が必要である。
- プロジェクトの作業スケジュールを組む。
- プロジェクトチームのメンバーを決定する。
- プロジェクトを企画する。
- 教授内容の詳細なアウトラインを書く（解決手段にコースが含まれている場合）。
- インターフェースを設計する（必要に応じて）。
- コンテンツの技術的な正確さという観点から、内容の専門家（SME; Subject Matter Expert）と設計をレビューする。
- 研修や業務遂行支援の合理性という観点から、設計をレビューする。
- 開発段階の基準を定める。
- 有効的なテストの手法を定める。

　開発の手戻りによる損失を避けるために、設計段階の成果物であるコース設計仕様書は、プロジェクトの時間や予算などの制約が許す限り、できるだけ緻密に完成させた方がよい。実際にマルチメディアを開発する段階では、コース設計仕様に全面的に従うことになるからである。コンテンツの設計、開発、実施という段階的なアプローチは、次のような場合に適している。

- 最初に中心となるコンテンツを開発し、後日付加的なスキル、知識を追加する場合。
　例えば、全従業員用の時間管理パフォーマンス支援ツールの開発で、付加ツールとして部署別の時間管理ガイドラインを別途に開発するような場合である。
- コンテンツと解決策を同時に開発する場合。
　これはよく「並行開発」と呼ばれるもので、ソフトウェアや新商品の開発プロジェクトの際に行う。マルチメディアによる解決策を並行して開発する際は、設計仕様にフレームワークを採用し、開発が完成したら、それをコンテンツにはめ込むのである。
- ビジネス環境の急速な変化に対応して公開していくマルチメディア開発の場合。
　例えば、変動する価格やスケジュール情報を提供するWebのツールは、定期的に情報を更新する必要がある。設計仕様には更新の方法を提示する。
- 高速プロトタイプ版を使って試供品やデモ版を開発したり、開発を早く進める場合。
　その後の開発作業のため、コース設計仕様には設計上の決定事項と書類作成に関する事項を記載する。

素材の作成を左右する仕様はすべて、その制作に携わるグループが決めなくてはならない。情報提供なしに、グループからグループに仕様を押しつけるということは絶対にしないこと。さらに、仕様は社内や社外の関係者と協力して決めるべきである。

　コース設計仕様書が完成したら、設計チーム、開発チーム、関係者から承認を得る必要がある。この承認によって、すべての組織が期待するものを明確にし、プロジェクト進行のベースとする。最後に、品質管理や製品のレビューを担当するグループに仕様書を提示する。

　表14.1はコース設計仕様の構成要素である。

　プロジェクトのタイプによるが、表に示した設計仕様に追加が必要な場合もある。例えば遠隔教育プロジェクトでは、より詳細な項目のスケジュールを立てる必要があるであろう。ビデオを追加するマルチメディアプロジェクトは、台本、セットデザイン、照明、撮影場所など詳細な仕様が必要な場合が多い。

表14.1　コース設計仕様の構成要素

コース設計仕様の構成要素	内容
スケジュール	プロジェクトの概要を示し、マイルストーン、成果物、納期を一覧にする。
プロジェクトチーム	プロジェクトチームのメンバーの役割と責任、連絡先を一覧にする。
メディア仕様	形式、全般的な表現手法、文章、文法、画像、フォント、テーマ、シンボルの編集などについて文書化する。
コンテンツ構造	コンテンツの分類、順序、リンク、ナビゲーションの方法を記述する。 ・教える情報のタイプと研修の提供手法 ・研修のイベントを考慮したレッスンフロー、コースフロー、ストーリーボード（コンテンツ台本）や台本用に用意したユニット、レッスン、コンテンツの詳細なアウトライン ・フィードバック、ユーザー管理、ユーザーのインタラクション、テストの技法と形式
教材制作中のバージョン管理とレビュー期間	バージョン管理、素材の選定と管理の方法を記述する。 レビューの形式やレビューを実施するプロセスについて記述する。

> **われわれの経験から**　「団結すれば完成度も高くなる」
>
> 　チーム全員が一つになってコース設計仕様を決める必要があるのは、次の理由からである。
>
> - 革新的な設計や創造的なアイディアが、組み込むには遅すぎて実用にならないという手遅れを防ぐため。メンバー全員で考えると、プロジェクト全体の設計に活用できるような今までにない名案を思いつくかもしれない。チームでコース仕様を設計すれば、仕様の偏りや矛盾した仕様を阻止できる。
> - 設計仕様に関する合意を得て、その内容を共通に理解するため。開発段階に先立って、チーム全員が設計仕様を理解する必要がある。そうしなければ、チームの徒労は避けられず、最終製品にも矛盾をきたしてしまう。設計会議を開いて質問する機会や理解を深める機会を提供すると、チーム全員が支持する仕様を固められることが多い。
> - 一貫したアプローチの必要性を認識するため。快適な学習環境とサポート環境をつくり、確実に学習させるためには、一貫したアプローチが重要である。プロジェクトの目的を達成するために必要な一貫性のレベルを明文化すると、速やかに開発を進められる。
>
> 　仕様をもとに開発を進めていくと、うまくいくと思っていたことが、意図した結果を生み出さないということに気が付くことがある。しかし、開発が進行するに従って仕様の変更は難しくなり、より多くの費用と制作時間が必要になることを頭に入れておくこと。
>
> 　基本設計仕様のテンプレートを保存しておくと、次期プロジェクトに活用できる。既存のコース設計仕様に次期プロジェクト用の変更を加えるだけで新しい仕様として使えるので、確実に時間を節約できる。

まとめ

　設計段階では、ニーズ調査と分析段階の結果に従い、開発計画を立てる。この際に、開発前の準備として学習活動の設計、企画の文書化、共通認識の獲得、期待できる結果の明確化も行っておくとよい。第2部の各章では、プロジェクトの各ステップと作業項目について述べる。

15

プロジェクト・スケジュール

　前章で説明したように、設計仕様の作成は、プロジェクトの概要、マイルストーンの一覧、スケジュール、成果物、納品日、プロジェクトの範囲や構想、その構想を実現する方法の記述から始める。こうして決定した設計仕様は、関係者、社内や社外の顧客、出資者、ベンダー、プロジェクトチームのメンバーの間でコミュニケーションツールとして機能する場合が多い。

　いずれの提供メディアでも、プロジェクト・スケジュールは同じ基本方針で決定すること。そしてプロジェクト計画の各要素は、それぞれの要素に合った方法で統合し、調整する。例えばCBTとWBTのコースウェアは学習項目を中心に構成し、遠隔放送や電話会議は時系列イベントを中心に構成する。最終的な製品の形式に関わらず、効果的な開発と実施のために、細心の注意を払って各要素の計画を立てなくてはならない。

　活動レベルのプロジェクト・スケジュールは大体において設計時の決定や、費用や主力になる人材の空き状態、ツールの入手可能性や能力と妥協した結果となる。例えばデザインする画像の数、クリップアートや既存グラフィックインターフェースの使用の有無は、中心となって画像を制作する人材の空き状態や能力に左右される。インタラクション（ユーザーとコンテンツとの対話部分）やテスト問題を作成するスケジュールは、設計が1に対して開発が1という開発比率に基づいて決定することが多い。また、設計段階で決定する内容は、成果物やサポート活動のスケジュールに影響を与える。設計段階の間、プロジェクト活動は、生成と修正の繰り返しとなることが多い。そこで、仕様が決定してプロジェクト活動が固まってから、詳細を記述するか決定事項を反映して修正する。

第15章　プロジェクト・スケジュール

プロジェクト・スケジュールは、マルチメディアのインストラクショナルデザインの重要な側面である。効果的なだけでなく、ビジネスニーズ、時間制限、作業に必要な人材や資源の制約内で実現できるように作成しなくてはならない。そういったスケジュールを立てれば、プロジェクト遅延の可能性をゼロにできる。また、スケジュールによってプロジェクトの成果、プロジェクトのタスク、チームのメンバーの役割と責任を把握できる。

作業工程

プロジェクト・スケジュールを作成する作業工程は次の3点からなる。
1. プロジェクトの全般的な情報を文書化する。
2. プロジェクトの成果を一覧にする。
3. プロジェクト活動のスケジュールを立てる。

プロジェクト・スケジュール作成の手順

プロジェクト・スケジュールを作成する際は、次の作業項目が必要である。

作業項目1　プロジェクトの全般的な情報を文書化する。

次の項目を含めて、簡潔に記述する。
- プロジェクトの目的は何か、何のビジネスニーズに向けたものか
- 現在の業務遂行能力とのギャップと障害
- 望ましい成果と高レベルの業務遂行要件
- プロジェクトに関わるすべての制約や問題
- タイムラインやプロジェクトの成功に影響を与えるような仮定

作業項目2　プロジェクトの成果を一覧にする。

プロジェクトの成果物やマイルストーン、関連する日程を一覧にする。成果物とマイルストーンには、次の項目の開発やレビュー、承認を含む。
- 音声台本
- ストーリーボード
- プロトタイプの画面インターフェース
- プログラムのテンプレートとモデル
- ビデオ台本
- ビデオ放送スケジュールと台本

作業項目3　プロジェクト活動のスケジュールを立てる。

　大規模なプロジェクトでは特に、活動をきちんと系統立て、メンバー全員が（1）役割と責任を認識し、（2）プロジェクトの線表を意識し、（3）プロジェクト活動を適切な時間に行う、ということが重要である。分析段階で役割と職責の対応表を作成した場合、開発を始めるためには対応表を改良し、必要なタスクの詳細レベルのものを作る。この対応表は高速分析手法（第13章）で説明している。また、付録Eのニーズ調査と初期分析ツールにも載せてある。

　レビュー期間を設定する場合は必ず、スケジュールの一部に修正用の時間を十分に設ける。マルチメディアプロジェクトを成功させるために、レビューは重要な側面である。なぜなら、レビューによってインストラクショナルデザインの品質とコンテンツの有効性を確保できるからである。

　スケジュールには、レビュー者が何をレビューするべきかを明確に理解する時間、レビュー実施に割く時間、観察の結果や提案を記録する時間、どの提案を実行するか決定する時間、作り直す時間を含めることである。十分なレビューと修正のサイクルはどんなに強調しても、強調しすぎということはないほど、重要なものである。プロジェクトの締め切り直前の場合、あるいは締め切りを過ぎている場合でも、設計や最終的な製品の品質を確保する時間を侵害してはならない。マルチメディアプロジェクトでは分析に3分の1、設計と開発に3分の1、実施、評価、保守に3分の1を割くのが適切な時間配分であることを覚えておく。

　スケジュールは、次のレビューも考慮に入れて計画する。
- 技術レビューまたは機能レビュー
- インストラクショナルデザインレビュー
- 基準レビュー
- 編集レビュー
- 管理レビュー

　各レビューのテンプレートと説明は付録Eの設計ツールセクションに記述してある。

　マイクロソフトプロジェクトやマイクロソフトスケジューラープラスといった、便利なスケジュール管理アプリケーションソフトが市販されている。スケジュール管理の自動化は、スケジュールを調整する必要が生じた場合、特に重要である。プロジェクトの日程を1つ変更すると、その変更によって影響のある他のスケジュールにも、その変更が反映されるからである。

> **われわれの経験から**　**「専任プロジェクトマネージャが必要！」**
>
> 　プロジェクト管理とプロジェクト・スケジュールの運営は、独特のスキルを要する難解な業務である。インストラクショナルデザイナや他のマルチメディアチームのメンバーは、次のような経験をすることがある。それは、この役割を成功させるために必要な経験も、素質も、ツールもない状態で、いつのまにかプロジェクトマネージャやチームリーダになっている自分に気が付くという経験である。重要なのは、プロジェクトマネージャやチームリーダの役割は、プロジェクトで他の職責についているメンバーの単なる付加的な職責ではないという認識である。追跡調査、スケジュール作成、コミュニケーション、プロジェクト活動の監督といった要件が増加したことから、マルチメディアプロジェクトにはスキルのある、専任のプロジェクトマネージャが必要である。
>
> 　プロジェクトの線表は、実際に作業する人と一緒に決定するのが最良の手段である。チームでスケジュールを作成するアプローチをとると、チームの専門的な意見や経験を利用できるばかりかチームの賛同を得ることができ、プロジェクト開発はよいスタートを切ることができる。この後、第16章で典型的なマルチメディアチームの役割と責任を列挙する。また、プロジェクト管理に関しては、Greerの文献（1996）を参照すること。
>
> 　チームで基本的なスケジュールとタスクの一覧を作成し、次のプロジェクトのためにそれをテンプレート化するとよい。一般的に既存のスケジュールをその後のプロジェクトのために部分修正すると、大幅な時間の節約につながるだけでなく、ベンチマークの設定と、正確なスケジュール作成が可能になる。
>
> 　プロジェクトの進行中や終了後のスケジュール分析から、多くのものを得ることができる。時間とコストの予定と実績を追跡調査、比較することにより、次のことが可能になる。それは、（1）今後の開発労力の正確な見積もり、（2）生産性の向上、品質の保持、コスト効果の改善が可能な領域の指摘の2つである。
>
> 　プロジェクト所要時間に関する追跡調査データが不足していると、正確な計画を立てるために必要なスケジュール情報の収集をする上で、大きな障害になる。プロジェクトの時間を追跡調査していない場合、不正確な追跡調査をしている場合、あるいはスケジュールの立てられた各タスクを追跡調査していない場合は、計画されたスケジュールは不正確である。
>
> 　時間を追跡調査する際は、次の点を含めて検討する。
>
> - 時間のデータを収集する方法を決定
> - どのレベルのデータを収集し、分析するかを決定

- 時間の追跡調査情報入手者を決定
- 時間を追跡調査する方法を決定

　チームのメンバーがプロジェクトのタスクに普通どのくらいの期間がかかると思うか、あるいはどのくらいの期間をかけるべきだと思うかを、さっと調査するとよい。それから指標の設定、スケジュール作成、調査、見積もったスケジュールに反するようなチームのパフォーマンスを分析する。プロジェクトの最後に、チームに作業詳細を質問し、必要であれば指標を修正する方法を分析する。プロジェクトごとにレビューをすると、マルチメディアの設計や開発のタスクを正確にスケジュールに組み込むために必要なデータを得られる。

まとめ

　プロジェクト・スケジュール（特に開発プロジェクトのタスクの概要を示した箇所）は、分析段階と設計段階での決定事項を反映している。スケジュールは、マルチメディアのインストラクショナルデザインに関する決定が人材や期限、ビジネス上の制限の中で達成可能で適切なものかどうかということを判断する重要な手段である。重要なことは、マルチメディアデザインのチームのメンバー全員が日程を組まれ、計画された事項を理解してそれを念頭に活動することである。次の章では、マルチメディアのインストラクショナルデザイン及び開発チームの、代表的な役割分担とそれぞれの責任について説明する。

16

プロジェクトチーム

　コース設計仕様の構成要素（表14.1参照）で2番目に着手するべきことは、プロジェクトチームのメンバーの代表的な役割と責任を定義し、プロジェクトのタスクに結びつけることである。リソース割り当て機能のあるスケジュールソフトを使用している場合、スケジュールにリソースを追加すると効果的である。

　理想的には、マルチメディアチームは入手可能なツールやリソースだけを用いるといった制約なしに解決策を設計できるかもしれないが、現実的には、マルチメディアのインストラクショナルデザインチームは問題だけではなく、問題を解決するために入手可能なリソースについても考慮しなくてはならない。

作業工程

　プロジェクトチームのメンバーの役割と責任を定義する作業項目は、次の3点である。
1. チームの役割を列挙する。
2. 役割と責任を割り当てる。
3. タスクをメンバーへ割り当てる。

プロジェクトチームの手順

　次の作業項目に従う。

第16章　プロジェクトチーム

作業項目1　チームの役割を列挙する。

チームに必要な役割を列挙する。次の設計チームの典型的な役割と責任の一覧（50音順）を検討し、プロジェクトに適したものを選択する。

インタラクティブデザイナ、インストラクショナルデザイナ

- プロジェクトチームの一環として目標を用意する
- コンテンツを定義する
- 特定の教育活動に適した学習活動を選択し、順序を決める
- インストラクションの素材を制作するための文書を執筆する（またはSME：内容の専門家と共同で執筆する）
- マルチメディアのインストラクションを設計する
- SMEと協力し、製品の内容を制作する
- 製品のインタラクションを設計する（例えば、製品内のインタラクション、インタラクションの動き、製品とユーザーとの間のインタラクションの方法）
- システムデザイナと協力し、インストラクショナルデザインとインタラクティブデザインをサポートするためにフローチャートを作成する
- グラフィックデザイナ、クリエイティブディレクタ、ビデオプロデューサ、オーディオプロデューサと共にストーリーボードを制作する
- クリエイティブディレクタと協力し、音声台本およびビデオ台本を執筆する
- 製品のインストラクションおよびインタラクションの全体的な品質に関して責任を負う
- オーサリングツールの操作知識をもつ

エディタ

- 執筆されたまたは統合された素材を編集する
- 執筆の仕様を作成またはレビューする

オーサ（教材開発者）

- テキストまたは電子化された教材を制作する
- メディア素材を統合し、オーサリングツールを使用して製品を制作する
- グラフィックデザイナと協力して画像を製品へ一体化する
- インタラクションを構築および改版する
- オーサリングツールの高度なスキルと知識をもつ
- クリエイティブディレクタと協力してオーディオプロデューサ、ビデオプロデューサとストーリーボードや台本を執筆する

オーディオプロデューサもしくは技術者
- 全音声を制作する
- 最終的な音声台本を生成する
- タレントを手配する
- 音声録音のスケジュールを調整する
- 音声をミックス、編集、電子化する
- 音源や音響効果を探す
- 既存のメディアを確認する
- 音声のライブラリを収集および管理する
- 既存の音声素材のライセンスを手配する
- 音声の観点から製品をレビューする
- オーサリングツールの操作知識をもつ

グラフィックアーティスト
- グラフィックデザイナと協力してコンテンツの画像を制作する
- 画面やインターフェースをデザインする
- 製品用のイラストや画像を制作する
- ある程度のマルチメディアオーサリングツールの知識をもつ

グラフィックデザイナ
- インストラクションの素材用に画像をデザインおよび制作する
- 製品の全体的な外観をデザインする
- インストラクショナルデザイナ、クリエイティブディレクタと協力し、メインのインターフェースとコンテンツの画像のコンセプトを決める
- メインのインターフェースデザインだけでなく全画面の印刷の仕上がりやボタンをデザインする
- コンテンツの絵、イラスト、アニメーションを制作する
- 既存の図表をいつ使うか判別する
- 画像のライブラリを整備する
- インストラクショナルデザイナと協力して全画像の標準を決定する
- オーサリングツールの操作知識をもつ

クリエイティブディレクタ
- インタラクティブデザイナやグラフィックデザイナと綿密に協力し、人間とコンピュータの間のインターフェース設計および開発を行う
- インタラクティブディレクタと協力してオーディオプロデューサ、ビデオプ

ロデューサとストーリーボードや台本を生成する
- メディア素材に関してグラフィックデザイナと共同作業をする
- 作成および統合した製品のすべての素材を確認する
- 製品の素材の全体的な品質の責任を負う
- 品質という観点から製品をレビューする
- オーサリングツールの操作知識をもつ

システムエンジニア、アプリケーションデベロッパ
- 情報技術サービスを提供し、主としてアプリケーションの開発と支援を行う

システムデザイナ
- 技術的な立場から製品の動作を設計する
- 開発のツールを決定する
- プログラムのロジックとフローの構成方法と作成方法を決定する
- オーサを管理する
- 製品の基本ロジックとオーサ用のユニット単位のモデルを作成する
- インストラクショナルデザイナ、インタラクティブデザイナと協力して製品のフローチャートを作成する
- 製品の技術的レビューを行う
- オーサリングツールに関して広く技術的な知識をもつ

実施責任者
- 実施優先順位、組織の優先順位、実施上の問題点、組織上の問題点を比較検討して最適な解決手段を提供するよう努める
- 選択したメディアによって実施する作業を判別する
- 実施する作業のスケジュールを明示する
- サポートグループや組織と協力し、時間どおりかつ順調に開発段階から実施段階へ移行できるように調整する
- 実施、市場調査、コミュニケーション計画とスケジュールを作成し実行する
- メンテナンスや評価の計画を立て、実施する

内容専門家（SME）
- 様々な場面の正確性をレビューし、インターフェースデザイナにフィードバックを返す
- 開発過程において、内容の専門家としての機能を果たす

スポンサ
- リソースを所有し、プロジェクトの開発作業を指示する
- すべての決定、プロジェクトの進行状況、終了宣言に関してプロジェクトチームと調整する

パフォーマンスアナリスト
- 業務遂行環境の理想と現実を見分ける
- すべての矛盾点の原因を見定め、解決や評価の手法を提言する

ビデオ編集者または技術者
- 全ビデオを電子化する
- ビデオ素材を最終的な製品に統合する
- オンライン編集ツールに関して広く知識をもつ
- オーサリングツールの操作知識をもつ

ビデオプロデューサ
- 製品の全ビデオを制作し、監督する
- 最終的なビデオ台本を生成する
- タレントを手配する
- 撮影スケジュールを決める
- ビデオの撮影隊を召集する
- 衣装と化粧品を調達する
- ビデオの観点から最終製品をレビューする
- オンライン編集ツールの操作知識をもつ
- オーサリングツールの操作知識をもつ

評価の専門家
- 評価の計画やツールを作成またはレビューする
- テストの計画を作成またはレビューする

品質審査員
- 教育活動が個人や組織に与える影響を判断する
- 教育および品質の観点から製品をレビューする

プロジェクトマネージャ、プロジェクトリーダ
- プロジェクトを管理する（人材、リソース、スケジュール、作業工程を含む）

第16章　プロジェクトチーム

- プロジェクトの予算を見積もる
- チームのサポートを得て、コース設計仕様を作成する
- チームのサポートを得て、プロジェクトのスケジュールの作成および運営する
- 定期的なチームミーティングにより、プロジェクトの軌道修正を行う
- チームに十分なリソースとツールを確保する
- 顧客やスポンサにすべての決定を連絡する
- プロジェクトの進捗状況に関して定期的に連絡をとり合う
- 創造性、生産性、品質が伝わりやすい雰囲気を保持する
- 製品のレビューの準備を整える
- チームのゴールを設定し、チームのメンバーの役割と責任を定義する
- 記録をつけ、チームのメンバーの意欲を高める
- 必要なリソースの入手、開発、配置を計画し、調整する
- グループの作業を支援し、その作業を組織全体と関連付ける
- 評価、成功の測定、ベンチマークの設定を支援する
- チームの基本原則を設定し、プロジェクトについて上級管理者に報告する
- チームのメンバーと、多方面の部署や部門、管理者との間の衝突を解決する
- プロジェクトチームのメンバーの理解を確保する

作業項目2　役割と責任を割り当てる。

　プロジェクトチームのメンバーに役割を割り当てる。プロジェクトの規模、線表、必要なスキルとリソースにもよるが、メンバーが複数の役割を果たすこともあれば1つの役割に複数のメンバーが必要な場合もある。

　チームの各メンバーが負う責任の大きさは、プロジェクトの線表に影響を与える。主要なメンバーが大部分の責任を負う場合、一般的に規模の小さいプロジェクトでは線表が伸びる。

作業項目3　タスクをメンバーへ割り当てる。

　チームのメンバーに責任とタスクを割り当てる。プロジェクトの各段階で、プロジェクトのニーズに合った役割と責任の対応表を作ること。

> **われわれの経験から**　　**「拡大スタッフで人手を賄う」**
>
> 　役割と責任を明確に定義することで衝突や混乱を減らし、チームのメンバーをプロジェクトの成功に向けてそれぞれの役割に集中させることができる。設計段階における個々の役割と責任は、プロジェクトの規模、メディア素材の数や形式、手の空いている人材や彼らの技量によってさまざまである。「適切なスキルを身につけている人材が2〜3人いればマルチメディアの設計や開発は可能である」と簡単に決め込む人がいるかもしれない。しかし、例え最小のマルチメディアの設計および開発のプロジェクトであったとしても、必要なスキルの組み合わせは数多く、複雑である。2〜3人の設計チームで、内容の専門家、インストラクショナルデザイナ、メディア専門家、オーサリングソフトの専門家、システムエンジニア、といった役割を完璧にこなすというのはまれというより、むしろ不可能といえる。より実現可能なシナリオは、プロジェクトに100パーセントは従事しないが、必要なときにだけ専門家として手助けするという、ずっと大人数のチームをベースにしたアプローチである。

まとめ

　プロジェクト開発のタスクを担う人材の決定は、設計段階の決定事項に左右される。設計仕様は、プロジェクト独自の人材や期限、ビジネスの制約を乗り越えることができる、適切なものでなければならない。

17

メディア仕様

　コース設計仕様の最初の3要素である、プロジェクトとスケジュール、そしてプロジェクト・メンバーの役割と責任分担については先に述べた。

　次に考えなければならないことは、マルチメディア要素の基準と基本デザインの決定、つまりメディア仕様についてである。
- テーマ（統一イメージ）、インターフェイスデザイン、機能性
- 文体と文法の指針
- ユーザーと教材間のフィードバックと対話の基準
- ビデオと音声の取り扱い
- 文章の設計と基準
- グラフィックの設計と基準
- アニメーションと特殊効果

　これらのマルチメディア要素の設計がどのように決まるかというと、それは学習・業務支援における理論と実践、対象者とコンテンツの知識、プロジェクトチームメンバーの意見・技術・能力とプロジェクトの現実問題である予算・日程・出資者の意見とをはかりにかけた結果の折衷案なのである。

　マルチメディア要素の設計は、理論、学習効果、業務支援の3つを天秤にかけて決定されるべきである。つまり、対象者とコンテンツの知識レベル、制作チームメンバーの意見やスキル・才能、さらには予算、日程、出資者の意見などの現実問題も含めて、プロジェクトの実現可能性を考えるべきである。

　妥当なゴールとは、業務遂行の環境と、学習環境を設計することである。具体的

には、

- 受講生の多様性に対応すること
- 学習や業務遂行の環境を、快適でストレスのないものにすること
- 最適なレベル、最適な順序で学習コンテンツを提供すること、またできるだけ実際の環境に忠実なものにすること
- プロジェクトの目標の制限や要求に合致したものであること

などである。

関連理論

　　最適な設計とは、できるだけ多くの感覚に訴えるものである。五感の一部の能力が低かったり、身体的な障害がある場合、あるいは逆に超感覚を有する例を除いては、学習者には当然五感があると考えられる。学習したり、業務を遂行するときには、五感すべてが使われているのである。
　　従来、教材開発者はある特定の感覚を好んで使う傾向があった。というのも、学習のタイプや、学習の分野によって、ある感覚がもともと他の感覚に比べて使いやすい傾向があったからである。いずれにしても、人は様々な方法で学ぶものである。ひとつの感覚だけに頼らない学習は多感覚併用アプローチといわれる。
　　最良の学習は2つ以上の感覚を使って行われる。もしある感覚による学習が提供されていたとしても、2番目の感覚に訴える学習を加えることによって、学習はより効果的になる。なぜなら最良の学習というものは、少なくとも2つ以上の感覚を使ってなされるものであり、最高の学習とは、できる限りたくさんの感覚を刺激するものだからである。
　　実際の学習の現場では、受講生の持つ五感はそれぞれ能力に偏りを示すものである。もっとも有能な受講生とは、このような五感の各能力を最大限に統合できる人たちのことである。インストラクショナル・デザイナの責任は、できるだけ多くの学習感覚を刺激するコンテンツを提供することで、受講生の学習効果を最大限にすることである。受講生は最も得意とする感覚を使って教材の主要な部分を学び、副次的な感覚を使ってさらに知識の習得を確実にすることができる。

学習への4つのアプローチ

　　五感を、学習のアプローチの仕方によって4つのグループに分類する
　1. **視覚**　受講生が見ることができるものを使って学習を提供するもの。

見ることができるものとは、ビデオ、画像、アニメーション、テキスト（コンピュータ画面、ホワイト・ボード、フリップチャート、OHP、本、ポスターなどに表示されたもの）を含む。

2. **聴覚** 受講生が聴くことのできるもので学習を提供するもの。（テープ、電話会議、コンピュータ版研修、講義、音響効果、音楽など）。
3. **嗅覚** 受講生が匂いを嗅いだり、味わったりしてできるもので学習を提供するもの。例えば機器が加熱しているとか、何かが燃えているとか、香辛料が多すぎる、などということを見分ける感覚（嗅覚はふつう学習の重要な要素ではなく、マルチメディア分野でよく使われるものではないが、匂いや香りに非常に敏感な人々にとっては学習効果を高め、刺激を与える良い材料となる）。
4. **触覚または運動感覚** 受講生が触ったり、操作できるもので学習を提供するもの（模型、実際の機器の一部、生徒に実演させること、ロールプレイなど）。

作業工程

メディア仕様の定義は最終プロダクトの統一イメージ（"ルック＆フィール"）を決定づける。メディア仕様の定義には次の7つの作業項目がある。

1. 統一イメージ（"ルック＆フィール"テーマ）を決定する。
2. インターフェイスと機能性を決定する。
3. 対話機能とフィードバック機能の基準を決定する。
4. ビデオと音声の取り扱いを決定する。
5. 文字デザインと基準について示す。
6. 画像デザインの基準を用意する。
7. アニメーションと特殊効果を決定する。

メディア仕様の手順

次に述べる7つの作業項目を実施する。

作業項目1　統一イメージ（"ルック＆フィール"テーマ）を決定する。

ステップ1　統一イメージ（"ルック＆フィール"テーマ）についてブレインストーミングを行う。微妙な文化的背景を扱ったものや、宗教的あるいは性的に偏ったテーマ（統一イメージ）は除く。

重要な3～4つの統一イメージ（"ルック＆フィール"テーマ）に絞り込む。分析の段階で得た情報を使って統一イメージの決定や、表現の形式の詳細決定を行う。

統一イメージの決定の目標は、
- 対象者に興味を抱かせ、コンテンツに親しめるようにする
- コースの各要素を関連づけるきちんとした道筋を表す
- 学習に統一された見た目と操作性を与える
- マルチメディアによる表現形式、画像、設定と衣装デザイン、文字形式、作業項目など、制作の出発点となる事項を構成する

統一イメージは、解決策（ソリューション）の目標である実際の職務に関連させなければならない。職務に関連した統一イメージは、学習と職務の関連性を高める。だから「空想的なテーマ」を要求したり、与えたりしてはいけない。リーダーシップの基本原理を教えるのに、火星から来た宇宙生物と人間との対話の様子を見せても、受講者が学びたいものとは何の関連もない。実際、行きすぎた統一イメージではその面白さに気を取られてしまい、かえって学習が損なわれる。コースを実際の職務に関連したものにしておくことのほうが、ずっと魅力的なのである。

ステップ2 書類上の各々の統一イメージに従って文字スタイル、インターフェイスデザイン案の試作版を作り、デザイン、衣装、比喩形、画像形式を決定する。
ステップ3 統一イメージを決定するためにチームメンバーを集める。

作業項目2　インターフェイスと機能性を決定する。

マルチメディアのインターフェイスデザインは、統一イメージ、対象者の特性、組織の環境を反映したものであるべきである。さらにインターフェイスデザインは、
- できるだけシンプルに。十分な余白、統一された間隔、適当な周囲のゆとり（上下左右とも）を確保する。
- タイトル、フィードバック、リンク、メニュー、誘導など、繰り返し使われる画面要素は、定位置に置く。
- ユーザが学習あるいはサポート環境を快適に利用できるよう、首尾一貫したナビゲーションデザインを使う。
- 西欧圏文化の人間の大半は画面をZを描く軌跡で眺める（図17.1）ということを心に留めておくこと。これは画面要素の位置を決めるときに重要な考慮点である。一般的に、最も重要な情報（画像や写真など）は左上部に置き、テキストや参考情報は右側に、誘導ボタンやナビゲーションボタンは底部に置く。最もよく使われるナビゲーションボタンは、右下部に置く。この位置は、右利きのマウスユーザにとって、マウス・クリックのナビゲーションをよりスムーズにするものである。

この章であげてきたインターフェイスデザインやナビゲーションとして、自由に

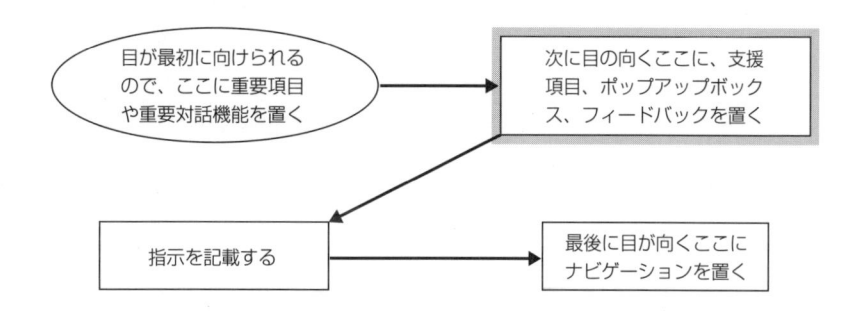

```
┌─────────────────┐         ┌──────────────────┐
│ 目が最初に向けられる │         │ 次に目の向くここに、支援 │
│ ので、ここに重要項目 │────────▶│ 項目、ポップアップボック │
│ や重要対話機能を置く │         │ ス、フィードバックを置く │
└─────────────────┘         └──────────────────┘
           │
           ▼
  ┌──────────────┐          ┌──────────────────┐
  │ 指示を記載する  │─────────▶│ 最後に目が向くここに │
  │              │          │ ナビゲーションを置く │
  └──────────────┘          └──────────────────┘
```

図17.1　画面デザインパターン

追加できるものの多くはオーサリング・ソフトウエアを使って手に入るものである。

- 「25ページ中の3ページ目」といったページ位置認識表示をつけ、受講生が、あるセクションあるいは、ある区分を学習し終えるのにあとどのくらいか、を判断できるようにする（マルチメディアは本と違い、学習する部分があとどのくらい残っているのかを知る目安がないことを忘れないように）。
- 終了、進む、目次、戻るのボタンを付け、進行を容易にする。
- しおり機能をつけ、受講生が、前回学習した項目や画面に戻ったり、移動できるようにする。
- 用語集ボタンをつけ、受講生に馴染みのない専門用語が出てきた時に使用する。
- ヘルプボタンをつけ、教材の進め方に関する情報、補足説明、他のウェブサイトへのリンク、受講生に現在の位置を知らせる画像、などを掲載する。
- 音声繰り返しボタンをつけ、受講生がどんな画面の音声も繰り返し聴くことができるようにする。繰り返し機能は、学習で使用される言語が母国語ではない受講生の場合、また画面に複雑な音声による学習が入っている場合、また画面に入っている音声が長い場合は、特に良い方法である。
- フラッシュカードボタンをつけ、画面にマークをつけて後でマークのあるところだけを見たり印刷できるようにする。これは研修所など、決まった場所にアプリケーションが配置されており、見直しや再学習しようとしたときに自由に画面を見ることができない場合に適している。
- 情報ボタンをつけ、補足的詳細説明を見ることができるようにする。これは受講者の専門知識のレベルがばらばらな場合、有効な手段である。
- 印刷ボタンをつけ、業務支援データ、コース達成修了証、参考文献を印刷できるようにする。
- レッスン＆トピックのボタンをつけ、複雑なカリキュラムで生徒が学習を進めるのを補助できるようにする。
- 音声録音、停止、再生（巻き戻し再生）ボタンをつける。これによって受講

生は音声の応答を実践し、自分の応答を聞いたり、あらかじめ録音されている良い例と比較して自己評価することができる。

最も優れた設計を目指すには、実際のWebやCBTを調べることである。コンテンツ、統一イメージ、インターフェイスが、いかに対象者を満足させているかを書き留める。さらに、取り組んでいるビジネスのニーズに合っているかどうかにも注意する。ここでそれぞれの対象者とビジネス・ニーズの情報とともに、いくつかのインターフェイスデザインの例をご紹介しよう。

図17.2に示したCBTの目的は、自社の製品を売り込むことである。このCD-ROMは潜在的な販売パートナーに送られたものである。明確なナビゲーションの表示はこのプログラムの効果には重要な要素である。そのため、このインターフェイスでは、コンテンツのすべてのエリアに簡単にアクセスできるようにデザインされている。つまり、メニュー部分を画面の左側に置くことで、ユーザはコンテンツのどの部分でも、必要とする情報を取り出すことができる。このプログラムはWorld Wide Webの人気が上昇する前に作られたもので、ここで使われたナビゲーションのレイアウトは多くのWebデザインのスタンダードになった。

図17.3に描かれたCBTの目的は、蒸気機関の作動開始処理を行う技師を訓練することにある。このコースのユーザー・インターフェイスは（CTBの画面の下の部分に表示されている）、技師が業務上で操作している蒸気密封系制御盤に似たデザインにしている。これはCBTを継続的な学習に使うことに慣れていない技師にある種の心地よさを与えている。

図17.4で示されたCBTの目的は、ASTコンピュータ社の歓迎プログラムについてのトレーニングとマーケティング情報を提供することである。この業界の競争の激しさゆえに、ASTは、競合他社との製品とサービスの比較競争を「ビジネス・オリンピック」のイメージで表している。例えばテレビのスポーツキャスターのイメージで、次々と遠隔操作のナビゲーション・インターフェイスを呼び起こしている。ユーザはまるでチャンネルを切り替えるように、競技の中の異なった種目をクリックすることになる。

図17.5に示すCBTの目的は、視力検査に関する新人スタッフを訓練し、（検査器具の）販売担当者向けに継続的な教育をすることにある。教育の範囲は、（検査用）機器、（検査の）基本コンセプト、視力矯正・検査関連のツール、眼科解剖学に関する分野である。このコースの構造は、視力矯正士が検査ルームを見学するようなスタイルになっている。ユーザは様々な部屋を回って、目的のものを選んではそれに関する情報を得る。ナビゲーションは簡単に使えるようにシンプルに作られており、画面上で提供されるコンテンツ情報が複雑になって、使い勝手が悪くなることを防いでいる。このインターフェイスには、ブリーフケース（画面左下のアイコン）

作業工程　　　　　　　　　　　　　　　　　　　　　　　　　　　　　109

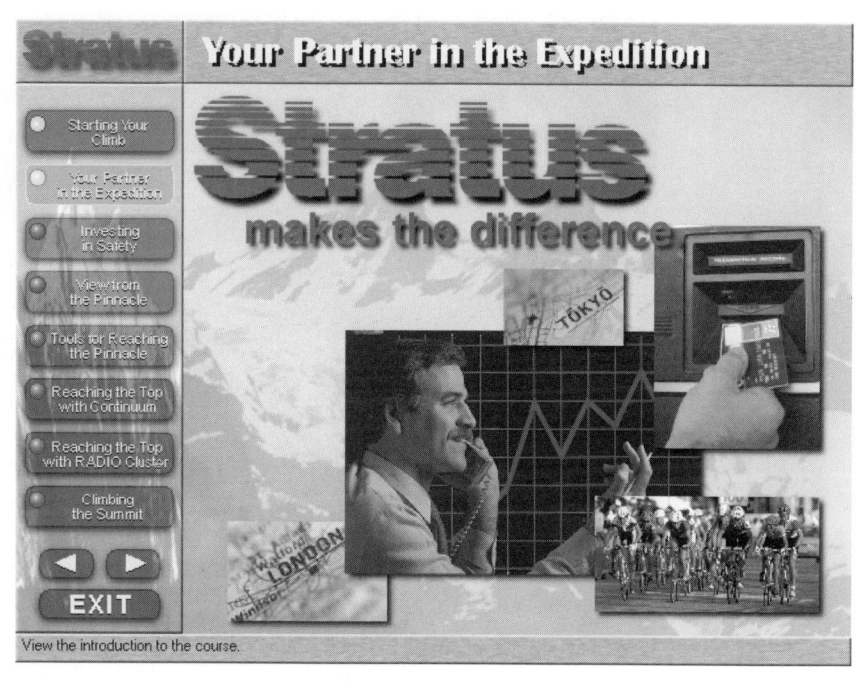

図17.2　サンプルインターフェース　1

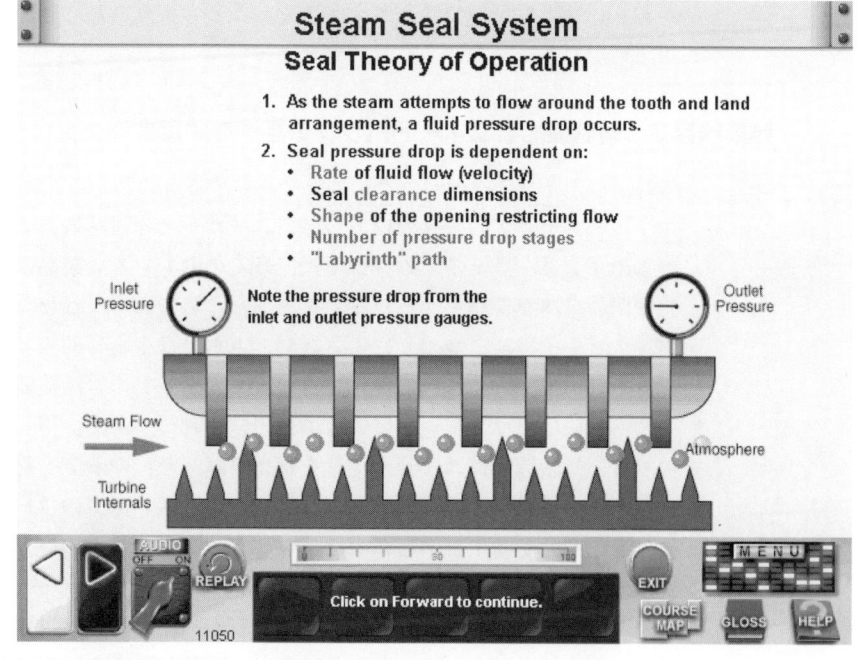

図17.3　サンプルインターフェース　2

図17.4 サンプルインターフェース　3

があり、受講生がいつでもアクセスできる参考文献、参考製品の一覧、医療関連の用語集がのっている。

作業項目3　対話機能とフィードバックの基準を決定する。

　対話機能とフィードバックの基準を決定するところから始めること。
　マルチメディアの強みのひとつは、ユーザーとの対話能力である。情報処理機能つきのインターフェイスの分野では、多くのおもしろい製品が出ている。例えば仮想空間や自然な言語を使ったインターフェイスのような様々な手段の対話機能、音声、スピーチ技術、身ぶりによる認知、さらには生物学的なインターフェイスなどがある。しかし時の経過につれて、マルチメディアの対話機能はマイクやキーボード、あるいはマウスを通じてのものに限定されつつある。但し、例え限定されたものでも、対話機能はユーザの注意を捉え、ユーザにやる気を起こさせ、ユーザ間のやりとりを手助けするものである。特にマルチメディアのコースでは、頻繁に対話機能を使って受講生を学習に引き込むべきである。学習のペースと学習順序は生徒が自分で決めて行えるようにするとよい。
　問題技法を使うときは、必ずそこに何らかの明確な学習目標があるようにし、問題の正しい答えは1つになるようにする。問題と解答の選択肢を含む文章の形式を

作業工程　　　　　　　　　　　　　　　　　　　　　　　　　　　　　　111

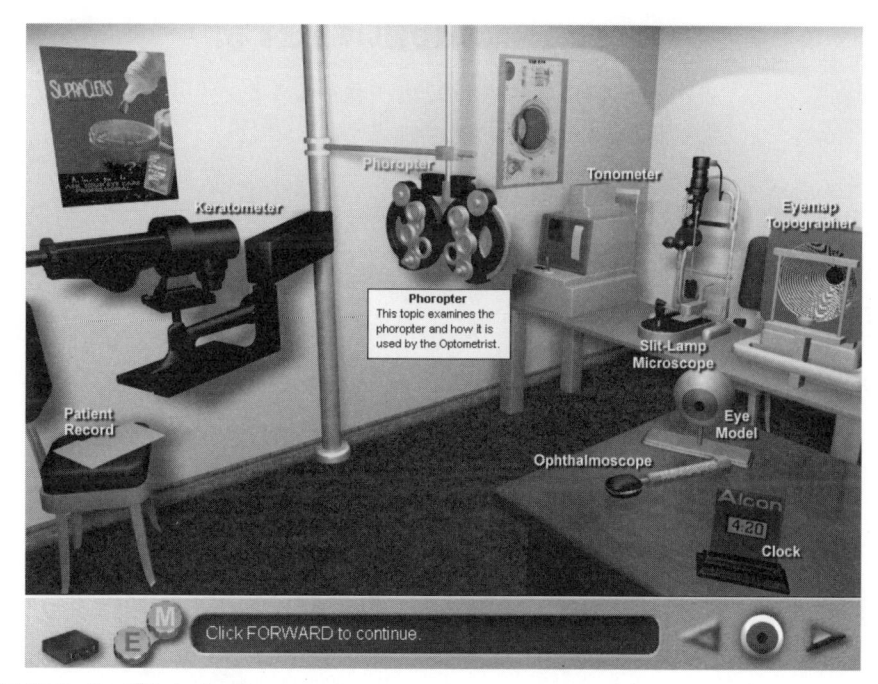

図17.5　サンプルインターフェース　4

　コンテンツ規格内に含めることで、画面形式が他と区別され、統一されているようにする。通常、問題は様々なテキスト入力形式、オブジェクトクリック形式、選択形式、結合形式で、ユーザーは1～2回は解答することができ、その後正解が見られるようになっている。すべての問題は題目をつけ、語句を明確にし、理解しやすいものにするべきである。
　フィードバックはユーザーを混乱させたり、不正解の罰として利用すべきではない。即時に行われ、有益な情報であり、積極的でやる気を引き出すものであるべきである。ユーザーが動作を行ってからフィードバックが起きるまでの間に過度に時間がかからないようにする。
　ほとんどのマルチメディアシステムには記録保存機能があるので、対話やテスト項目の結果は、後の報告業務のために保存しておくことができる。記録すべき項目とデータ書き出し形式を示すようにする。報告業務によって、望んだとおりの確実な結果を確認することができる。確実な学習を証明することのできる機能は、変化する規則に従って活動する組織では特に重要である。項目には受講者の識別番号、誤答した問題の数、誤答の頻度、テスト時間を含めることができる。

作業項目4　ビデオと音声の取り扱いを決定する。

音声や写真、ビデオの基準を決めること。使用しているメディアや技術仕様によってあらかじめ定められた基準がある。

音声　ナレーションの形式と調子を決める。例えば、男性のナレーターで英国人を起用、のように決める。音声ファイルの形式と、ファイル名の命名規則を示す。音響効果と音楽がどのように使われるかも決める。音楽は一続きの学習の始まりや終わりを合図するツールとして特に優れている。動画に音を与えることにより、画像形式や統一イメージに対応することができる。

写真　ファイル形式、ファイル名の命名規則、要求されるサイズを決める。

ビデオ　ファイル形式、ファイル名の命名規則、要求されるサイズを決める。どんなビデオも、明確にプロジェクトの目的に適合しなくてはならない。ビデオは十分に詳細部分まで撮影して学習の対象物を示すことができるようにするべきである。ビデオは、コンテンツの中のテキストや画像、音声による表現を助け、補足するために使われなければならない。動画の長さはコンテンツを損なわないようにするべきであり、補足的な短い時間のものが最良である。

作業項目5　文字デザインと基準について示す。

文字デザインと基準とは、字体、大きさ、色などを規定することである。画面上の文字の体裁や解像度に合わせ大きさやフォントを決定する。行端揃えと文字間の配置についても示す。また表示の出し方についても示す（例えば、箇条書き項目は画面に左から右へと表示する、一度にひとつずつ表示する。各項目間の時間は2秒、全項目表示後も2秒の一時停止を置き、次に遷移するなど）。

作業項目6　画像デザインの基準を用意する。

画像デザインの基準とは、ファイル形式、ファイル・サイズ、ファイル名の命名規則、使用する色の範囲などを指す。画像は学習の理解を深め、助けるように使用されなければならない。全体的には、デザインのシンプルさを保つべきである。また本文の情報を損なってはいけない。画像の配置や位置はコンテンツ全体で統一されているべきである。また画像内に書き込まれた文字は読めなければならない。

画面の明確さと読みやすさは色調に頼るべきではない。そのため、1画面に4色以上を使用すべきではなく、コース全体でも7色以上は使ってはいけない。画面上で使われる色は首尾一貫すべきである。また、色の対比は適当なものにすべきであ

る；例えば黒地に赤、オレンジ地に青は避ける。さらに一般の受講生にとって「強烈な」色は、最小限に抑えるべきである。

作業項目7　アニメーションと特殊効果を決定する。

　　アニメーションや特殊効果を使うかどうかを決定する。ユーザの注意をひきつけ、学習のイベント、例えば一続きの学習の開始と終了の合図として使うのには大変有効である。また、例えばディーゼル・エンジンを通り抜けるオイルの動きのような、写真では簡単に撮れないような動くものを説明するときには、適した技術である。アニメーションや特殊効果は、学習目標をサポートするために使われるべきである。ソフトウエアの選択をどうするかは、基準を決定する上での目安となる。Authorwareのような、Webアプリケーションやコンピュータ版研修を開発するソフトウエアには、画面の表示の仕方や、プログラムの次フレームへの移行の仕方などの特殊効果用のオプションが数多く備えられている。その設定の選択肢は、メニューのように出てくる。それらを吟味し、2, 3種類を使用する。プロジェクトのゴール達成を助けるために、特殊効果は控え目に、首尾一貫した使い方をする。

われわれの経験から　　**「シンプル・イズ・ザ・ベスト！」**

　　今日のマルチメディア開発ソフトウエアのオプションと機能には、つい心を奪われがちになるが、実はシンプルなものの方がより良く、早く、安く、そしてより効果的なのである。基準をきちんと設定しなければ、計画は一定のデザインと一定の開発モードから簡単に横道にそれてしまう（「もうひとつベルか笛を」とか「作業を終了する前に、こんなアプローチで表現してみようかな…」のような）。このようなことはプロジェクトの日程とゴールを徐々に損なってしまう。合意した決定事項を守り抜くことは重要である。というのも、やり直し作業にかかる経費はめったに追加費用として認めてもらえないからである。製品の有効性にはあまり関係ないが、魅力的なデザインについては「どうすれば良かったか」「どうなるべきであったか」「どのようになることが出来たか」を記録する。そして、次期プロジェクトにそれを生かす。

まとめ

　　最も効果的なマルチメディアというものはインターフェースがシンプルで、次の点について矛盾がない。

- 文体と文法
- 画面上の受講生とのやりとりの表現方法
- 画面構成、グラフィック、色、ビデオ、音声、アニメーション、特殊効果

　標準の形式に従って計画・決定を行うことで、マルチメディアの各要素の表現の一貫性が保たれる。標準は、効果的・効率的な開発を行うことを確実にするベンチマークである。次の章では、能率よく組織化され、目的を達成し、適切なレベルの知識とスキルを含むコンテンツを、どのように構造化しグループ分けすべきかについて説明する。

18

コンテンツ構造

　プロジェクト、スケジュール、プロジェクトチームの役割と責任分担、そしてメディア仕様の詳細が決まったところで、ようやくマルチメディアそのものについて考える段階にきた。解決策（ソリューション）に教育コース開発が含まれる場合、この段階では、学習を概念別にまとめたり、一続きの学習のかたまりにグループ分けするなどの学習戦略を適用する。

　学習の構成単位に関わりなく、コンテンツは論理的に分類され、首尾一貫した構成に組み立てられるべきである。ユーザインターフェイスと同様、一貫したコンテンツ構造は、情報にアクセスし、快適に、また効果的に学習する環境を受講生に提供する。

関連理論

　コンテンツ構造は、知識を提示し、学習を効果的にするという学習方針に基づいていなければならない。
　ある種の学習法則は、あらゆる教育的メディアに使用できる。これから、人それぞれのさまざまな学び方というテーマについての調査資料からまとめた16の学習法則を紹介する。さらに、それぞれの法則がどのようにマルチメディアの設計に摘要されるかを説明する。

法則1　前項目の内容の復習から始めると効果的

前項目の復習から学習を開始すると、学習効果は向上する。

マルチメディアの適用例　マルチメディアの学習では、前の学習の関連情報を復習することから始めよう。復習は、受講生が現在の学習で学んでいることに関連した重要ポイントに的を絞るとよい。もし選択したメディアに、ユーザがコントロールできるナビゲーションのメニューがある場合、あるいは、教材が決まった順番で提供されない場合は、関連する必修項目の復習から始めよう。

例）炉のトラブルシューティングの学習の場合
- 音声の解説：「炉を操作するときは、正常時のパイロットランプが青いことを思い出そう」
- 補足テキスト：確認：パイロットランプは正常時は青い
- パイロットランプの写真
- 警句としてのタイトル：パイロットランプを点検せよ

法則2　内容紹介と明確な目的を提示すること

学習や作業項目が紹介され、学習目標が明確な場合、学習効果は向上する。

マルチメディアの適用例　マルチメディア学習の冒頭では、受講生にわかりやすい表現で学習の目標を掲げるように設計する。つまり受講生に、何を知り何をすることを期待しているかを明確に示すのである。

例）衛生管理についてのマルチメディアの題目では、次のような項目とともに、目標を画面に示す。
- 音声による解説：「このセクションでは消毒液を混合して使用するときの手順を紹介します。このセクションを修了すれば、消毒液を使うことができ、OSHA（Occupational Safety and Health Administration. 職業安全衛生局）基準を満たす職場環境を維持することができるようになります。」
- 補足テキスト：消毒液を混ぜ合わせて使う
- 写真：内容物の写真
- ハイパーテキスト・リンク：「OSHA基準」と題された書類の山のグラフィックをクリックすると基準書内容を表示する。

法則3　ナレーションは効果的

　　　ナレーションが正確に、また流暢に流れると、学習効果は向上する。

　　マルチメディアの適用例　レッスンでは、わかり易く正確な言語で書かれた教材を用い、ひとつのコマから次のコマへ論理的に移行しなくてはならない。そして不必要な割り込みや脱線は避けなければならない。

　　例）
- 次の画面に移るときに音声誘導をつける。これは、画面とユーザーとの対話が一通り終わったときの結論部分で、常に行われるようにする。
- 一貫した音声が、連動しているテキストにタイミングを合わせて流されるように設計する。

法則4　実例とデモンストレーションの活用

　　　関連性のある実例やデモンストレーションを用いて、概念やスキルを説明すると、学習効果は向上する。

　　マルチメディアの適用例　レッスンでは、受講生が概念的に捉えるべきコンセプトを、目で見て確認ができるように視覚的に示さなければならない。ただし、実例やデモンストレーションは適当な数量に抑え、徐々に複雑にすべきである。でないと概念の重要なポイントが見逃されてしまう。

　　例）会社の資産管理方法についてのマルチメディア学習で、資産管理手順フロー図形の画像メニューをつける。ユーザーはこのメニューを段階ごとにクリックし、資産管理を段階に従って正しく行う方法を学習できる。画像を使ったプロセス説明により、学習者は資産管理手順全体を概念化することができる。

法則5　成功体験の埋め込み

　　　作業や問題の解答に高い率で成功することができると、学習効果は向上する。

　　マルチメディアの適用例　補足的な教材や復習、まとめを組み入れることで、異なったペースで学ぶ受講生でも必ず成功するようなマルチメディア学習を設計する。

　　例）光ファイバー仕様に関するマルチメディア学習に、一連の設置計画に関する課題が含まれている。その課題画面の中の「仕様を調べる」というボタンを使うと、

仕様について詳しくない受講生でも、その課題に正しく答えるための情報をチェックすることができる。

法則6　受講生に合わせてコースを作成する

　受講生に適した理解しやすい概念や言語で、学習や学習作業項目を提供すると、学習効果は向上する。

マルチメディアの適用例　対象者分析で確認した受講生の能力に基づいた教材を開発する。教材は対象者のレベルに合わせて書き、使用言語が学習の概念の邪魔をしてはならない。馴染みのない専門用語は限定して使うべきで、必ず定義して受講生に教え、受講生の語彙に組み込まれるようにする。

例）レストランにおける入荷の統括勘定についてのマルチメディアによる学習は、以下の2種類の受講生用にまったく異なるやり方で設計・作成しなければならない。
1. 第一言語としてスペイン語を話す給仕の場合。
    給仕たちはほとんどが男性で、年齢は18〜25歳、正式な教育がなく、コンピュータは使用できず、会計の専門用語にはほとんど接した事がない。この対象者は非常に単純なインターフェース、用語集、そして性別や年代にあった統一イメージを必要とする。更に、テキストではなく音声と画像が内容を説明する主要な方法となる。
2. 第一言語として英語を話すレストランの会計係の場合。
    会計係たちはほとんど女性で、年齢は36歳から54歳の間、少なくとも大学卒の学歴があり、毎日コンピュータを使い、会計の専門用語にも明るい。この種の受講生は、音声やグラフィックをそれほど望まず、用語集も必要なく、むしろユーザがコントロールできる範囲の複雑なナビゲーションの方が有効である。

法則7　ペースは活発に、変化を持たせて

　学習は受講生の理解に合わせてペースを落とす場合はあっても、不必要にゆっくりとはならないようにする。活発に提供されると、より良く学習できる。

マルチメディアの適用例　効果的な学習とは個人の学習速度に合ったペースで進んでいくものである。情報を素早くつかむことができる受講生は素早く進行し、徹底して深く掘り下げたい受講生には、もっと深い知識を提供する。情報を把握するのに苦労している受講生には追加の解説を与える。ほとんどのフレーム（画面）では（その動作の）時間を規定するべきである。追加情報の表示や、早送りの選択、特定の形式の画面内容におけるユーザとのやりとりには、3〜5秒以上にならないよ

うに作るなど時間的な制作基準を設けるべきである。

例）病院管理部門のアシスタントを対象とした医療技術の学習では、一般的な医学用語の意味を教えるために、画面上のクロスワードパズル、辞書、ヒントボタンを受講者に適したペースで使用する。

法則8　レッスンからレッスンへの移行はスムーズに

レッスン間の移行が能率的かつスムーズに行われたとき、学習効果は向上する。

マルチメディアの適用例　ひとつのトピックから他のトピックへ、ひとつの作業項目から他の作業項目へ移行するときには、合図を必要とする。移行の合図としては、通常のグラフィックや画面を視覚的に使うべきである。また、まとめや次に学ぶ内容のお知らせも含めるとよい。

例）新しい工場管理ソフトウエアプログラムのWeb版学習では、通常のアニメーションや質問を使って、受講生にトピックの終了と次のトピックへの移行を知らせる。

法則9　指示と課題は明確に

明確な指示と課題が与えられると、学習効果は向上する。

マルチメディアの適用例　学習項目選択操作と対話方法は、あいまいな言葉を使わず、明確に、注意して示さなければならない。多くのマルチメディア画面の一番下には、指示を与えるプロンプト・ボックスがある。進行の指示が明確でないために、ユーザが迷ったり、立ち往生したりしないように気をつけよう。次にいくつかのプロンプトの例を紹介する。

- クリックして次に進みなさい
- ＿＿＿と＿＿＿を一致させなさい
- ＿＿＿に＿＿＿を分類しなさい
- クリックして＿＿＿しなさい
- 残念ですが、正解ではありません。答えは＿＿＿です

例）遠隔学習のビデオ会議では、参加者が質問したいときはいつでも利用できる視聴者参加用電話とファックス番号を常に表示する。

法則10　適度な基準の維持

明確で、しっかりした、妥当な基準が維持されると、学習効果は向上する。

マルチメディアの適用例　受講生は、知識や遂行能力について、妥当な期待レベルに到達するため、懸命に努力するものである。明確でない基準、いいかげんな基準、あるいは受講生にとってあまりに低すぎたり高すぎたりする基準は、その基準に到達しようとする意欲を失わせる。

例）英作文の自習型マルチメディア学習で、テストや成績管理機能がついていないものは、一般的にセルフ・モチベーションの低い高校での学習環境には向いていない。

法則11　観察、机間巡視と作業チェック

教室で課題が与えられているとき、講師が作業の遂行の様子をチェックすると、学習効果はさらに向上する。

マルチメディアの適用例　受講生は学習の様子を観察されているとタスクに集中するものである。自動返答、テスト評価と成績管理、記録保存、フィードバックをすると、受講生は注意深くテストの回答をするようになる。

例）CBTの科学の学習では、コンピュータによって実験の手順に関する返答をチェックし、誤りをすぐに正すことができる。

法則12　質問は一度にひとつ

質問は一度に一つにしたほうが学習効果はより上がる。

マルチメディアの適用例　自動メディアはどんな順序ででも質問を出すことができる。質問は一度にひとつに、また重要で、関連性のあるものに絞るべきである。受講生には答えを考える時間が必要である。

例）ひとつずつではなく、次の3つの足し算を一度にやってごらんなさい。
　　(a) 2+7+9+14+11=?　　(b) 6+7+3+19+4=?　　(c) 1+7+8+6=?

法則13　フィードバックは有効

作業の適正さについて教育的なフィードバックが与えられると、学習効果は向上

する。

マルチメディアの適用例　正しい答えの場合は誉めること。また間違った答えについては情報を与えること。単に「間違いです」だけでは、受講生は誤りから学ぶことができない。その代わり、明確な理由をつけたフィードバックを与えること。例えば「いいえ、それは誤りです、なぜなら……だからです。もう一度やってみましょう」というようなフィードバックがよい。

例）銀行業務ソフトウエア・プログラムのチェック手順のCBTは、段階ごとにフィードバックを行う。それは受講生が、次の段階に進む前に、その段階を正しく行ったかどうかを確かめるためである。

法則14　間違ったときは適切な技術でフォロー

間違った答えをしたとき（あるいは答えられなかったとき）は、受講生を元気づけるようなフィードバックをする。例えば手本を示したり、もう一度質問をしたり、ヒントを与えたり、もう少し時間を与えたり、といったことをすると、より学習するようになる。

マルチメディアの適用例　受講生には、ひとつの質問に対して複数回、答えるチャンスがある方がよい。また正しい答えにたどりつけるように、入力したものがなぜ正しいのか、間違っているのかということについてヒントを与える必要がある。不完全な答えを出したときは、違う質問をしたり、フィードバックによって、最初の回答を訂正させることができる。

例）タイピングのコンピュータ版学習教材の場合、受講生が間違って文章をタイプすると、プログラムはどのキーが誤って叩かれたかを示し、問題文を繰り返し、アニメーションでキーの打ち方を解説する。

法則15　教材は学習意欲をそそるものを

教材によって意欲をかきたてられると、受講生はより効果的に学習する。

マルチメディアの適用例　学習は受講生の興味を生み、維持するように作らなければならない。題目や情報は受講生に適したもので、なぜその教材を学ばなければならないかをわからせるべきである。常に教材とユーザーとの対話があり、適切なペースを保ち、統一イメージとインターフェイスデザインを対象者が興味を引くものにすることにより、注意を喚起し、その注意を維持していくことができる。

例）若い女性用の学習で、軍隊、スポーツ、ハンティングなどの統一イメージを用いることは最適な選択とはいえない。同様にバービー人形風の統一イメージはビジネス社会の対象者にはアピールしない。

法則16　実社会に結びついた教材

実社会に密接に関連したコンセプトを教えられると、受講生はより効果的に学習する。

マルチメディアの適用例　学習は業務が遂行される実際の状況に似た方法で行われるべきである。単に情報を与えるより、シミュレーション練習が教材の中に含まれている方がよい。学習は単に提示したり伝えたりするだけでは不十分である。受講生自身が行うことが必要なのである。アプリケーション・ソフトを使ったトレーニングが強力なツールになるのは、それができるからである。マルチメディア環境は業務が実行される場と非常に似通ったものを提供することができる。

例：ビジネス・プロセスに関する学習であれば、つり用具箱の補充のイメージではなく、コピー機の補充のイメージを使う。ゲームセンターの統一イメージより、ビジネスの統一イメージ（例えば配送トラック）の方が、コンテンツの信頼性を増す。

モチベーションがすべて

以上述べてきた16の方針は、4つのカテゴリーに集約できる。
1. 習得（情報を身につけること）
2. 転換（情報を利用すること）
3. モチベーション（情報を身につける必要性を感じること）
4. 強化（情報の維持の奨励）

学習の最も重要な概念はモチベーションである。

学習・教育実施戦略

メディア分析をすれば、最も効果的な学習の実施は、メディアの組合わせにかかっていることがわかる。例えば、複雑な科学的概念を講義で説明したあと、研修所でCBTの練習機能を使ってフォローを行ない、作業環境に応用するために必要な業務支援データを与える、といった組合わせである。

マルチメディアを含むあらゆるメディアには、重要な2つのラーニング手法がある。それは、演繹法と帰納法である。演繹法では、受講生は一般的な情報から固有の結論を導き出す。だから授業では、受講生が独自の結論を導くのに十分な一般情報を与えればよい。

帰納法的手法では、受講生は特有の情報から普遍的な結論を導く。授業では、状況を整え、必要な情報を与えることで、受講生が目指す結論にたどりつけるようにする。

演繹法も帰納法も、受講生が自分の出した結論が正しいことを証明するために使うプロセスである。違うのは、全く逆の思考プロセスだという点だけである。

主な授業の提供方法については下記に述べる。

講義または一方的プレゼンテーション

一方的な質問回答（はい、いいえ、クリックして進む）による相互作用（リニア・インターアクション）は、学習者からの単純な意思表明や行動の取り込みに限られる。この手法は、コースがさまざまな方法で実施されるような場合に、そのコースの導入によく使われる。例えば、教室で最初に必要な情報を提供する場合である。その後、討論または話し合い、実演やCBTを行う。さらにグループや個人による研究を指導し、最後は実演で修了する。

講義、反復、対話

情報は学習の中で提供され、その合間に質問と対話が入る。質問は単に「はい・いいえ」で答えられるものではなく、複数の選択肢の中から選ぶものにする。一般的な方法は演繹的手法で、講義、CBT、対話型遠隔ブロードキャストで頻繁に使われる手法である。

講義と議論

この手法では、情報を提供してから、受講生間で、疑問点を論じたり、対話をさせる。議論は、講義、遠隔学習期間、オンライン・チャットの間や、最初の説明の後など、様々な場面で行われる。説明は、疑問が出たとき、その疑問点について掘り下げて研究する、あるいはその疑問について異なった視点を引き出すために行うが、最小限に留めた方がよい。講師は議論のポイントを記録し、講義の最後でまとめるのもよい。

講義と実演

講義と復習による学習に、作業モデルを使った実演を加えることは、概念を実際

に見せるという上で重要である。

ガイド学習、自由研究

この手法では、学習状況はその都度新たに生み出され、組立てられる。受講生は疑問について自ら調べ、問題点を浮き彫りにし、答えを見つけなければならない。情報は、受講生が足りないと思ったり、必要と感じたときに適宜与えられる。この手法を使うときは、教室、オンライン、遠隔ブロードキャスト講義いずれの場合も、講師は主題について高度な知識を要求される。

シナリオ版のマルチメディアやCBT講義では、総合的な参照文献やヘルプ機能を簡単に利用できるようにしておかなければならない。帰納的方法では、質問に直接回答を与えず次の質問を与え、何を調べれば答えが見つかるかという手がかりを与える。演繹的方法では、受講生が次のステップやフェーズに自然に進めるような情報を与える。

ブレインストーミング

ブレインストーミングは研究で使われるひとつの技術である。手軽に遠隔ブロードキャストの会議室あるいはオンライン・チャットで行うことができる。

ブレインストーミングをすることで、ある題目について考えられるすべてのアイデアを出すことができる。個々のアイデアについては、後で何らかの方法で評価し、価値や適切さについて確認する。ブレインストーミング自体では、これらの判断を行うことはしない。なぜなら成人の受講生は、すぐに自分の考え方を押しつけようとし、自分の考え方を十分説明せずに、他人の考え方を受け入れないことがあるからである。だから、ブレインストーミングを行う場合は、始める前にルールを決めなければうまくいかない。ここでブレインストーミングのルールをいくつか紹介しよう。

- 目的はできるだけ多くの意見を出すことにある。
- どんな意見も受け入れる。
- 意見について批判はしない。
- 出された意見に追加をしたり、それを基に思考を膨らませたり、まったく逆の意見をだしたりすることはできる。
- 誰でも参加できる。
- すべての意見は一覧にして、全員にわかるようにする。
- 最初の意見に対して会話が続かなくても、すぐには止めない。意見の中には、考えが出てくるのに時間がかかるものもある。
- これらのルールを侵した場合はその場で指摘する。

ゲーム

　　ゲームの利点も見落とさない。ただし、単にゲームをするためにゲームを利用しないことである。私たちはテレビを見て育ち、娯楽に慣れている。教育やトレーニングに関してもこうした志向は見られ、受講生は娯楽性を求めがちである。

　　注意深く構成されて作られたゲームはすべてのメディアに適しており、とても明確な効果がある。ゲームは正しく使われれば、単に説明しただけでは受け入れられなかったり、効果の少ない点を理解させることができる。また、楽しんで学習したときは、知識がより長く定着する傾向がある。

ロールプレイング

　　学習した技術を試すのには、実演は非常に有効な方法である。ロールプレイには、技術がどう生かされるか反響を見る機会を受講生に与えるという利点がある。ロールプレイはあらゆるメディアに適している。例えば録音や再生のできるCBTでは、顧客サービスで質問に応じるロールプレイができる。

シミュレーション

　　実際の業務に限りなく近い体験ができるシミュレーションはロールプレイとして最高級である。

　　シミュレーションはあらゆるメディアに適している。中でもソフトウエアのマルチメディア・シミュレーションは特に効果的である。

業務遂行支援

　　業務遂行支援は、1，2回のキーを打つだけ、1回電話をかけるだけ、業務支援データや参考マニュアルをチラッと見るだけで、情報が手に入る手法である。これは、定期的に更新されるような知識、非常に複雑な知識、サポートが必要な知識、あるいは業務遂行を推進させる知識には非常に適している。

作業工程

　　学習を定義する作業工程には2つの作業項目がある。
1. コンテンツを単位に分ける。
2. 情報を図式化する。

コンテンツ構造決定の手順

次の作業項目に従う。

作業項目1　コンテンツを単位に分ける。

ステップ1　コンテンツを次の6つの大きなグループに分類する
1. 概念（アイデアあるいは定義）
2. 作業工程（関連情報の体系化）
3. 手順（作業工程上のステップ）
4. 方針（効果、任務、価値付けの指針）
5. 事実（集められた各情報）
6. システム（操作機器などの物理的なもの）

ステップ2　業務の順番を元に、単純なものから複雑なものへ、あるいは論理的なコンテンツグループに情報を並べる。

作業項目2　情報を図式化する。

ステップ1　学習の概要を作る。その中に、表18.1で概説している11の基本的な講義あるいは学習活動項目が入っていることを確かめる。レッスンの中のそれぞれのトピックは、ミニ・レッスンと考えられるので、同じようなパターンで配置する。このステップはすべてのマルチメディア製品で共通している。マルチメディアは、Webページ、参照マニュアル、オンラインヘルプ・システム等を備えているかどうかにかかわらず、決められた構造と論理に基づいてコンテンツをグループ分けして提供しなければならない。

レッスンの概要には次のような要素が必要となる。

- レッスンのタイトル
- レッスンの目標：最終目標とレッスンごとの目標。レッスンごとの目標を一覧にし、画面で確認できるようにする。この一覧は、受講生がゴールと目標を理解できるようにわかりやすく表現する。
- レッスンの長さ：受講生が、長い学習過程（すべての分岐、レビュー、テストなどを含む）を通り、レッスンを修了するのにどれくらいかかるかを決める。時間調節は大切である。というのもそれぞれのレッスンの長さはコース全体に影響するが、コース全体の長さは、分析やプロジェクトの要望に基づいてあらかじめ決められているからである。
- レッスンの重要度：コースの中の各レッスンの割合。各レッスンの重要度は、コース全体の内容に関わる重要性によって決定される。各レッスンの重要度により、最終テストに何問の問題が割当てられるか決まる。それはまた、全

表18.1　学習活動項目

項目	説明
事前整理	前に何を学習したか、このレッスンで何を学習するか、それぞれがどのように関連して一連の学習となるか、を説明する。レッスンの目的やコースとの関連性を含む。この質問に答えてみよう。「なぜこのレッスンを学習すべきなのか？」
目標	レッスンを修了すると、何ができるようになるのか、何を知ることができるのかを伝える。注意：目標は、かた苦しくなく、打ちとけた調子で与えること。この場合「あなた」という二人称を使うのが適当である。
内容	説明の手法は目標によって決定される。
指導付き実習	受講生の実習を細かく観察し、内容をどの程度把握しているかについて素早く正確なフィードバックを与え、説明を補足するようにする。
フィードバック	それぞれのレッスンの合間で肯定的あるいは矯正的フィーバックを与えるようにする。肯定的なフィードバックでは、受講生の答えが正しいこと、次に何を学ぶかということを伝える。矯正的なフィードバックでは、なぜ答えが間違っていたのか、正しい答えは何かを説明し、もう一度同じ問題をやり直すか、他の方法をとるかを指示する。
場面転換	レッスン中のトピックの間に入れる。場面転換は、いま学んだことが次のトピックにどの程度関連しているかを説明するミニ・インストラクションである。
まとめ	トピックを終了させ、ここで何を学んだかを思い出させる。
自己チェック	レッスン終了後、正式のテストの前に、自己チェックをする。自己チェックは、できるだけ実際の業務環境に近い方法で作業を実施させる。受講生は、正しいステップを経たかどうか、自己チェックで確認することができる。すべてのチェックのあとで、受講生は間違った箇所についてのフィードバックを受ける。もう一度やり直すこともできる。
テスト	解決策（ソリューション）の効果を計る。
補習	なぜ知識や技術を間違って学んでしまったのかを明確にし、別の説明方法で情報を与える。補習は、同じ教材を同じ方法で繰り返すことを課すものではない。受講生が見逃したポイントのみを理解するように、最初の学習を短縮した形にすべきである。
再テスト	補習の後に行う。受講生が知識や技術を履修できたかどうかを判断する。最初と同じテスト問題を使ってもよいが、同様の別問題を使った方がよい。

体の成績付けの手順にも影響する。レッスンの重要度決定作業工程は、4部のマルチメディア評価で述べる。

- レッスンの序論：レッスンの中で学んでほしいことについて書く。
- 説明の手法：どんな説明手法を使うか、詳しく述べる。そして開発者に、説明する情報とともに、それをどんな風に書いたらよいかを伝える。
- テスト手法：どのようにテストを行い、得点を記録するか。このトピックについてはこの本の4部で述べる。レッスンの概要を作成するときに、全てのレッスン、ユニット、コースについての問題を含めることを忘れないようにする。
- レッスンのまとめ：レッスンの序論で行ったのと同じステップを踏む。

- レッスンの中で使われたメディアの一覧。
- レッスンを完了するために必要な資料の一覧。これはレッスンを補う教授ツールになる（ユーザー・ガイド、受講生マニュアル、コース管理者マニュアルなど）。受講生がレッスンを完了するのに必要なあらゆる資料を含む。

コンセプトマッピングは、教材に使う各素材を組み合わせるための、上記とは異なる方法である。コンセプトマッピングは概要化よりも構築の自由度が高く、作り手の工夫をより生かすことができる。この方法では、コンテンツの構築を始める前にあらゆるアイデアを考えることができる。コンセプトマッピングの中に情報をどのように構築するかについての例は、図18.1を参照する。

下記にコンセプトマッピング作業について述べる。

1. 現在扱っている概念、手順、システムなどの主なアイデアを説明するすべての表現の一覧について意見を出し合う。すべてのアイデアを使う必要はないが、アイデアは惜しみなく出させる。
2. 中心となるアイデアを選び、そのアイデアを要約する短い文章を書く。
3. コンセプトマッピングの第1段階では、主なアイデアはすべて検討し、協働させることのできるものを調べる。この時点で、主要なアイデアとして上げたものでも、いくつかは、実際には補助的なアイデアであることがわかるかもしれない。
4. 配置図の中央に核となるアイデアを記入する。
5. 主要なアイデアと補助的なアイデアを整理する。
6. 配置図が論理的かどうか再確認する。
7. 他者にその配置図について説明をし、改善点について意見を聞く。
8. 配置図の最終版を完成する。
9. 学習の開発を開始する。

ステップ2 学習の概要あるいはコンセプトマッピングが完成したら、コース・フローチャートあるいはコース配置図を作成する。コース・フローチャートは、どのフローチャート・ソフトで作ってもよい。使いやすいソフト、使いにくいソフトがあるので、1つに決める前にいくつかのソフトを試した方がよい。図18.2は高度なコースのフローチャートの例である。また、詳細なフローチャートは、ひとつひとつの学習の中の分岐まで表すが、図18.3はその例である。

作業工程

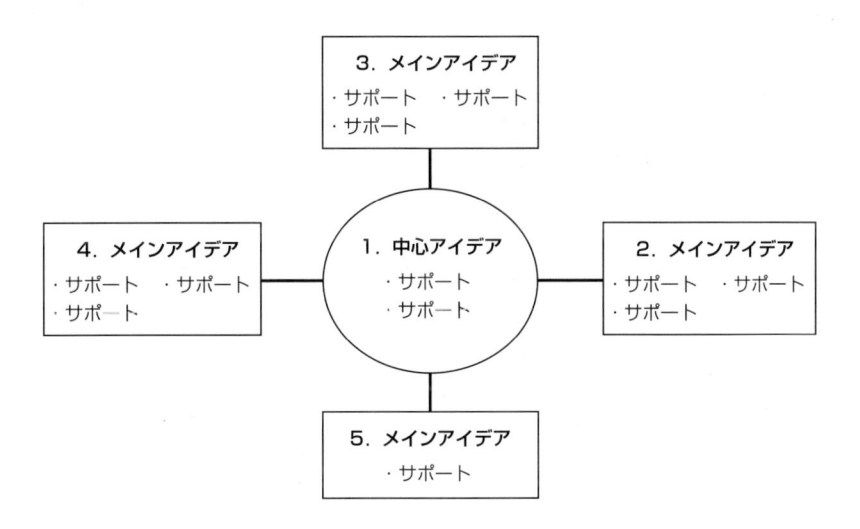

図18.1 コンセプトマッピング

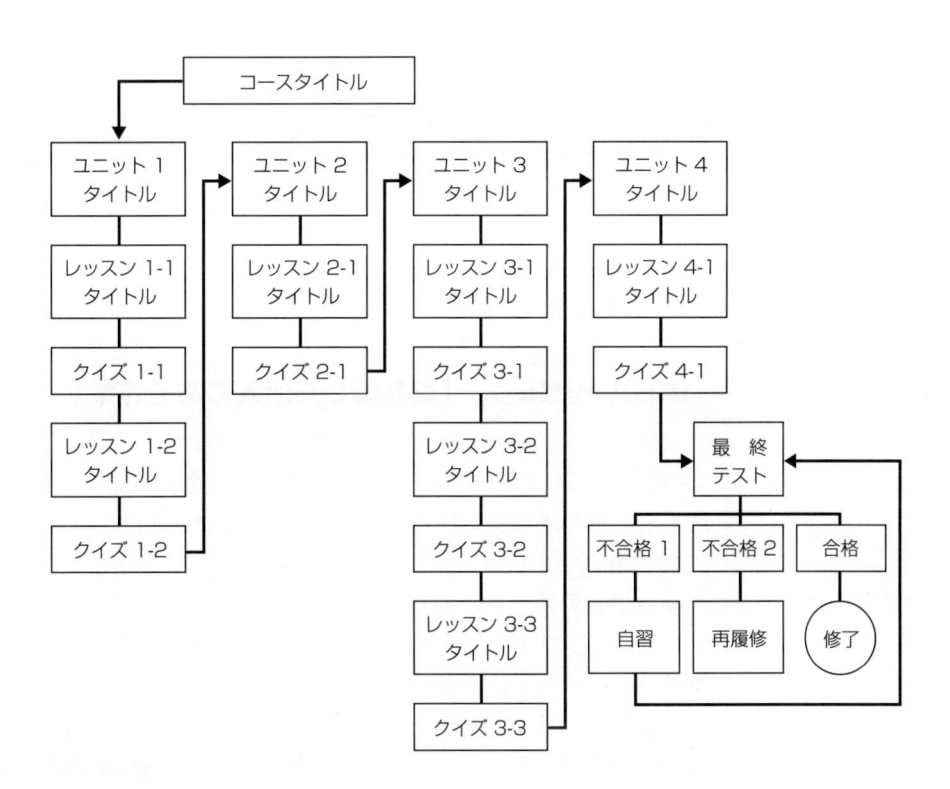

図18.2 高度なコースのフローチャート

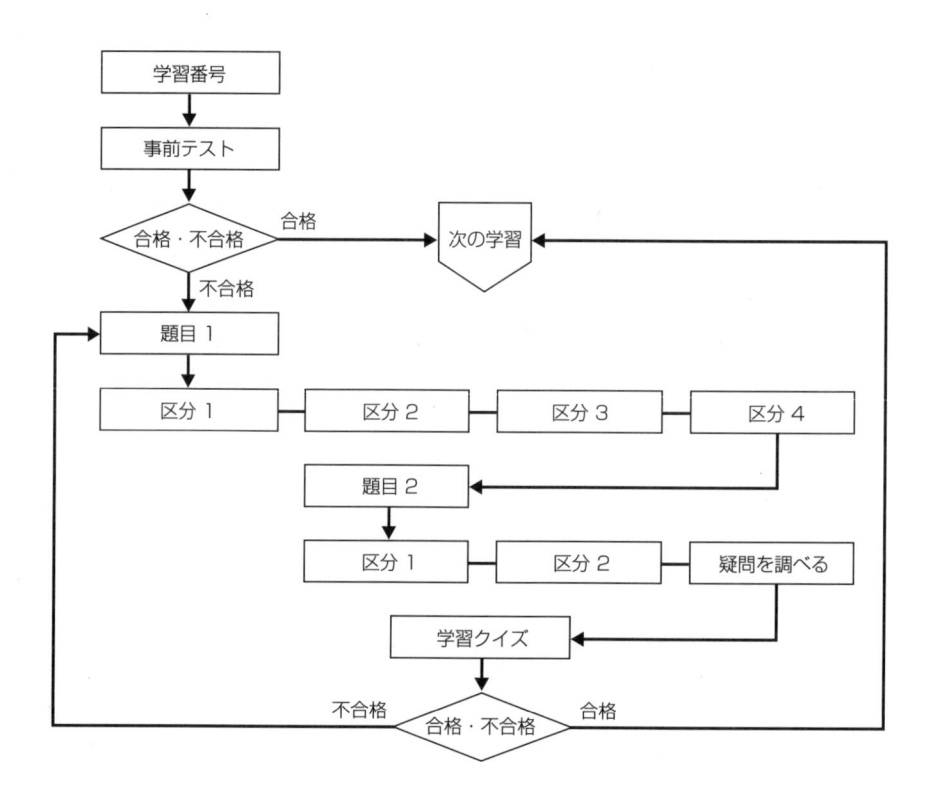

図18.3 詳細なレッスン・フローチャート

> **われわれの経験から　「最も楽しく活気のある作業」**
>
> 　経験のないマルチメディア学習設計者や、設計チームは、自分の好みや乏しい経験に基づいてコンテンツを計画したり、設計戦略を立てがちである。しかし、これは基本デザインに適用される創造性や有効性を制限することになる。この問題に対応するために、コストの少ない2つの方法がある。
> 　第一は、洞察力やアイデアを得るための最も有効な方法として、Webを使ったり、ビジネス・ショーに出店しているベンダーを訪れたり、あるいは大量生産されている既製品を試験的に使ってみて、似たような製品をチェックすることである。何が効果であり、何がそれほど効果がないか、このような調査結果が自分の基本デザイン・プロジェクトにどれくらい応用できるかを記録する。また、子供用のマルチメディア教育製品も、度外視しないことである。中

には、シンプルなインターフェイスや斬新なID手法の素晴らしいものもある（もちろん中には最悪なものもあるが）。

　第二の方法は、ブレインストーミングで、基本デザインのゴール目標に合った新しいアプローチを探すことである。ブレインストーミングのメンバーには、インストラクショナル・デザイナでも基本設計・チームのメンバーでもない人も入れよう。なぜなら、彼らは鋭い創造性を持ち、新鮮なアイデアとアプローチを提供できるからである。基本デザインの打合せは、マルチメディア・プロジェクトの中でも、最も楽しく活気のある作業のひとつである。

まとめ

　適切な学習戦略に基づいた学習の基本方針を立てることにより、コンテンツを教育的で有効なものにすることができる。できるだけ多くの経験豊かなチーム・メンバーを募ることは、モラルを高め、コンセンサスを確立し、基本デザインの品質を向上させる。

19

教材のバージョン管理

　ここまで実施してくると、コース設計仕様書には、プロジェクト、スケジュール、プロジェクト・チームのメンバーの役割と責任分担、メディア仕様、情報の論理的なまとまりが記述された。計画の最終段階として、コースの教材を開発するためのCCプラン（Configuration Control plan；教材バージョン管理計画）を立てなければならない。教材バージョン管理は、制作プロジェクトの品質管理には欠かせないものである。

作業工程

　教材バージョン管理の作業工程には、たったひとつの作業項目しかない。つまりCCプランを確立することである。

教材バージョン管理手順

　以下の作業項目に従うこと。

作業項目1　CCプラン（教材バージョン管理計画）を確立する。

　設計、開発、レビューの段階における教材のバージョン管理のためにCC作業工程を開発する。多くのメンバーがひとつの教材にかかわる場合、各メンバーは同一のバージョンの教材を扱うようにしなければならない。

　CCプランは、目的に応じて複雑にも単純にもすることができる。複雑な手順では、プロジェクトの進行が遅くなるが、より厳密に教材の品質を制御することがで

きる。重要なことは、使う人にとって、より便利な作業手順にすべき点である。チームメンバーは、確実に全員が一致して進めるために、作業工程におけるCC手順に従わなければならない。この章の最後に、CCプランの例をあげる。

　開発あるいはレビュー段階では、各バージョンのマスター・ハードコピーと電子コピーを常に記録として保存しておく。そうすれば、電子ディスクが破損したり、ハードディスクが使用中にメモリ不足になっても、最新最少の更新データが失われるだけですむ。その上、最新バージョンについて記したハードコピーも手元に残っている。ストーリーボードやプログラム・ファイルをもう一度手直ししなければならないのは、たしかに面倒なことではあるが、データをすべて失ってしまうよりは、作業のやり直しで修復できるほうがよいことは明白だ。

　CCプランの各ステップは、学習教材をプロジェクト・チームに戻す必要がなくなり、最終バージョンとして保存されるまで続ける。プロジェクトの開発段階に入り、開発チームの出番になったとき、各メンバーが役割を果たせば、良い教材となる。

　プロジェクト・メンバーは安全管理のため、電子ファイルの各バージョンのコピーを教材バージョン管理者に提出しなければならない。管理者は、教材の正しいバージョンを配布する責任を持つ。

教材バージョン管理プランの例　この教材バージョン管理プランは、バージョン管理を維持するための作業の各ステップとメンバーの役割についての概要を示す。このプランでは、コース開発者、シナリオ・ライター、あるいはその他のチームメンバーが「オーサ」の役割を果たすことができる。CCプランの最も重要な要素は、CCG（Configuration Control Gatekeeper; 教材バージョン管理者）であり、CCGは教材のレビュー期間全体を管理する責任を負う。

ステップ1（オーサの任務）　教材をレビューのためにCCGにわたす。
A. 電子ディスク・バージョンのラベルには以下の項目を記す。
- 書類の名前
- 書類のバージョン
- 原本作成者の名前
- バージョンの日付

B. 書類のハードコピー・バージョンには、フッターの部分に、ディスクに記されたのと同じ情報と、バージョン番号と日付を記載する。

ステップ2（CCGの任務）　教材をレビュー期間に回す準備を整える。
A. 教材の複製を作る（電子コピー、およびハードコピー）。
B. オリジナルの教材に"マスター・バージョン1"、複製した教材に"コピー・バージョン1"のラベルを貼る。

C. マスター1は保管し、コピー1を評価に回す。
D. レビューに回す各書類に回覧票を付ける。回覧票には下記の項目を設ける。
- 書類の名前
- 書類のバージョン
- レビュー者の名前とレビューを完了した日付をサインする欄
- 書類の修正が必要なくなった時に、レビュー終了のサインをする欄

E. 教材をレビュー期間の最初のレビュー者にわたす。

ステップ3（レビュー者の任務） 書類をオーサの手許に戻し修正を依頼する前に、すべてのレビュー作業を完了する。

ステップ4（最後のレビュー者の任務） 最後のレビュー者は教材をCCGに返却する。

　最初のレビュー（ステップ3）は、内容の専門家（SME）レビューまたは技術レビューから始めるべきである。コンテンツに重大な技術的誤りが見つかった場合は、レビュー期間の途中でも、レビュー者はただちにCCGに教材を返却し、オーサに戻して修正してもらうようにする。技術レビュー者は、唯一、レビュー期間の途中での差し戻しができる立場にある。技術レビュー者に、このような権限が許されている理由は単純である。それは教材に技術的に重大な誤りが発見された場合は、オーサが修正を施した後でも、再度レビューに回し直さなければなければならないからである。技術的な問題をすぐに処理することで、レビュー時間とレビュー期間の短縮が実現する。

ステップ5（CCGの任務） 教材を原本作成者に返却する。

ステップ6（オーサの任務） オーサは、レビュー者から書類を返却されたら下記の作業を行う。

A. 電子書類を開く。
B. 書類に修正を施す。
C. それをバージョン2として保存する。
D. オリジナルとバージョン2をCCGに戻す。

ステップ7（CCGの任務） CCGは教材を2回目のレビューサイクルにまわす準備をする。

A. 修正した教材の複製を作る（電子コピー、およびハードコピー）。
B. オリジナル教材に"マスター・バージョン2"、コピーした教材に"コピー・バージョン2"とラベルを貼る。
C. マスター2を保管し、コピー2をレビューサイクルにまわす。
D. 評価にまわす書類にそれぞれ回覧票（ステップ2のDと同じ形式のもの）を付ける。回覧票には下記の項目を設ける。
- 書類の名前

- 書類のバージョン
- レビュー者の名前とレビューを完了した日付をサインする欄
- 書類の修正が必要なくなった時に、レビュー終了のサインをする欄

E. 教材をレビューサイクルの最初のレビュー者にわたす。

ステップ8（レビュー者の任務） 2回目のレビューサイクルを完了させる。

A. 2回目以降のレビューサイクルでは、レビュー者が指摘した箇所すべてについて完璧な修正がなされており、作業終了できることを確認することが重要である。

B. すべての修正が完全に反映されていない時は、これから修正する箇所が残っていることを記して、次のレビュー者にまわす。

C. 最後のレビュー者が教材をCCGに返却する。

ステップ9（CCGの任務） 修正が必要な場合は、教材を原本作成者に返却する。すべての修正が完了し、書類が最終版となった場合は、CCGは教材に"最終バージョン"と記し、保管する。

ステップ10（オーサの任務） 教材がもう一度オーサに戻された場合は、下記の作業を行う。

A. 電子書類を開ける。
B. 書類に修正を施す。
C. バージョン3として保存する。
D. バージョン3とバージョン2をCCGに返却する。

このようなやり方で、修正箇所がなくなるまで、レビューを繰り返す。

われわれの経験から　「教材バージョン管理は綿密に」

　総じて、教材バージョン管理計画も含めてどんなプロジェクトにおいても、事前の計画が綿密であればあるほど、プロジェクトはうまく進行するものである。そうすれば結果として、予算とスケジュール通りの高品質の製品ができることになる。

　CC（教材バージョン管理）がきちんと計画され、チームメンバーに知らされ、守られる、ということが徹底されないと、多くの作業が無駄になり、何度も同じことを繰り返すことになる。これは特に大きなプロジェクトで顕著である。マルチメディア・プロジェクトには、非常に多くの構成要素が含まれ、それが多くのチームメンバーによって処理される。レビュー期間を管理する責任者がいないと、そのような多くの構成要素の統合は、混乱し、もどかしいものになり、誤りが頻発し、やり直しの作業が必要となる──時にはそれに長時間を費やすことにもなる。

まとめ

　　プロジェクトの教材バージョン管理を含めることは、コース設計仕様書の重要部である。プロジェクトの全チームメンバーは全員、自分が持つコピーのコース設計仕様書で、それを参照することができるようにする。

第3部 マルチメディアの開発と実施

20

マルチメディア開発の手引き

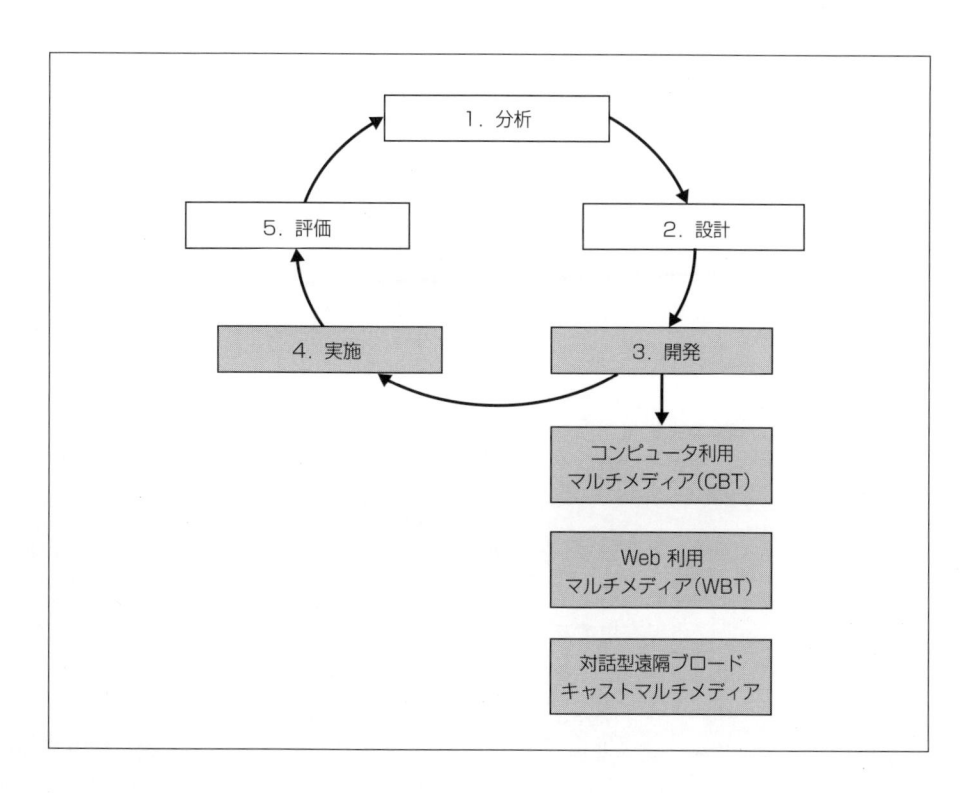

```
         ┌─────────────┐
         │  1. 分析    │
         └─────────────┘
        ↗               ↘
┌─────────────┐     ┌─────────────┐
│  5. 評価    │     │  2. 設計    │
└─────────────┘     └─────────────┘
        ↑               ↓
┌─────────────┐     ┌─────────────┐
│  4. 実施    │ ←   │  3. 開発    │
└─────────────┘     └─────────────┘
                         ↓
                   ┌─────────────────┐
                   │ コンピュータ利用 │
                   │ マルチメディア(CBT)│
                   └─────────────────┘

                   ┌─────────────────┐
                   │   Web 利用      │
                   │ マルチメディア(WBT)│
                   └─────────────────┘

                   ┌─────────────────┐
                   │ 対話型遠隔ブロード│
                   │ キャストマルチメディア│
                   └─────────────────┘
```

　開発では、コース設計仕様書に従い作業を進める。この開発の段階が、マルチメディアプロジェクトの中で一番多くの人数を必要とする。ストーリーボードが作成され、ビデオが撮影・編集・記録され、音声が録音・編集・記録され、画像が作

成・編集・記録され、そして最初のバージョンのWebページが作成・検査・レビューされるのである。

　多人数が関わるこの開発段階は、大きなプロジェクトであればあるほど、うまく管理される必要がある。チームのミーティングも開発期間中において非常に重要である。ミーティングにより種々の作業を調整できる。すべてのプロジェクトチームメンバーは彼らの役割と責任、そしてプロジェクトスケジュールを理解し、彼らに割り当てられた責任を満たさなくてはならない。

　レビュー期間の各段階では、レビュー者は何をどのようにレビューするべきかを明確に理解した上でレビューを実行しなくてはならない。承認記録、変更記録を残しておくことも必要である。各マルチメディア素材は統合、調整される必要がある。また、そのプロジェクトに特有な制作物や実装方法についても管理する必要がある。

　マルチメディアの種類を問わず、基本的な開発原則は同じである。
1. 最初に、テンプレート、モデル、開発仕様書、基準等のフレームワークを決定する。
2. 次にそのフレームワークに沿って素材を制作する。
3. そして制作物のレビューを行い、その後修正を行う。
4. 最後に完成品の実装を行う。

　成功したマルチメディア開発技法には以下の要素が含まれることが多い。

設計時のプロトタイプ作成　初期の段階でアプリケーション・システムのプロトタイプを作成し、レビューとテストを行い、インターフェイス設計、素材、スクリプト、情報配置などを改善する。これは迅速な開発を行うのに効果的な方法である。

漸進的開発　開発の各段階におけるプロトタイプ作成を、次のプロトタイプ開発の基礎として用いる。この方法の成功の秘訣は、コンテンツに含まれていないことを設計に含めないことである。

モデルとテンプレートの使用　モデリングは複数プロジェクトの並行開発時に有効である。特に、順次内容が追加され使用可能になっていく反復的プロセスのプロジェクトで有用である。テンプレートはコンテンツのフレームワークとして制作され、使用される。テンプレートにより、全体の共通性、同一性が保たれる。これは、ソフトウェア開発プロジェクトの場合と同じである。ソフトウェア開発プロジェクトでも、統一表示イメージ（"ルック＆フィール"）、関数などが最初に開発される。そして、内容は後から挿入される。以下は、ソフトウェアへの最終修正が完了するのと同時に作成される画面やフレームの一覧である。

- タイトル・スクリーン（音楽つき）
- メインメニュー

- ヘルプと「このコースについて」の画面
- 制作・著作画面
- 題目レベル1：「この題目について」(7画面)
  題目のタイトルと学習目標：この題目の所要時間（アニメーションと音楽付き）
  自分の仕事への影響
  どのようなときにその作業を行うのか
  作業を実行する際に必要な知識
  踏むべき順序
  特別なヒント、よくある間違い、あるいは時間を節約する為のヒント
  まとめと画面移行（音楽付き）
- 題目レベル2：「方法」
  タイトル（アニメーションと音楽付き）
  各作業段階のビデオ、音声、テキスト
  まとめと画面移行（音楽付き）
- 題目レベル3：「試してみよう」
  タイトル（アニメーションと音楽付き）
  機能：画像などのクリック画面、正誤判定
  機能：文字入力画面と正誤判定
  まとめと画面移行（音楽付き）

　開発を継続的に続けて行う場合、この題目－レベルモデルをテンプレートとして利用できる。毎回、プロトタイプは複製され、見直される。この高速開発技法により、教材を最新のソフトウェアと合わせて配布することが確実にできる。内容の変更あるいは更新が発生しそうな場合は、この開発方法が必須である。タイトル、誘導ボックス、ボタン、画像、写真、文字表示エリア、動画ウィンドウなどの画面要素のサイズ、位置を同一に保つことが成功の秘訣である。

　プロトタイピング技法を使用する事によってリスクを減らし、各学習間における一貫性を保つことが出来る。また、プロジェクト最終権限者からの承認を得やすくし、製品の問題点などを明確にすることができる。通信業界のような製品化までの時間が販売に大きな影響を与え、出荷時点で支援用マルチメディアが完成している必要のあるところでは、このプロトタイピングや高速開発サイクルがその重要性を増してきている。

　特定の産業分野では、教材の継続的な更新、改定ができることが必須である。これを実現するためには、題目レベル、学習レベルのテンプレートを、設計者が教材内の画像や写真を一度に変更・更新確認できるライブラリと組み合わせて使う。このタイプの開発方法での設計の鍵は、一貫性である。

マルチメディアの種類にかかわらず、開発期間の短縮は大きな利益をもたらす。
- 製品化までの時間を短縮することでコストを縮小し、投資に対する利益を得る。
- 製品の販売期間と、その製品と一緒になった研修の開発による製品の使用可能期間を最大化する。
- 追加開発作業用に素材を自由に使えるようになる。

高速分析手法（RAM）とともに、開発段階における効率化を実施することによってプロジェクト・コストを大きく削減することが可能となる。

効率化には以下の方法がある。
- 高速プロトタイピングによってコミュニケーションや仲間意識を強化し、やり直し業務を削減する。例えば、画面インターフェイス案を紙上シミュレーションで作成したり、テレビ会議の一部を実演で見せることの利点を考えてみること。
- 以前に開発された実例やテンプレートを使用する。市販のCBTやWBTのテンプレート、モデル集の利用も可能。モデルには、コンピュータ管理学習（CMI）要素である様々なテキスト、画像、ビデオ素材などと共に、学習テンプレート、対話テンプレート、履歴テンプレートなどが含まれる。
- 経験豊富な指導者、制作・販売会社、コンサルタントなどを集め専門チームとして活用する。特に初めてのマルチメディア・プロジェクトにおいては、以前の開発経験はとてつもなく価値のあるものである。指導役には経験を有する適任の人材を選び、またそのような人物が開発チームにいるかどうか確認することである。
- 開発の見通しとスケジュールを常に意識し管理する。全体的にはさほど効果がないのに、「もう一つ画像を追加、もう一つリンクを追加」という風になりがちである。製品作成ということよりも、ビジネスニーズ解決が第一ということを肝に銘じておく必要がある。あくまで定められたコース設計、内容、そして開発スケジュール（タイムライン）を遵守することにより、開発期間を守り、または短縮することが可能となり、さらにはそれがコスト削減へとつながるのである。

> **われわれの経験から　「型にはまって個性を出す」**
>
> 　開発過程においては「プロジェクトが第一である」という事に着目すること。個人的な好みの問題に関しては、オーケストラの例えを引用したい。もしオーケストラの一人一人が勝手に判断しメチャクチャな調性で演奏したとしたら、

その結果は惨憺たるものである。オーケストラの全員が協調し合い、演奏することによって音楽はすばらしいものとなる。

　同じことがマルチメディア・プロジェクトにも言える。コース設計仕様書が指揮者であり、それに従ってプロジェクトのチームメンバーは協調して作業を進める必要がある。もしメディア開発の経験がないのであれば、専門家を募集して指導してもらう。プロジェクトが成功するか、惨憺たる結果に終わるかは、そこで決まる。

　多くのオーサリング・ソフトの最新版にはオーサリング用テンプレートが含まれている。ミネアポリスのAllen Interactions社が制作している「WorldTutor」は、CBT開発用システムの一つである。ニューヨークのトロイにあるInteractive Learning International社（LearnLinc社）は、実際の講義、対話型、仮想教室（同期式）配信、または個人に合わせた（非同期式）Web版教材配信用のシェルを提供している。「Authorware」「Attain」「Asymetrix's Toolbook」など、主なオーサリング・ソフトはWeb版研修設計のためのツールを提供している。また、Abernathy（1999）は、最近入手可能なその他のオーサリング・ソフトウェア・パッケージ、その特徴、システム要求、最新価格、販売店を一覧にした。

　Asymetrix社のDesigner's Edgeなどのツールを用いてCBTのストーリーボードを作成すれば効率性を上げることが可能である。これによって分析情報を学習目標と内容に統合し、最終的にオーサリングのためのストーリーボードを製作するのである。使用方法は簡単で、あらかじめ用意されている構造に開発工程をそのまま当てはめるだけである。またDesigner's Edgeは非常に自由度が高く、すでに確立された学習設計手順を支援することも、新しい独自の学習設計を支援するように改造することも可能である。第３部の後の章では、高速プロトタイピングとこれらの製品の使用による効率性について再度説明する。

まとめ

　マルチメディアの種類に関わらず、基本的な開発工程は同じである。まずフレームワークを決め、それに合う素材を決める。そして製品の評価と修正を行い、最後に完成製品の実装を行う。マルチメディア開発は設計時のプロトタイピング、漸進的開発、モデルとテンプレートを活用した場合、最もうまく行える。

21

共通開発手順

マルチメディア開発プロセスの開発段階では、CBTによる解決策（ソリューション）、WBTによる解決策、対話型遠隔ブロードキャスト解決策に共通する要素がある。

- 製作前処理と制作期間
- 製作後処理と品質レビュー期間

制作期間

本章で説明する開発方法について、表21.1にまとめた。

制作前処理

開発段階では、学習の概要とコンセプトマップが学習計画となる。この考えを言い表すのは簡単であるが、実現するのは複雑である。開発の責任は、多くの人々にかかっている。一人一人が作業をうまく進めなければならず、できたものを期限通りに出さなければならない。

学習の概要を作成するインストラクショナルデザイナが制作前処理ミーティングを統括し実行する。インストラクショナルデザイナはミーティングの際、チームメンバーに配布出来るよう、学習の概要またはコンセプトマップのコピーを用意しておく。

プロジェクトを担当するオーサはミーティングの前に、その概要や図を評価し、プログラミングに関する説明や注意点等について事前に調べて置く。オーサは、標準化、カスタマイズ用コストの削減、プログラミング必要時間数などについて説明できるように準備しておく。

表21.1 開発方法

ステージ	メディア		
	CBT	対話型遠隔学習	WBT
制作前処理	ストーリーボードを作成する。技術的、教育的基準に合っているかどうか見直す評価期間を含む。	台本を作成する。試行して、視覚的目標、聴覚的目標、教育的目標に合致させる。	リンクをフローチャート図に描き、ページ構成をチェックする。技術的、Web的、教育的基準に合うよう評価する。
制作	ストーリーボードと教材開発基準に沿って素材を作成し組み立てる。	ビデオ撮影と編集、追加メディアの作成を、台本とコース開発基準に従い行う。	配置図とWebコース開発基準に従ってページを作成し組み立てる。
制作後処理と品質評価	ストーリーボードとプログラミング基準に合っているかどうか、技術的評価、デバッグ、テストを実行する。	台本や割り当てられたタイムフレームに沿って、セッションをリハーサル、実行してみる。	配置図に従ってWebページのテクニカル評価、デバッグ、テストを行う。
配信もしくは実装	教材の配信	学習の実施	Webページの実装

アートディレクタは、画像に関する指示や質問を準備してミーティングに臨む。開発段階の中で、画像制作は時間とコストのかかる作業である。そのため、アートディレクタは、コース開発時間とコストを削減するアイデア提案に尽力する必要がある。例えば図21.1の画面は、高価で時間のかかる専用に作成した画像を使用するか、単なるクリップアート写真集の写真を使用するかという選択を行う場合の折衷案である。クリップアートの写真の下部の縁をデジタル加工によって伸ばしているので、ただのクリップアートがこのために作成した画像のように見える。

音声担当は音声ファイルを管理し、時には録音作業も行う。録音テープをデジタル形式のファイルに変換するようなファイル形式処理なども頻繁に行う。音声担当は音声と音響効果に関する質問や提案を準備してミーティングに臨む。音声担当は音声台本が以下のように作成されていることを確認しなければならない。

- 台詞はナレーターが読みやすいように行間を広く取って書き、大きな文字を使用すること（ナレーション録音にストーリーボードを使用するのは避けること。これにより効率が良くなることは、まったくない。ナレーターがストー

図21.1　カスタムクリップアート写真［提供：Star Mountain Inc.: designed by Training Consulting Softec］

リーボード上のすべての情報を把握して、ナレーションを見つけるようになるまでに時間がかかる）。

- 対応するストーリーボード番号を（間を取って）先頭に入れて録音し、音声の記録と音声ファイルの変換が行いやすいようにする。
- 頭文字を組み合わせた略語は、ハイフンをつけて記述すること（例：I-S-D）
- 専門用語や読む事が難しい単語には、ふりがなをつける。

音声担当は、音楽や音響効果によりコンテンツの表現方法をより良いものにするよう提案するべきである。音声担当は経験豊富なナレーター（修正や追加のナレーションが必要となった時に再び録音可能なナレーター）を選ぶこと。

ビデオディレクタはビデオ製作を調整する。ビデオディレクタはストーリーボードとビデオ台本を吟味し、必要なセット、出演者、撮影角度、特殊ビデオ効果などについて指示する。ビデオディレクタは、インストラクショナルデザイナやシナリオライターなどと協力して制作の台本を準備する。これには、ロケーション数、撮影の種類、照明等々をチェックし、撮影隊を効果的に管理し、必要に応じて人材を用意することも含まれる。ビデオディレクタはインストラクショナルデザイナやシナリオライターらと協力し、台本の指示の意味を明確化することが多い。

ビデオ台本はビデオ制作物の青写真で、CBT作成の際のストーリーボードに当る。プロのビデオ台本には、ビデオ制作チーム各員に指示を与えるためのビデオ産業固有の用語がある。長かったり複雑なビデオ場面や、外部ビデオ制作会社用に用意するビデオ台本はこの用語を使用して作成する必要がある。ビデオの要求事項が標準

的な台本の形式によって提示されていないと、コスト、遅延やミス発生の可能性、目指した結果を得るまでの時間を劇的に増加させることがある。付録Cの標準台本の項を参照すること。

内容の専門家SMEは技術的アドバイスを準備してミーティングに参加し、概要や概念の配置に対する変更があった場合に技術的なエラーが発生しないことを確認する。

品質管理担当者は、ミーティングで行われた変更事項がコース設計仕様書に従っていることを確認する。また、問題が行き詰まったり、議論があまりに長くつづき、しかも結論が見えないような場合は、品質管理者が議論を止めて最終決断を行う。

この決断には以下の2つの理由から疑問を呈してはならない。第一にこれは、もし各自がチームの決定に影響を与えたいと考えるなら、合意に達することが一番よいことであることをチームに知らしめるからである。第二に、この決断により、制作スケジュールを確実に遅らせる制作前のミーティングの停止、行き詰まりという事態を防ぐからである。

制作

制作におけるチームメンバの役割と任務について述べる。

オーサは、CBTの各要素を統合し、対話型モデルにする。ストーリーボードの指示に従い、各学習のテキストをフレーム・ワークに入力し、ビデオ、画像、音声を追加する。オーサはストーリーボードを使い、音声・ビデオファイルの一覧を参照しながら、正しい音声やビデオ・ショット部分を選んで、学習内の正しい場所で再生されるようにコンピュータをプログラミングする。

グラフィックアーティストは画像やアニメーションを作成し、コース設計仕様書に記載されているファイル命名規則に従って保存する。

ビデオ撮影者（またはビデオ撮影隊は各ショットの一覧表を作成し、ビデオの各場面を撮影し、コース設計仕様書に従って記録する。ビデオ撮影隊は通常、プロデューサ（1）、ディレクタ（1）、出演者（複数）、カメラ操作（複数）、照明・音声（複数）、セット・装飾（複数）、衣装（複数）、メイクアップアーティスト（複数）からなる。ビデオ撮影隊はしばしば人員の中で最も多くの割合を占める。

ショット一覧表は、撮影した各ビデオとビデオ台本の間のつながりを記録するのに役立つ。付録Eの開発手順ツールの項に一例を挙げる。また、各場面を適切な角度で撮影することはもちろんだが、時間が許せばいくつかの角度を使って撮影することも有効である。この方法によっていろいろな編集ができ、再撮影を行わないですむ。

撮影が完了したら、マルチメディアで使用できるように、ビデオテープをデジタルビデオファイルの形式に変換しなければならない。したがって、注意して検査や

編集を行ない、全ショットが撮影されていることを確認すること。ビデオのマスタ化やデジタル化を外部に依頼する場合は特に注意する。オーサが音声やビデオの開始点・終了点を正しく見分けられるように、ビデオや音声を正確に記録しておくことが非常に重要である。

同様に、スケジュールの厳しい外部制作会社との連絡を欠かさないことである。制作後処理過程のバグや遅延はプロジェクト完了を妨げることがある。ビデオを差し戻してマスタ化やデジタル化をやり直すことによるプロジェクトの遅延は、高いものにつく。

ビデオや音声は、「チェックディスク」と呼ばれるCD-ROMで保存することが多い。チェックディスクまたはチェックファイルは検査を行わなければならないが、その4つの理由を以下に挙げる。

1. ビデオがすべてディスクに入っていることを確認するため。
2. 音声がすべてディスクに入っていることを確認するため。
3. メディアの品質を確認するため（ノイズなし、など）。
4. オーサリング作業用にビデオと音声ファイルの数を確認するため。

ビデオの再撮影を回避することは重要である。出演者、撮影隊、セット、衣装をもう一度集めることにはコストがかかる。人、特別な出来事、機材などは常に自由には出来るわけではない。また、撮影状況を再現するのが不可能な場合もある。

再撮影が必要となる3つの理由を以下に挙げる。

1. 撮影時に、複数回撮ったどのビデオ（テイク）も要求したものを明確に撮影していない。
2. 撮影対象（機械や手順）について、変更があった。
3. 撮影したものにバグがあったり、既存のビデオや音声との矛盾がある。

ある場面に使用できるショットが一つもなければ、付録Eの「開発・実装ツール」の項の「再撮影の要請」フォームを使ってビデオの再撮影を要請すること。各欄を完全に埋めて、ディレクタが古いショットの問題を明確に理解し、新しいショットを作り直しできるようにする。もちろん、すべての再撮影のセットには初回の撮影時と同様、学習設計者と内容の専門家が立ち会うべきである。

音声録音時には、付録Eの「開発・実装ツール」の項の「音声ログ」を使って、各音声セグメントを記録すること。

音声の再録音の要請には2つの理由が考えられる。音声が間違っている（単語の発音や抑揚のまちがいなど）。または音声に変更の必要が出た（学習で説明している機械の改変など）。

これらの理由で再録音が必要な場合は、付録Eの「開発・実装ツール」の項の

「音声改版エラーリスト」を使用して、再度エラーを犯すことを防ぐ。完全な再録音が必要なら、同項の「音声再録音要請」フォームを使用する。

全体としてディレクタの仕事は、セットや制御室ですべてをスムースに実行させることである。大型の制作物では、プロデューサが加わって撮影全体を指揮したり、アシスタントディレクタが加わって2つの場所で一度に撮影が行われるときの指揮をする場合がある。

マルチメディア開発では、ビデオについて専門知識を持つディレクタまたはチームメンバがビデオ撮影隊をまとめなければならない。以下にディレクタの任務を示す。

- その土地のタレント事務所でタレントオーディションに必要な写真などを入手する
- ビデオに出演し、再撮影もできるように、出演者をオーディションで選ぶ
- リハーサルをする
- セットデザイン、衣装、装飾の監督をする
- カメラ操作の監督をする

セットデザイン担当はセットをどのように見せるかを決め、撮影に必要な背景やシーンの組み立てを監督する。

セット装飾担当はディレクタの指示に従って、支柱を組み、シーンを作り上げる。

衣装デザイン担当は出演者の衣装を探すか、または作る。

カメラ操作担当はディレクタの指示に従ってシーンを撮影する。

出演者は台本を暗記し、リハーサルを行い、演じる。

照明担当は照明を注意深くセットし、シーンに明暗をつける。

音響デザイン担当は最良の音声がとれるようにマイクをセットし、スタジオや制御室やロケで録音作業を行う。音声も音声テープからデジタルファイルに変換し、CBTで使用できるようにする。

インストラクショナルデザイナはセットについて技術的なアドバイスも行い、ストーリーボード通りのショットが撮れるようにする。学習設計者の責務は、目指すとおりのコンセプトが撮影されるようにすることである。

SMEはコースの技術的な側面から撮影をチェックするために、セットに立ち会ったり出向いたりする。シーンの撮影が技術的に正しく行われるようにアドバイスする。

アートディレクタは写真家やグラフィックアーティストを監督して、プロジェクトの統一表示イメージ（"ルック＆フィール"テーマ）についての指示を行う。このディレクタは、市販のクリップアートや写真を使ってコストを削減し、プロジェ

クトのニーズに合わせる任務を負うことも多い。多くのマルチメディアの背景やボタン素材が市販で入手可能である。

写真家はデジタルカメラを使って必要なショットを撮りハードディスクの画像ディレクトリに直接保存する。または、写真を撮影して、それをスキャンして取り込みCD-ROMに保存する。それから校正刷りを作成する。

グラフィックアーティストとアニメータはグラフィックとアニメーションを作成し、ディレクトリまたはディスクに保存する。付録Eの「開発・実装ツール」の項に、画像ログのサンプルを挙げる。

以下は、画像の再作成が必要となる場合の例である。

- 小さすぎたり、隣接するものの色が衝突していたり、重要な領域間の区切りが不明など、表現が不明確。
- 表現物の比率が正しくない。
- アニメーションの流れが正しくない。
- 基準(フォントサイズ、スタイル、色など)違反がある。

画像変更の指示には、付録Eの「開発・実装ツール」「画像再作成要請」を使用する。

コースに特殊データリンクを組むことが必要な場合、システムエンジニアまたはプログラマがプロジェクトに加わる場合もある。例えば、CBTから研修記録データベースに研修記録を書き込んだり、CBTから各アプリケーションにアクセスすることが必要になることがある。システムエンジニアとプログラマは開発ソフト、ファイルの障害対応を行う。それは、モデルやテンプレートの作成、プログラムのコンパイル、ファイル構成の管理、バックアップ、プラットフォームテストなどである。

制作後処理及び品質レビュー

制作後処理では、学習のすべての部分をレビューし、コースウエアの最終構成レビューを行なう。

制作後処理で必要なレビューは以下の3つのみである。

1. 標準レビュー:全レッスンがCDS(コース設計仕様書)に記述された標準に準拠していることを確認する。
2. 校正レビュー:文法の間違い、誤字、脱字等を確認する。
3. 機能レビュー:プログラム論理にバグがないか、音声、ビデオ、グラフィックにノイズがないかなど、機能についてのレビュー。付録Eの「開発・実装ツール」の中に、「機能レビューチェックリスト」を記載する。

第21章 共通開発手順

　コースの教育的有効性については制作前処理ですでにレビューされているので、この時点では学習レビューは必要ない。

　管理レビューも、やはり制作前処理段階でストーリーボードのレビューを行っているため、必要がない。

　技術レビューも不要である。内容の専門家はストーリーボードの技術的な正確さをレビューずみであり、制作前処理・ミーティングに出席し、ビデオ撮影に立会い、ビデオと音声の最終バージョンを学習設計者と共にレビューしている。

　オンライン学習のレビューは下記に従い行う。

1. 始めに、レビュー者は「オンラインレビューフォーム」の各ページに番号を付ける（このフォームは付録Eの開発・実装ツールの項に記載されている）。1画面で複数ページが必要な場合は、2枚目からのページはアルファベット文字を付けるべきである（例えば、1、1A、1B…）。
2. すべてのレビューフォーム（校正、編集、機能）の白紙コピーを、学習レビューフォームの束に入れるべきである。各レビュー担当者は、それぞれのフォームに記入する。
3. 大きなプロジェクトでは、オーサはレビュースケジューリングフォームを用いて、各学習をその中に一覧にし、レビュー可能時期を明示する（付録Eのサンプルフォームを参照）。
4. レビュー者は一覧表を適切にチェックして、各学習がレビュー可能な状態であることを確認する責任がある。
5. レビューから一部分を除外する場合は、オーサーが行なう。オーサーはスケジュールに名前と日時を記入しておくこと。
6. 各レビュー者は異なる色のペンを使ってバグを記録する。これで、書き込まれたコメントについてオーサが疑問を抱いたとき、尋ねる相手が分かる。
7. 各レビュー者は同一ページにバグを記録する。この記録方法により、
   - オーサが、ある画面についてのバグを一度にまとめて見て、修正することができる。
   - オーサが見るコメントページが1枚ですみ、手順をスピードアップできる。レビューフォームには、何を変更しなければならないか正確にわかる詳細情報を記入する。
8. 全レビュー者は、同一機器環境（速度、モニタ、HDの空き容量、RAM）で評価すること。
9. 全レビューは最後のレビューが終わるまで一定の機器構成で行うべきである。
10. レビューを完了させ、スケジューリングフォームに署名する最後のレビュー者が、オンライン学習レビューフォームをオーサに提出する。
11. オーサはファイルの修正と再構成を行う。

オーサが指摘された修正点を修正した後は、レビュー者が再レビューに戻る必要はない。修正点の確認を行う人員を一人決め、各変更点の横にチェックマークをつけてレビューと修正がすんだことを確認する。

システムエンジニアまたはプログラマの責務を以下に挙げる。

1. 試行学習と実装サイト用のハードウエアインストールを行う。
2. LANやサーバ用のプログラムインストールを行う。
3. テスト中のハードウエアとプログラムの保全を行う。
4. プログラムの初回試行テストおよび初回テスティング時、実装サイトに立ち会う。
5. 初回インストール時に起きる問題のトラブルシューティングを行う。

まとめ

マルチメディア開発チーム内での役割に関わらず、メンバーは全員、制作前処理、制作の流れ、制作後処理、品質レビューの流れ、学習配信戦略に参加する。

チームメンバーがその役割を自覚し、完全に参加し、チームに専門知識を提供することが、品質、効果、マルチメディアプロジェクトの有用性を向上させる。

22

CBT（コンピュータ利用トレーニング）の開発

　企業内研修におけるマルチメディアとは、CBT（Computer Based Training；コンピュータ利用トレーニング）を指すことが多い。実際、今日のビジネスニーズに応えるには、CBTの柔軟性を活かすことが得策である。CBTでは動画、音声、画像などの素材を扱うため、本書の第3部で述べている書式、作業工程、担当者の役割とその責任範囲などは、その他のマルチメディアプロジェクトにも適用することができる。

　今日ではプログラミングをしなくても必要な機能を提供してくれるソフトウェアを使えば、開発時間を短縮することができる。このようなソフトウェアには、通常4種類のテンプレートを作成するための関数ライブラリが用意されている。
 1. 画面およびレッスンの入力用インターフェース：学習内容を開発するためのもの
 2. 習得技術確認テスト：各ユニットの最後もしくは学習開始前に使用するためのもの
 3. 習熟度テスト：テスト問題と採点プログラムを作成するためのもの
 4. コース管理システム：学習者の履歴を管理するためのもの

　画面およびレッスンの入力用インターフェースを使えば、オーサ（開発者）は簡単に学習内容を追加することができる。標準デザインやスタイルガイドがすでにテンプレートに組み込まれており、フォントの種類やサイズ、素材の配置を自動的に調整したり、好きなようにカスタマイズすることができる。また、ナビゲーション用のコンポーネントとして、メニュー、進む、戻るなどのナビゲーション機能、用

語集、ヘルプ機能などが用意されている。

　習得技術確認テストのコンポーネントには、各種質問（真偽法、組み合わせ法、多肢選択法、単語記述法）を作成したり、学習者へのフィードバックを与えるためのプログラミングロジックが用意されている。解答方法は筆記テストで見られるような典型的な単語記述式だけではなく、クリエイティブなつくりにもできる。例えば、画像や文字をドラッグすることで質問と選択肢を組み合わせる方法などである。

　コースの運用担当者は学習者を登録し、テストの採点結果などコース全体の学習履歴を管理したり、管理者向けにレポートを発行することができる。

　さまざまなテンプレートを持ったパッケージソフトがある。　また、パッケージ化されたソフトウェア以外では、e-Learnet社のInformaWorksのように、ハードとソフトが一体になった開発用プラットフォームもある。図22.1は、そのハードウェア構成である。

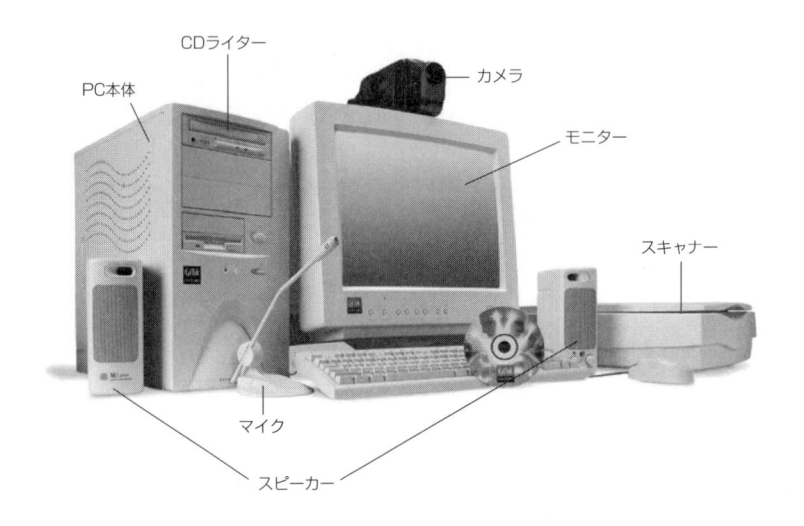

図22.1

システム概要は以下のとおり。
- Windows95、98、NTで動作可能。
- Microsoft Accessのデータベースでハードドライブに格納したファイルを管理しているため、情報を簡単に変更できる。
- 文字変換の機能がある。
- 文字変換機能を使った、音声読み上げ機能がある（文字を入力すると、システムが音声に変換する）。
- ダイナミック効果が使える。例えば、ワイプ、ダイアゴナル（斜線）、プッシュ、スプリット（分割）、トランジションなど。

- ダイナミックフレーム用に3Dカラーの線やベベル（斜角）が使える。
- WAV形式の音声ファイルをサポートしている（自分で音声を録音し、それを簡単に取り込むこともできる）。
- BMP、DIB、ePIC、JPG、JIF、KQP、PCS、PNG、RLE、TGA、TIF、WMF、WPG形式の画像ファイルをサポートしている。
- AVI形式のビデオファイルをサポートしていて、既存のビデオクリップを使用することができる。
- CDライターを内蔵している。

　このシステムでは、シンプルでリニアなものから複雑でメディアリッチなものまで、幅広い種類のコンテンツを開発することができる。また、難しい説明を必要としないため簡単に使用できる。制作したコンテンツは目で見て確認できるため、簡単にレビューでき、納得いくまで何度でも修正を加えることができる。
　完成品は、今日の一般的なマルチメディアシステムであれば、大抵再生できる。また、CD-ROM、LAN、インターネットなどのメディアを使って、簡単に配信することができる。
　このような統合開発環境を使用する最大の利点は、様々な環境で作成された別個の素材を組み合わせて1つのコンテンツにするよりも、互換性がよい点にある。このようなシステムの値段が手頃な点も魅力である。

作業工程

　CBTを開発するには、4つの作業項目がある。
1. ストーリーボードを作成する。
2. メディア素材を作成し組み立てる。
3. オンラインレビューを実行する。
4. コースを提供し実施する。

CBTの開発手順

　以下の作業項目に従う。

作業項目1　ストーリーボードを作成する。

　コース設計仕様書に忠実に、ストーリーボードを作成する。
　ステップ1　概要、マップおよびコース設計仕様書に記載された、学習成果の論理的根拠についてレビューする。

ステップ2　上記でレビューした学習成果を、画面単位に分割して構成図を作成する。画面単位だけではなく、トピックまたはレッスン単位でも統一感を持たせるように、デザインを標準化することが大切である。設計工程で作成したコース設計仕様書のレッスン構成を使用する。

　画面から画面に平行移動する方法、またはメニューから各画面にアクセスする方法などを使って、画面を結びつける。図22.2参照。

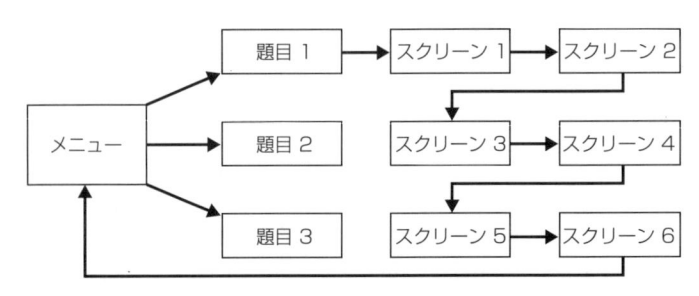

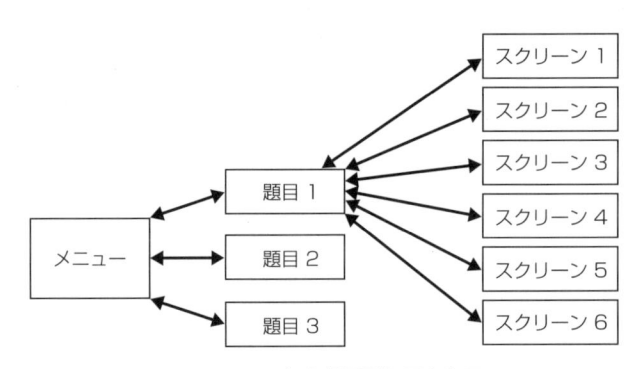

画面から画面に平行移動

メニューから各画面にアクセス

図22.2　インタラクティブデザイン

ステップ3　タイトルフレーム（またはスプラッシュスクリーンと呼ぶ）、メインメニュー、コース導入部、概要とまとめ、事前テストと事後テスト、および著作権表示（クレジット）画面を、コース設計仕様書に沿ってストーリーボードに記載する。

　ストーリーボードには、詳細な情報と指示を記入する。
- 日付、版数、設計者の名前と電話番号

- レッスン、トピック、およびフレームの番号
- 画像についての説明、参考情報、または大まかなイメージ画
- 音声や効果音または動画の画面進行と台本
- 対話方法（インタラクション）の指示：どのボタンが押せる状態か、どのようなインタラクションにするか（文字入力、クリック、組み合わせ、移動）など。
- 画面に表示する文字
- アニメーションと特殊効果
- ナビゲーションのリンクとページ割の指示

付録Eの開発・実施ツールのセクションに、ストーリーボードのテンプレートを掲載したので参照されたい。

ステップ4 ストーリーボードのレビューを行う。正しい情報を記載してあり、内容がコース設計仕様書に合致しているか確認する。

ステップ5 ストーリーボードに則して、品質保証レビューを行う。以下のようなレビューを行う。

- 編集レビュー
- 標準レビュー
- 技術レビュー
- インストラクショナルレビュー
- マネージメントレビュー

これらのレビューを行うためのオンラインレビューフォームは、付録Eの該当セクションを参照のこと。

作業項目2　メディア素材を作成し組み立てる。

ストーリーボードとコース設計仕様書に則して、メディア素材を作成し組み立てる。

ステップ1 制作前処理ミーティングを開く。ストーリーボード、音声台本、およびビデオ台本をレビューし、関係者が作業に取りかかる前に、これから作成するものについて最終決定を行う。このミーティングは、制作開始前に、あらゆる意見の食い違いを解決し、譲歩し、合意を得るための場となる。資源確保や開発システム上の問題など、制約を考慮しなくてはいけないものの、創造性を抑制するようなことがあってはならない。

ストーリーボードはミーティングに十分間に合うように配布しておくことを勧める。最低2日前がよいであろう。制作前処理に関わる要員がストーリーボードを十分にレビューし、ミーティングの場に質問、意見または提案を持参できるようにしておく。ミーティングの数時間前に配布しても無駄である。ストーリーボードを配布する際には、制作前処理ミーティングの日付、時間、場所を告知しておく。

インストラクショナルデザイナは、ミーティングを仕切り、参加者に質問を呼びかけ、提案を検討し、インストラクショナルデザインに関わる問題を明確にする。制作前処理ミーティングに参加する要員については、第21章を参照。

ステップ2　CBTを開発する。完成したストーリーボードは、開発のベースとなる。ストーリーボードがあれば、コースの部品を開発するのに何が必要かが明確になる。また、ストーリーボードは制作後処理のレビュー時に、テスト基準として使用できる。

オーサはストーリーボードに則して、どのような画像、動画、文字、音声などの素材を入手し、それらの素材をどこで使用するのか確認する。また、どの素材を組み合わせるかも同時に確認し、各フレームを組み立てる。

作業項目3　オンラインレビューを実施する。

ストーリーボードとプログラミング標準に則して、開発した教材をテストし、デバッグし、レビューする。

ステップ1　テスト用CD-ROMを作成する。最終レビューを行うにあたり、CD-ROMを作成するか、もしくは開発した内容を配信システム（LANもしくは適切な設定を行った1台以上のコンピュータ）にコピーしなくてはならない。正確を期して、受講者が使用すると考えられるコンピュータのうち、最も性能の低いテスト用コンピュータを使ってレビューを行う。

ステップ2　ストーリーボードに則してレビューを行う。インストラクショナルデザイナおよび品質管理責任者は、CBTのナビゲーション、文字、画像、写真、動画、音声が決められた通りに動作し、見栄えが正しいかどうかを確認する。例えば、文字を表示した後に一定の間があるか、音声が動画と合致しているかどうかなどである。

ステップ3　エラーを記録する。オンライン上で行うか、もしくはオンラインレビュー用の書式を使用する（付録E参照）。書式に記載された番号はストーリーボードの番号に合わせ（つまり画面番号とも一致する）、ストーリーボードごとに1枚使用する。

ステップ4　エラーを修正する。

ステップ5　修正をレビューする。第21章のステップを参照し、オンラインレビューを行う。

作業項目4　コースを提供して実施する。

時間、環境、および対象者の要件など、ビジネス上の制約を考慮して提供するように、綿密に計画を立てる。

われわれの経験から　「バックアップと、混沌から美への神秘の謎」

　マルチメディアの制作について語るとき、制作過程で生成されるファイルのバックアップを取得しておくことや、作業スペースを十分に確保しておくことについて注意を促すことを忘れがちである。

　LAN、ディスク、Zipドライブまたはテープに、ファイルのバックアップを取っておく。ほとんどのコンピュータには、プログラムマネージャ機能メニューから設定できる自動バックアップ機能が付いている。随時バックアップを取得する機能を設定しておき、ファイルを自動保存するとよい。ハードディスクがクラッシュすることは十分にあり得る。そうなれば今までの成果が台無しである。この方法を覚えるのはそれほど大変ではないだろう（我々は大変だったが）。成果物は毎日バックアップとして保存しておく。

　また、ファイルサイズと容量制限を決めておくこと。画像ファイルもしくは音声ファイルは1個で1MBを越えることも珍しくはない。CBTの作業ファイル、メディア要素のコピーの保存、ファイルの移動やバックアップ、コンパイルしたプログラムなどに必要な容量を見くびってはいけない。大まかには、完成したプログラムとして想定されるファイルサイズの10倍を確保するという規則にするとよい。

　ここで再度強調したいのだが、動画や写真を撮り直すと、費用がかさむことになる。1つのシーンを撮り直すのに必要な要員と素材を再び集めることは難しく、ときには不可能だからである。

　収録スタジオを使用する際には、セットアップの費用とスタジオ担当者の工数がかかる。ストーリーボードに記載した音声台本の内容は、収録前に必ず固めておく。もし撮り直しをするなら慎重に計画し、1回の収録で撮り直しが完了するようにする。念入りに計画し、内容専門家とインストラクショナルデザイナが収録に立ち会い、はじめに読み合わせを複数回行っておく方が撮り直しよりよほど安くつく。

　コースを提供することになったら、技術サポートの専門家に配信システムを設定してもらう必要があるかもしれない。技術サポート部隊のメンバーは、制作したCBTを乗せるプラットフォームについての高度な知識とスキルが必要となる。

　コースの試行が成功する（ひいてはプロジェクト全体の成功につながる）かは、技術サポート部隊の技術にかかっているであろう。顧客が社内に技術サポート部隊を抱えていたとしても、自分たちの会社の技術サポート部隊が顧客の導入研修を実施するべきである。

> 関係者全員がそれぞれの作業を効率よく効果的に（ストーリーボードに書いてあるように）行えば、一見混沌とした作業が、美しくそして教育的にも正しい「もの」に変わる神秘の謎も解けるだろう。

まとめ

　CBTは当面は使用され、市場も保たれるだろうが、技術が進歩するにつれて次第に衰退していくだろう。だがそれは、新技術の発展に伴う衰退である。集合研修はCBTと比較して効果が低い場合が多いが、現在でも企業はこれに毎年何十億ドルも投資している。集合研修から電子メディア利用研修形態へのシフトの動きは、教育上というより経済上の事情によるものであると言える。全米、さらには全世界を対象にビジネスを行っている企業が、集合形態研修を続けるのは実際的ではない。

23

インターネット、イントラネット、Web利用、業務遂行支援型学習環境の開発

　対話（インタラクティブ）性が重視される時代を迎え、これを見込んで設計を行える人材が有利となっている。インターネット用にコースウェアを制作することを拒んでいては、やがて取り残されていくだろう。インタラクティブメディアの次世代は、World Wide Webにかかっている。

　インターネットで研修を提供することは、以下の点で理にかなっている。
- デスクトップで利用できる。
- 研修場所に移動する手間を省ける。
- 従来の提供形態と比較して投資効果が高い。
- 文字ベースのWBT（Web利用トレーニング）であれば素早く作成できる。

　WBT（Web利用トレーニング）を開発するには、他の提供形態の研修を開発するのと同じ手順で作業を行う。まず仕様を作成し、これに則したメディア素材を作成し、最後にレビュー、修正、本番提供となる。

　研修の実装・配信技術を検討する段階になって、Webで提供してはどうかと聞かれることがよくある。Web利用のアプリケーションは既存の技術を使用している。既成の配信チャネルを使って、イントラネットを今現在構築中、もしくは改善中の企業は多い。

インターネットとイントラネット

　インストラクショナルデザイナにとって、提供手段をインターネットにするかイントラネットにするかは大きなポイントである。インターネットとWeb技術を使用するだけで、企業の内部ネットワークの基盤としてのイントラネット環境が構築できる。企業はイントラネットの管理権限を握っているため、ネットワーク性能やセキュリティなどの管理が可能である。一方、公衆回線であるインターネットを使用した場合にはこれらが不可能となる場合がある。

　企業や教育機関のイントラネットは、一般的にインターネットよりも発達していることが多い。インターネット技術を使ってのコースウェア配信は、企業や高等教育の場で、イントラネットを通じて行われている。将来的にインターネットでどのようにコースウェアを配信するか検討する上で、今日イントラネットでコースウェアを配信している方法が参考になる。

　企業や教育機関においてインターネットやイントラネットを配信手段とすることが一般的となってきているが、これには3つの理由がある。

1. どこからでもアクセスできること。

　　Webブラウザとモデムがあれば、誰でもWebにアクセスすることができる。Webサーバを使用すれば、世界中のどこへでも、誰もがコンテンツを配信することができる。Webは数点のシンプルな技術標準、例えばTCP/IP、Webサーバソフト、Webブラウザソフトで構成されている。このようなシンプルな技術を使用しているおかげで、イントラネットとインターネットへの接続は急増している。

2. 簡単に使用できること。

　　インターネットやイントラネットのソフトウェアは非常に使いやすい。そのおかげで、コンピュータ経験の少ない人にも道が開かれている。

3. マルチメディアを使っていること。

　　文字、画像、音声、動画などのマルチメディアコンテンツを支えるWeb技術のおかげで、趣向を凝らした多種多様のコンテンツを配信することが可能になった。このこともまた、インターネットやイントラネット利用者層の拡大につながっている。また、インストラクショナルデザイナは、様々な学習スタイルを持つ、技術要求の高いユーザの要求に応えることができる。

　費用、必要なスキル、マルチメディアを使った研修を開発する技術やビデオ型遠隔研修を可能にする技術などが多くの企業にとって障壁となっており、今後もそうあり続けると予想される。Web上でコンテンツを配信する上で2つ問題がある。1つ目の問題は、CBT用のオーサリングツールを含むほとんどのツールソフトでは、

インターネット標準に合わせたコンテンツを制作できないことである。つまり、Webブラウザでは、コンテンツを表示することができない。このような問題を回避するために、Web用に作成されていないコンテンツを表示できるよう、ブラウザの機能を拡張するためのアドオンソフトを開発しているツールベンダーが多い。Netscape Navigatorではこのようなアドオンを「プラグイン」と呼び、Microsoft Internet Explorerでは「Active X」コントロールと呼ぶ。

インターネット標準の形式に変換しなくても手持ちのアプリケーションを使ってアクセスできるのはたしかに利点であるが、同時に欠点もある。Webが急速に普及した理由のひとつに、手軽さが挙げられる。Webコンテンツにアクセスするためにユーザが必要なものは、ブラウザのみである。しかし、もしプラグインが必須となれば手順が煩雑になる。アクセスしたいコンテンツを表示するのに必要なプラグインが正しく動作するかどうかを確認するのは、他でもない、ユーザ本人である。プラグインは使用しているWebブラウザとOSに依存するものであり、バージョンが変わるたびにアップグレードしなくてはらない。

インターネット技術は急速に発達している。プラグインを使うことを考えるより、インターネット標準に則したアプリケーションを使用して開発した方が効率がよく、より多くの可能性に満ちている。例えば、動画に新しいインターネット標準が適用されたとする。WBTに動画を直接組み込んだ方が、プラグインに余分なメモリを使うよりもはるかに簡単である。今日ではコンピュータのRAMやROMの容量は増える一方で、メモリが古くなれば新しくすることもできるため、手の込んだマルチメディアコンテンツでもアクセスすることが可能である。

Web上でコンテンツを配信する上での2つ目の問題は、ネットワーク性能の問題である。今日見られるインターネット使用上の制約は、ネットワーク容量と帯域（ネットワーク上の情報伝送速度）が多くを占める。一般的には、電話線よりもイントラネットの方が情報伝達速度が速い。企業のイントラネットでは平均1.25 Mbpsで接続できるのに対し、モデムを使って電話線で接続すると0.004 Mbpsである。

つまり、企業のイントラネット経由で配信するのであれば、メディアリッチなWBTの提供が可能となる。しかし、電話回線でアクセスするような遠隔地のユーザにも配信するということであれば、コースは文字とシンプルな画像を入れるに留めておくべきである。

ストリーミングという技術がある。これは、マルチメディアコンテンツを配信する上でのネットワークの制約を回避するために開発された技術である。コース、アプリケーション、またはファイルを小さな単位に分割し、最初の部分をまず配信することで、ユーザはすぐにコンテンツにアクセスすることができる。その間にも残りの部分は分割され、順次配信されていく。ユーザには、アプリケーションがあた

かも自分のローカルパソコンで動いているかのように感じられる。

しかし、このストリーミング技術は現時点では成熟し切っておらず、主要な業界標準は確立していない。その結果、ベンダーが、プラグインを必要とするような独自のソフトを開発している。

ストリーミングの業界標準は、今まさに開発中であり、その全容を現しつつある。マルチメディアコースの提供手段としてインターネットより他に手段がないなら、ユーザビリティが技術に追いつくまでは、CD-ROMで配布するのが得策であろう。

様々な提供手段について理解し、マルチメディアコンテンツを正しく配信するためには、イントラネットとインターネットのインフラ、性能、技術を分析することが不可欠である。

Web用に設計する

WBTの設計と開発には、CBTの設計と開発に必要なあらゆる要素と照らし合わせることができる。WBTを開発する際の成功要因は、（1）コース開発者の創造力とスキル、（2）帯域、（3）ハードウェアの性能、の3点が挙げられる。

HTML（第5章参照）は、特にWeb上で使用するのに適したプログラミング言語である。HTMLを使えば、洗練されたWBTを設計し開発することができる。動画、音声、アニメーション、画像、その他様々な素材を統合することができる。HTMLは特定のオーサリングシステムを必要とせず比較的扱いやすいため、CBTほど開発コストがかからない。習得するのに集中的な研修はほとんど必要とされないし、HTMLの記述方法を一度習得すれば生産性が高まる。オーサリングシステムには、HTMLの素材を統合する基本機能が搭載されている。オーサリングするための高度なスキルがない人のために、効率よく素材をまとめてプログラムとして組み立てられるような、オーサリング用画面を作ることも可能である。インストラクショナルデザイナは、設計や開発の大部分をオンライン上で簡単に行うことができる。

研修にインターネットを使用することを拒む人は、WBTは高度な機能を持つCBTと比べたらインタラクティブではないし、魅力にも欠けると批判する。平坦すぎるのだと言う。しかしこれは設計者の観点であって、エンドユーザの観点ではない。全世界で何百万という企業や家庭がインターネットにつながっており、毎日何時間も接続している。このことから、ユーザをつなぎとめる独創的なやり方は、Webの世界にもいくらでもあるのだということがわかる。

CBT開発経験から学んだことを活かして、様々な制約を念頭に今は文字ベースのオンラインコースにしておくというのも得策である。換言すれば、CBTで今日実現可能な品質レベルに追いつこうと、今後20年も費やすべきではない。無理にインター

ネットを使って研修を行うこともない。研修を設計する人の想像力と創造力（もしくはコースを配信するには適していないハードウェア）以外には、制約はないのである。

　インターネットを使っても、必ずしもインタラクティブ性が犠牲になるとは限らない。実際、効果を上げることは可能である。非同期型インターネットレッスンでチャットを用いる方法である。参加者に特定の時間帯にログオンさせ、講師や他の学習者と会話させることができる。通常、講師はまず質問、問題点、議題を提示する。続いて、参加者はそれに対する意見、反応、さらなる質問を書き込む。会話の全容は、後日講師と受講者双方が参照できるように、ファイルに保存される。

　e-mailもまた、非同期型コースの重要な特徴である。オンライン学習を行う途中で、講師にe-mailを送り、疑問点を解決したり意見を求めたりすることができる。講師は常に参加者からの質問に気を配り、迅速に回答しなくてはならない。

　既存のWeb設計・開発ソフトを使用すれば、効率よく設計・開発作業を行うことができる。同期型と非同期型の研修を、ひとつの統合Web遠隔学習環境として提供するソフトウェアがある。この統合Web遠隔学習環境とは、教室、集合研修の講義、CBTの機能を模倣して提供する仕組みである。この種の学習環境を提供している企業のひとつに、LearnLink社がある。図23.1は、この製品のバージョン3.01*のグラフィカル・ユーザ・インターフェース（GUI; Graphical User Interface）である。

　インターフェースの右側は、コンテンツの領域である。講師はこの領域を使い、学習者とホワイトボードを共有したり、マルチメディアもしくはWebコンテンツを同期させたり、アプリケーションソフトを共有したりする。このアプリケーションを共有する機能を使えば、学習者は講師のマシンにあるアプリケーションソフトを使用することができる。

　学習者がアプリケーションを使用している間、「glimpse（訳注　垣間見ること）」機能を使えば、講師は学習者がいま何をしているか、またどこまで進んでいるかを確認することができる。もし学習者が問題を抱えているとわかれば、講師は個別に対応することができる。LearnLincでは、講師がクラス全員を特定のWebサイトに導けるように、Webブラウザにもアクセスできるようになっている。

　インターフェースの左側には、講師と学習者の制御を行う仕組みがある。講師と学習者はコースのアウトラインを確認することができる。講師は適切なときにトピック名をクリックし、そのトピックの内容を起動することができる。また、現在レッスンにログオンしている学習者の名前を確認することができる。

　インターフェースの左下には、チャットルーム機能を使って講師と学習者がやりとりできるスペースがある。全員に共通するメッセージを送れば、それはクラスの

---

*　現在のバージョンは4.0で、新機能が追加されている。

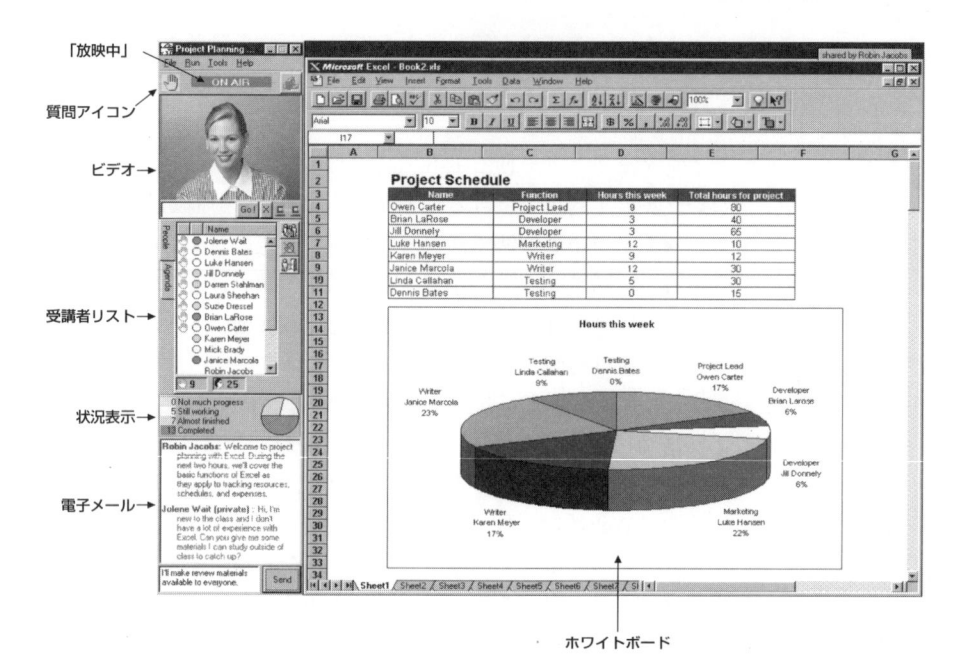

第23章 インターネット、イントラネット、Web利用、業務遂行支援型学習環境の開発

図23.1 受講者GUIの例

誰もが参照できる。学習者から講師に対し、個別のメッセージを送ることもできる。しかし、学習者同士で個人宛てのメッセージを送ることはできない。

学習者は手を上げていることを示唆した質問アイコンを使って、講師に質問することができる。講師は手を上げた学習者の順番を識別したり指名することができる。また、ある特定の学習者にシステムの制御権を委譲し、その学習者から他の学習者に質問を投げかけることさえもできる。指名された学習者の顔が、画面左上のビデオウィンドウに表示される。音声会議システムを使っている学習者であれば、会話をすることもできる。また、学習者にクラスでデモンストレーションを行う権限も与えることができる。講師は、学習者に質問を投げかけ、回答させることができる。質問は通常事前に用意されていて、レッスンプランに従って提示される。回答は自動的に集計され、結果が学習者に提示されてディスカッション用に使われる。

Web上でテストを実施する

いかなる形態のWBTにおいても、学習者がテストを行う際のセキュリティが問題となる。この製品では双方向で動画と音声を使用するので、講師は遠隔地からでも、学習者が自力で回答しているかどうか判断できる。また、**glimpse**機能を使えば、学習者のテストの進捗を確認することができる。

テストを行うためには、通常インターネットのインフラにある種のセキュリティ機能が備わっている必要がある。もし学習者にテストを出力されたり、学習者間でテストを流通されたくなければ、セキュリティの問題を考えなければならない。問題をランダムに出題する機能をオンラインテストに付加すれば、学習者同士で協力して解答するのも難しくなる。テストを行う時間帯を学習者ごとに分けるのも手である。すでに問題を知っている学習者は、これからテストを受けようとしている学習者に、わざわざ手間隙かけて内容を教えてあげたいとはあまり思わないからである。また、Webベースのアプリケーションを使用しているということは、学習者の多くが遠隔地から参加しており、1つの場所に居合わせないということを意味する。このような状況下では、解答情報を交換することは極めて難しい。

われわれは、過去に次のようなテストを行うWBTを見たことがある。学習者を集めた部屋でテストを配布し、学習者が解答を紙に書き込む様子を、設置したカメラで監視するというものである。一人の学習者が全員分の解答済みテストを回収し、指定の封筒に収めて封をし、最寄りの研修施設に送るのである。

例えコースが資格取得のためのものでなくても、また、業界基準を満たすものでなくても、テストを受けることは意味のあることである。テストを受けるだけでも何かしら得ることがある。例えそれが誰かから得た解答だとしても、テスト後もその情報を忘れずに覚えている可能性が高いからである。

業務遂行支援システム

ここでは、PSS（Performance Support System；業務遂行支援システム）もWeb利用学習環境のひとつと位置づけている。ストーリーボードの作成手順とユーザ・インターフェースが、作り方と対話性という観点でWebと類似性があるからである。PSSには2つの種類がある。1つは、統合された情報、手引き、助言、作業支援、研修にオンラインもしくはオンデマンドでアクセスすることにより、人手を極力かけずに高レベルの業務パフォーマンスを実現するものである（例えば、Microsoft Wordにおけるヘルプ機能）。もう1つは、パフォーマンス中心のアプリケーションで、ビジネス情報の処理を統合したものである。タスクやジョブの体系化を支援したり、関連ビジネスの知識、参考情報、データ、ツールを提供する（例えば、銀行ATMや、ビジネス文書の電子決裁を行う社内リソース管理システムなど）。

われわれの開発プロセスは、どちらかというと前者のPSSを念頭に置いている。パフォーマンス中心のアプリケーションには、全社的にビジネスプロセスを自動化し統合するソフトウェア（例えばSAPなど）がある。

作業工程

WBTを開発するには、4つの作業項目がある。
1. 製品の種類とプラットフォームを決定する。
2. 素材を組み立てる。
3. レビューを実行する。
4. サイトを構築する。

WBT（WEB利用トレーニング）の開発手順

以下の作業項目に従う。

作業項目1　製品の種類とプラットフォームを決定する。

ステップ1　Webアプリケーションとプラットフォームを決めるにあたり、同期型と非同期型の2つのうち、どちらの形態でコースを提供するかを検討する。

1. 非同期型のコースは、オンデマンドでデスクトップに提供されるCBTに似ている。コースはすべてLANまたはWAN上にあるので、ダイアルアップでアクセスし、コース申込み時に受け取ったパスワードを入力する。

   インタラクティブ性の面では、CBTとはいく分異なる。CBTに内蔵されているようなメニューシステムを使って学習内容に分岐するのではなく、リンク（クリックすると、プログラム中の別の箇所に飛ぶことができる）を使って他のWebページやサイトへ移動する。メニュー画面を経由すれば、コース内の様々な場所に移動することができる。対話性の程度に関わらず、メインメニューへのボタンや入り口は必ず画面上に表示しておくか、コースのすべてのページに用意しておく。ユーザが他の場所に移動したり、プログラムを終了できるようにするためである。

2. 同期型研修とは、学習者が全員オンラインに接続しており、同時に研修を受ける形式の研修である。ダイアルアップで電話回線を経由してクラスにアクセスし、コース申込み時に受け取ったパスワードを入力する。学習者同士、対講師、対教材の、様々な手段での対話が可能である（対話の手段は、e-mail、チャットルーム、電話、fax、会議、動画、音声、アプリケーションの共有）。

同期型研修のレッスンプランは、集合研修と同じ形式で構成される。プランは時系列で並べられ、何がいつ起こるかが記述される。CBTではイベントごとに管理されており、順序と時間帯はユーザの管理下にあるが、これとは対照的である。WBT用のレッスンプランのテンプレートを付録Eの「開発・実装ツール」に掲載したの

で参照されたい。WBTのレッスンプランは、集合研修よりも具体的に記述しなくてはならない。講師はレッスン中に、いま何をやっているのか、詳細な音声情報を与えるよう配慮する必要がある（例えば、今学習者に主導権がわたっていると述べたり、今講師はアプリケーションを起動していると説明する）。学習者はコンピュータの前で一人ぼっちであり、またこれから起きようとしていることがすべて見えているわけではない、ということを講師は覚えておくべきであり、少なくともそのような可能性があると仮定すべきである。

ステップ2　技術仕様に合った開発プラットフォーム、言語、エディタ、ソフトウェアを選択する。

以下のいずれかの手段で、WBTを作成する。

- HTMLなどのWeb開発言語。この場合、必要な音声、動画、アニメーションも統合する。
- 必要なコーディングを含んだテンプレートが複数添付されているHTMLエディタ。ドラッグ・アンド・ドロップ形式なので、すぐに内容を追加することができ、また実際の見栄えを確認することができる。
- 次のようなプラグインを必要とするオーサリングシステム。Attain、Dreamweaver、Flash、Macromedia Authorwareなど。
- LearnLincのようなGUIを持つシステムで、実際に講師が仮想空間の教室でオンライン研修を行えるもの。

作業項目2　素材を組み立てる。

ストーリーボードを作成し、マップとコース設計仕様書に従ってWebページを組み立てリンクづけする。付録Eの「開発・実施ツール」にあるWebストーリーボードの例を参照のこと。

作業項目3　レビューを実行する。

品質保証レビューを行い、デバッグし、マップに準拠してWebページをテストする（サイトをテストするには、Webブラウザの入ったマシンが必要である。CBTをレビューする場合、通常プラットフォームの設定が必要だが、Webにはこのような問題はない。唯一考慮するのは、実際と同じWebブラウザを使用する点くらいである）。CBTで行われている品質保証レビューはすべて行う必要がある。採点機能と、ファイルや設定の管理が正しく行われていることを確認する。

作業項目4　サイトを構築する。

市販のWebサーバソフトとサーバを使用し、自社のイントラネット環境に従って、

サイトをオンラインで閲覧可能にする。もしくは商用Webサービスを使用する。どのようにサイトを構築するかは、社内の技術リソースがどの程度のものかによって異なる。

　全般的には、インターネットを使うとコースの修正、更新、変更などにかかる費用はCBTよりも安価である。CBTに修正が発生するとCDを焼き直さなければならず、コストと時間がかかる。一方、インターネットでコースを提供する場合、オフラインで修正するのに必要な最低限の時間だけでよい。

　また、CBTに修正が発生すると、それ以前に配布したCD-ROMはすべて内容が古くなるため、新しいものと入れ替えなくてはならないことがある。それが未使用であれば、廃棄処分しなくてはならない。一方WBTは、内容次第で簡単に修正できるので、オフラインで作業する時間ははるかに短い。修正完了までに必要な時間は、古くなった部分を修正する時間と、オンライン上にその情報を戻す時間のみである。

われわれの経験から　「WBTの道具立て」

　たとえCBTよりも文字の分量が多いとしても、非同期型インターネットコースは有効である。今日インターネットを介しての研修として受け入れられているものは、コンピュータ利用トレーニングとしては見るに耐えないかもしれない。過去30年でCBTに関する知識を培ってきたおかげで、インターネットでの研修を今日考え得る最高のCBTに高めるには、さほど難しいことではない。恐らく企業にとっての最大の投資は、動画を配信するのに適切な帯域を持ったLANと、動画と音声を使用できるだけの性能を持ったコンピュータシステムである。一度この投資を行えば、研修を数多く提供するという前提で、すぐに投資効果が得られる。

　もしWBTを企業内イントラネットで配信するのであれば、WBT開発者はある問題を解決しなくてはならない。通常イントラネットは、社外の人間が企業秘密などの社内情報にアクセスしないよう、「ファイアウォール」を備えている。企業のLAN外から情報にアクセスするには、アクセスするコンピュータに特別なソフトを入れ、パスワードを入力させる必要がある。これを実現するには、社内のITグループや特殊なプログラミングスキルを持った人材の協力を仰ぐ必要があるかもしれない。WBT開発メンバーには、このような人材がいないことが多いからである。

　研修にインターネットを使うことを検討中の企業は、最終決定を下す前に、コース開発時と配信時の、インターネットならではの利点と障害を理解してお

くべきである。例えば、共通の障害として、帯域が挙げられる。帯域が限られていると、あらゆるメディア素材（動画、音声、文字、画像）の通信が妨げられる。メディア素材を流すには一定の空き容量が必要であるが、動画はそのうち大部分の容量を占める。この流れをよくするには、送り手側でデータを圧縮し、受け手側で解凍しなくてはならない。圧縮および解凍レートはモデムの速度と帯域に依存する。帯域が大きければ大きいほど、またモデムの速度が速ければ速いほど、解凍レートが高い。解凍レートが低いと、まるで悪質な吹き替え映画のような結果を招く。音声が聞こえるのに、動画が追いついていないという、非常に醜いものになってしまう。

　圧縮・解凍レートを高くするために、専用の動画サーバを立てるのも手である。このようなシステムは、「ビデオ・オン・デマンド・システム」と呼ばれることが多い。一度にすべての動画を送るのではなく、専用の線を伝って、少量のデータを順次配信するのである。

企業のコンピュータには、一定の速度のプロセッサとメモリ、一定の容量のディスクしか備わっていないことが多いため、動画はメモリに負荷をかけることが多く、ダウンロードに時間がかかりすぎる。ビデオカードが入っていないコンピュータも多い。たしかに、ビデオカードは別途入手することができるし、コンピュータをアップグレードすればこのような問題も解決可能である。しかし、アップグレードするなら、投資効果が必要である。システムをアップグレードするに見合うだけの、使える動画があまりないのが現状である。

　クライアント側に関しては、最近のマシンにはオーディオカードとビデオカードが内蔵されているため、動画と音声の問題は取るに足らない問題となりつつある。インターネットが主にe-mailシステムとして使われていた頃、つまりユーザが郵便よりもより早く伝達する手段としてe-mailを使用していた頃は、動画や音声の必要性はなかった。消費者がより高尚で洗練されたプログラムを求めるにつれ、より多くのソフトをプレインストールして出荷するようになった。

　企業のビジネス展開も、1990年代にインターネットの地位を高めるのに寄与した一因である。グローバル企業においては、バーチャルチームを組んで仕事をする機会が増えてきている。収益が減少し競争が激化するなか、一定期間遠隔地に大量の人員を送り込むにはコストがかかりすぎるからである。

　ビデオ会議を併用すれば、インターネットを使うことで移動にかかる費用を大幅に削減し、一方で必要な連絡は取ることができる。顧客とのコンタクトも、同様にして行える。プロジェクトチームが顧客に出向かなくてはいけないこともあるが、1回あたりの時間は短縮されるし、プロジェクト遂行上必要不可欠

なタイミングにのみ訪問するよう予定を組むことが可能である。このように、グローバル企業においては、プロジェクトのコストを劇的に削減することができる。

開発期間の短縮、ひいてはコストの短縮を目指すには、良質のテンプレートが欠かせない。大抵のWeb用オーサリングシステムには、あらゆるHTML用素材を統合するための基本構成となるテンプレートがついている。サンフランシスコにあるMacromedia社も、そのようなオーサリングシステムを作っている。Attain Enterprise Learning SystemはAuthorware 5.0で作られている。これは、WBTの企画、開発、管理、配信、結果の通知を行うためのソフトウェアツールのセットである。

Attain Plannerはプログラムのアウトラインを組み立て、構成するためのカリキュラム設計ツールである。オンラインまたは古くからの学習テクニックをすべてサポートしており、また設計されたカリキュラムの各要素を進捗管理することができる。Attain Client Administratorを使うと、必要に応じてコース管理者や学習者の進捗情報にアクセスすることができる。

Dreamweaver Attainは、HTMLベースの学習アプリケーションを作成するためのビジュアル設計ツールである。採点結果や解答情報など学習者の結果を記録し、Administratorを使ってアクセスできるようになっている。回線が細くてもインタラクティブ性の高い、簡単に更新が行えるコースを配信できる。Dreamweaverには、「Knowledge Object」と呼ばれるウィザードもついている。オーサリングのフローラインにドラッグすると展開され、即座に素材が追加されるという、プログラム化されたテンプレートである。

HTMLはワープロソフトに似た働きがあるもので、オーサがフォントのサイズ、種類、色、配置を変更することができる。シンプルでノンプロポーショナルなフォントが適切であり、複雑なフォントは不適切である。なぜなら、ユーザのマシンに指定のフォントが入っていなければ、文字が崩れるからである。文字を画像にすることもできるが、メモリに負荷がかかり、ダウンロードに時間がかかる可能性がある。メモリはむしろ、画像や動画などのダウンロードに使用すべきである。

どのような形式であっても、大抵の画像（BMP、CGM、PCXなど）はGIF形式に変換することで、WBTで使用可能となる。GIFにするとファイルサイズを軽減することができるが、それでも256色は保てる。Microsoft PowerPointの画像も、GIFファイルに変換することができる。

写真やアートワークなど、256色を越えるものは、JPEG形式にすればHTMLに使用可能である。エンドユーザのコンピュータモニターとディスプレ

イカード次第では、JPEGで紙面に近い品質を実現することができる。また、MacromediaのShockwaveを使うと、アニメーションを作成することができる。別々に作成した複数の画像ファイルをつなぎ合わせるというものである。

　ビデオを撮影し、それをデジタル変換したら、ファイルサーバ経由もしくはCD-ROMで提供できるようになる。ユーザは動画ファイルの形式に合ったプレイヤーが必要である。動画用プラグインは、通常Webブラウザに付随している。

　音声は他のコース提供形態と同様にして収録し、WAV形式やその他のデジタル音声ファイルに変換して、LAN上またはCD-ROMに格納する。ユーザは適切な音声再生プレイヤーが必要である。音声プラグインは、通常Webブラウザに付随している。

　これから学習するコースにはどのプラグインが必要なのか、またどこでダウンロードできるのか、そのURL情報を、コース内においてメッセージボックスのような形式で提示すべきである。

　コース内リンクでページを分岐させることができるが、ハイパーリンクで他のWebページやインターネットサイトにリンクさせることもできる。他のサイトにリンクさせれば開発コストを削減できるものの、メンテナンス性に問題がある。リンク先のサイトが開発者の管理下にない場合、サイトがなくなっていたり、URLが変わっていたり、内容が変更していたら、意図したものと異なってしまうことになる。もしリンク先のサイトが管理下にあるのなら、これは大きな問題ではない。

まとめ

　　　　WBTの学習設計の工程は、他メディアと同様である。
- フレームワークのテンプレート、仕様書、標準書を使用する。
- フレームワークに適応した各メディア素材を挿入する。
- レビューとバージョンアップを重ね、品質を確認する。

　でき上がった製品を配信するときのために、Webの制約事項と注意事項について開発工程から考慮すること。

　インターネットで配信する研修の開発環境および配信環境を整えていない企業は淘汰されていくであろう。

24

対話型遠隔ブロードキャスト環境の開発

　遠隔学習とは、あらゆる形態の遠隔研修、つまり1点の場所から複数の遠隔地に同時に配信される研修を指す。衛星、電話会議システム、あるいは電話と動画の組み合わせで提供する。いずれの手段をとっても、著者らはすべての遠隔学習を対話型遠隔ブロードキャスト（IDB; Interactive Distance Broadcast）研修と呼んでいる。

　対話型遠隔学習という呼称は、実はあまり正しい呼称とは言えない。なぜなら、実際は、「対話型」でもなければ、教育の世界で言うところの「学習」でないからである。「情報を得ること」と「学習すること」を同じと捕らえるのであれば話は別である。それでも、遠隔地に配信することに違いはない。ありがちなのは、画像とそれに合わせた音声での説明を流し、その合間に休憩を入れるという形態である。話し手と遠隔地にいる聞き手との間に、ある程度の対話はあるかもしれない。例えば、Fax、電話、質問があるときに入力するためのキーパッドなどである。しかし、それがすべてである。このメディアと、他の通信メディアや革新的なデザインとを組み合わせるという可能性を秘めているにもかかわらずである。図24.1は、ONETOUCH Systems社製のキーパッドで、これには優れた対話機能がついている。

図24.1 遠隔学習用応答キーパッド
[提供：ONETECH Systems,Inc.]

　IDBのシステムには、設計、開発、提供、メンテナンスの各フェーズにおいて、考慮すべき問題が山積みである。そのうちの多くは、教室での学習環境と同じものである。異なるタイムゾーンに住む人々に対して提供する場合のコーディネーションとスケジューリングなど、このシステムに特有の問題もある。

　動画や音声制作上の問題点については、第21章で取り上げたものとほぼ同じである。

作業工程

　IDBのコースを開発するには、4つの作業項目がある。
1. IDBの台本と教材を作る。
2. ビデオを撮影し編集する。
3. プレゼンテーションのリハーサルを行う。
4. セッションを実施する。

IDB環境の開発手順

　次の作業項目に従う。

作業項目1　IDBの台本と教材を作る。

　IDBの台本と教材を作成するには、設計フェーズで決定した提供手段と教授戦略に基づくこと（第2部参照）。

　IDB用に教材を作成するにあたり、以下の点に注意する。
- OHPシートは、1枚あたり1行30字以下で最大9行にまとめる。縦3、横4の比率を守る。極端に縦に長いイメージを使ったり、紙に書いたものでイメー

ジを代替することはしない。
- 文字は表示可能な領域に収める。テレビのモニターは、81/2"×11"サイズ（訳注　レターサイズ、21.25×27.5cm）の用紙よりも幅が広く高さがない。少なくとも周囲に1インチ（訳注　2.5cm）の余白を取っておく。
- 必要がなければ、なるべく何も書かれていないOHPシートやフリップチャート（メモ帳）にその場で一から書き込むことは避ける。事前に教材を用意しておき、カメラを通してどのように映るかを確認しておくのが望ましい。もしカメラに映っているところで文字を書く必要があるのなら、草書体ではなく、せめて行書体で書く。また、やや太めの、濃い色のマーカーを使用する。
- フリップチャートを使用する際には、安価な、オフホワイトかライトブルーのものを使用する。また、画面に収まるように、用紙をカットする。その縁をライトブルーで囲っておけば、文字を画面からはみ出さないように注意することができる。用紙は動かないように固定する。
- スライドを作成する際には、大きくシンプルなフォントを使用する。タイトルは30ポイント以上で、それ以外の文字は最低20ポイントとする。太字にすると文字が見やすくなる。
- 資料を配布する際には、あまり文字をたくさん盛り込まないようにする。Fax、オンライン上、または郵送のいずれかの手段で、事前に参加者が入手できるようにする。
- セッションをストーリーボードに書き起こす際には、参加者がテレビを見ている感覚で、気軽に意見を出せるようなオープニングを検討する。質問を提示し、参加者はキーパッドを使って応答する、というようなシンプルなもので十分である。また、正式な講義の時間は短くする。一方的に話し続けることは避ける。

作業項目2　ビデオを撮影し編集する。

　台本やコース開発標準に基づき、ビデオを撮影、編集し、その他のメディア素材をテストする。動画、OHPスライドなどのメディア素材がいつコースで提示されるかを示した、詳細なアウトラインがあるとよい。どのタイミングで演習を行い、どのような質問を投げかけるかを列挙しておくことも重要である。

作業項目3　プレゼンテーションのリハーサルを行う。

　台本と時間割に基づき、セッションを試行して、練習を重ねる。
　ステップ1　講師は、実際のシステムを使って練習する。コース実施中に空白の時

間を作らないように、練習を行っておくことは非常に重要である。講師の側で作業を行っている間であっても、画面にメッセージを出したり、場に合わせた、邪魔にならない程度の音楽を流すなどの考慮をするべきである。

ステップ2　講師と一緒に、ドレスコード（衣服の色等の規定）を検討する。青やオフホワイトが最適である。カメラに反射するので、講師は白い服を着ない方がよい。赤だと滲んで見える。特殊なパターン（訳注：houndstooth; 犬の歯型）がプリントされた服だと、動いたとき画面が波打つように見えてしまう。また、マイクが音を拾う可能性があるため、宝石類は身に付けない方がよい。指輪はスタジオの照明を反射する可能性がある。

ステップ3　講義のアウトラインに従って、遠隔地にいる少人数のグループを対象にしたリハーサルを行う。

ステップ4　セッションを開始する。学習者のサイトを担当しているTA（Teaching Assistants）に、TAの役割と責任に関する情報を伝える。TAと学習者は、配布資料を受け取る。

- ウェルカムレター。コースの内容と構成について、学習者にできる限りの情報を提示する。
- トピックのアウトラインとトピックごとの時間配分、または必要であれば実際に使用するワークブックを受け取る。
- 学習者自身のバックグラウンドを記入し、返信するための入力フォームを受け取る。画面上に表示するメッセージなど、手元で作業できるものは実施前に準備しておく。

作業項目4　セッションを実施する。

セッションを実施するにあたり、クラスルームでの講義よりIDBの方がメンテナンスが多少難しい、ということを念頭におくこと。新しい教材を取り込むときには、何度か練習を重ねるよう調整する必要もあるかもしれない。

われわれの経験から　「インストラクショナルデザイナの創造性と想像力！」

IDBを適切に使用すれば、一度に多くの人を対象としながらも、少人数のクラスで講義を行っている雰囲気を出すことができる。

衛星を使う場合、費用が重大な阻害要因となる。地上から衛星にデータを送り、そこから各地にデータを配信するには莫大な費用がかかる（実施時間1時間に対し数千ドル）。一方、IDBでも衛星以外の手段を使えば、費用が重大な阻害要因とはならない。Barron（1999）は雑誌「Technical Training」に掲載された「Interactive Distance Learning：Special Report」という記

事の中で、技術の進歩と遠隔研修の可能性の高まりについて述べている。

　電話線とテレビの技術を組み合わせた電話会議システムであれば、比較的安価に実現できる。しかし、これにも莫大な初期投資が必要である。カメラ、テレビ、ワイヤー、講師卓台、講師育成研修のすべてをセット販売できる制作会社が多数存在する。

　音声だけではなく、動画も双方向対応にするのには理由がある。質問がある学習者は、講師に自分の作業内容を見てもらおうとして、それを画面上に表示する。講師はそれに対し、正しいフィードバックを与えることができる。動画も双方向対応にすることで、学習者と講師とのインタラクションを促したり、研修を個別化するなど、新たな可能性を生み出す。

　IDBの投資効果は、分析結果を踏まえて判断する必要があるということは、第1部で述べたとおりである。しかしメディア分析は、IDBを提供するための作業のほんのさわりである。IDBがその可能性を遺憾なく発揮するには、インストラクショナルデザイナの創造性と想像力にかかっている。

　設計と開発フェーズにおいては、入手可能なハードウェア次第で、様々なオプションが考えられる。IDBは、一方通行の動画と双方向の音声との組み合わせで提供することが多い。学習者は、講師の姿を見ること、声を聞くことができる。講師は、学習者の声を聞くことができる。コースの設計次第では、この組み合わせでも存分にインタラクションを可能にすることができる。インタラクティブに設計されているなら、インタラクティブ性を追求した形式で提供する。講義として設計されているのであれば、講義形式で提供する。実施環境については、実際に使用する教室の手配も含め、IDB用であることを考慮する。設計と開発に要する時間は、教室での研修よりも長い。以下の事項に関して、いつアクションを行うか、講師マニュアルの中に詳細に記述すべきである。

- 画像を表示する
- 質問を投げかける
- カメラを切り替える
- カメラからOHPシートもしくは動画に切り替える

　講師が教材と機材に慣れるように、練習のセッションを行う余裕をスケジュールに入れておかなくてはならない。研修（理想的にはどんな形の研修でも）を提供する際にはパイロットセッションを行うが、IDBの場合これが必須と言える。

　遠隔地、それも複数の地域に提供するのであれば、タイムゾーンは重大な検討事項である。例えば、ニューヨークで午前12時から開始する場合、シンガ

ポールでは午前0時からとなる。誰かが不便と感じることはやむを得ないが、それでも大多数が満足するような開始時間を設定するよう心がける。

例えば、米国中央標準時の午前9時に、あるグループとセッションを開始する。中央標準時の午前11時に、講師は90分の演習を与える。12時半から午後1時半までの間に中央標準時の学習者が演習を終え、昼食を取りに出る。太平洋標準時の学習者は、太平洋標準時の午前7時（中央標準時の午前9時）にこのセッションを始めることになる。太平洋標準時の学習者は午前9時に演習に取りかかり、午前10時半から11時半の間に昼食をとりに出る。全員がセッションに戻ってくるのは、中央標準時で午後1時半、太平洋標準時の午前11時半ということになる。

タイムゾーンの格差が大きくなればなるほど、配慮は複雑になる。講義を収録し、再生するという手もあるが、これでは講師とのインタラクティブ性が阻害される。それでも、TAが学習者のいる教室にいれば、質疑応答したり演習を終わらせるために、講義を中断するということは可能である。

まとめ

IDBを使った研修の本質は、統制のとれた講師主導型研修である。対話が適正に行われ、メディア素材が適切に統合されるよう注意して設計しなくてはならない。この形態のコースを実施するには、学習者と技術と内容のすべてを常に意識して講義が行える講師が必要である。

IDBを使った研修は、恐らく今日最も低く評価され、見過ごされている形態であろう。技術自体は低コストであり、簡単に使える（高くつくのは、衛星ブロードキャストくらい。これは必ずではないが、大抵は高価なテレビスタジオを使うため）。うまく設計すれば、テレビや電話線を使った会議システムは、研修に対話性を持たせる上で大きな可能性を秘めている。

第4部 マルチメディア評価

25

マルチメディア評価概要

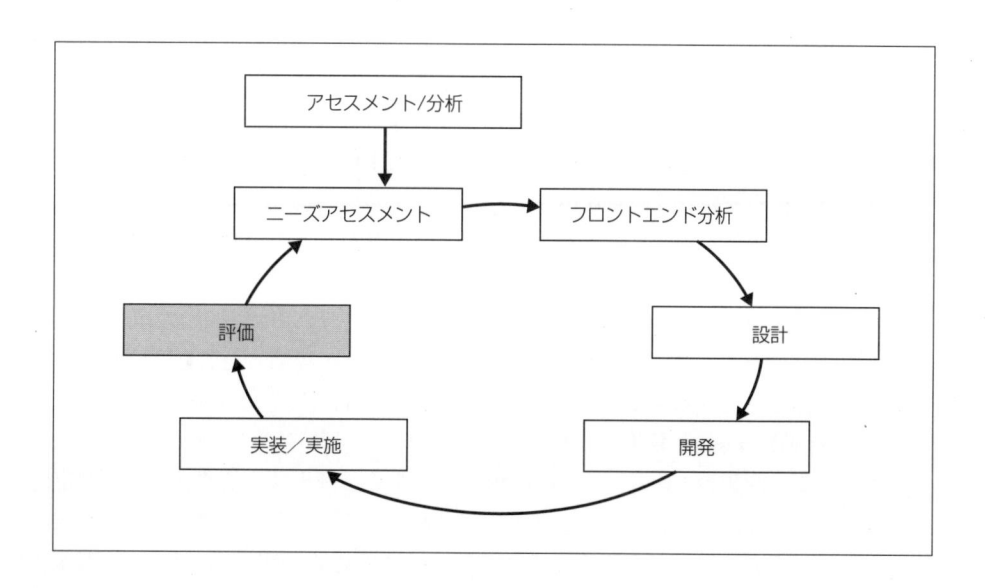

```
            ┌─────────────────┐
            │ アセスメント/分析 │
            └────────┬────────┘
                     ↓
   ┌──────────────────┐      ┌──────────────────┐
   │ ニーズアセスメント │─────→│ フロントエンド分析 │
   └──────────────────┘      └────────┬─────────┘
        ↑                              ↓
   ┌─────────┐                    ┌─────────┐
   │  評価   │                    │  設計   │
   └─────────┘                    └────┬────┘
        ↑                              ↓
   ┌──────────┐                   ┌─────────┐
   │ 実装/実施 │←──────────────────│  開発   │
   └──────────┘                   └─────────┘
```

　おめでとう！長い時間と厳しい仕事の結果、ようやく納品日を迎えた。その解決策（ソリューション）は今やインストールされて使われる。「やれやれ」といったところであろう。でもそれはほんの一瞬である。突然上司から呼出しがかかり、（仕事をよくやった報酬として）別の仕事が割り当てられる。実際には、ここまでの仕事から回復するための一月ぐらいの休みが必要なのに！

現実にあなたは疑いなく満足な仕事をやり遂げた。でも、振りかえる時間がない。しかし、もし、やった仕事を振り返る時間があったならと考えてみよう。そうすれば、職務を遂行するために必要なスキルを教えるという目的を達成できたか、開発したものが本当に効果的かどうかを知りたくなるだろう。

学習をよりよく促進するためのフィードバックをコースに加える。すると、学習者がフィードバックにより学習を継続できるのと同じように、設計へのフィードバックや解決策の効果へのフィードバックは次のプロジェクトに生きるのである。

しかし、もしフィードバックがコース開発契約になく、開発者が次のプロジェクトに取りかかってしまったら、結局、フィードバックは忘れ去られてしまう。フィードバックをもっと前向きに考え、そのような事態を回避しなければならない。

ニーズ調査と分析、設計、開発のすべての活動を完了した時点で、形成的評価[1]も完了している。この時点で、解決策の効果を判定するための総括的評価の準備は出来た。

評価は、開発者のとても苦手な分野である。稚拙な評価測定の原因は、知識の欠如、注意の欠如、またはその両者に由来する。何を測定するか、適切な情報をもたらすデータに狙いを定めてどのようにして測定するかということは、高度な特殊技能を持った人による注意深い考察が必要である。評価設計がとても徹底的なものであっても、検証しようとする内容と測定項目が食い違うことはよくある。重要な学習レベルに測定箇所を設定してあるか、あるいは学習に無関係な測定項目がないかを見極めなければならない。

本書の第4部では総括的評価を二つの視点から説明する。テストと観察などの精密測定手段の開発方法と、測定結果分析のための効果的な統計手法である。

Donald Kirkpatrick（1994）は評価を4レベルに区分した。表25.1にその4レベルをまとめた。なお、この表の中では、Kirkpatrickの提唱した名称とはわずかに異なる名称とした（Kirkpatrickのレベル名称はreaction（反応）、learning（学習）、behavior（行動）、result（結果）である）。

この評価の4レベルは高度に相互依存する。例えば、業務遂行能力測定前にポジティブ反応（教育の結果として獲得されるべき望ましい業務遂行行動や態度）を定義しておくことが重要である。同様に、投資効果（ROI）測定時には業務遂行能力進展度を定義しておく必要がある。

なお、統計学、統計的分析、情報の解釈判定法、調査研究構成法は本書の範囲外とした。ただし、評価で使用する専門用語の理解を助ける評価用語集を付録Dの最後に収録した。

---

[1] 付録Dに説明がある。開発の初期打ち合わせ段階から完成するまでの、教育的であることの保証、品質保証、トレーニングプログラムとして適正であることなどを保証するためのすべての行動を形成的評価という。

表25.1 評価のレベル

レベル1　反応 （Reaction）	業務完遂に必要な作業を見極め、その作業実施に与えた影響という形で反応を測定する。
レベル2　知識 （Knowledge）	学習目標（知識とスキル）の達成度を測定する。
レベル3　業務遂行能力 （Performance）	獲得した知識とスキルを有効に職務に活用しているかどうか、その振舞いや態度を測定する。
レベル4　効果 （Impact）	投資効果（ROI）の形式でビジネスへの効果を測定する。

> **われわれの経験から　「自分の仕事への自信と証明責任」**
>
> 　われわれが開発している解決策の納め先である顧客は、解決策の受け入れと支払いをする前に、その解決策の効果を証明することを要求する。開発者が、自分の制作物の効果を無視していられる時代は終わった。自分らの作成物を支持できない開発グループは、自分らのやった仕事に自信がないことを暗に顧客に告げているのである。

26

評価の目的

　個人の価値を評価するのに、いまだに主観的な基準が使われている。学生は学校で、根拠のないものさしで測られた成績評価による人生の選択を余儀なくされている。

　成人教育訓練の分野でも、同じような傾向が見られる。多くのビジネスにおいて、学校と同じような主観的な基準が使われ、その評価は給与、昇進、キャリアパスに影響する。

　やっとここに来て、主観的な評価がほとんどない評価方法、または、まったくないような評価方法が生まれてきた。獲得した知識（テスト得点により示される）と職務遂行能力を関連付けた、精密な到達度評価測定原理と相対評価測定原理である。本質的には、人が評価を失敗するより、評価が人を失敗させる。

　Kirkpatrickの評価の4レベル（1994）の適用については多くの著作がある。BorgとGall（1996）や、ShrockとCoscarelli（1996）、CampbellとStanley（1963）、Martuza（1997）は、測定、評価、テスト分野のリーダであり、彼らはKirkpatrickの4レベルを背景として理論を形成している。この章に示されているモデルはその専門家たちの成果を統合したものである。

　本モデルは、「評価のレベルは評価結果の使い途と目的を連携させなくてはならない」という原理に基づいている。

手順

適当な評価量は一作業で決定できる。それは、解決策の目的を決定することである。表26.1は様々な決定手順である。それぞれについてはこの作業項目のステップの中で説明する。

表26.1 評価のマトリックス

測定要素	目的	妥当性（低）		テスト項目妥当性		妥当性（高）
		表面的妥当性	内容的妥当性	誤選択肢[1]妥当性	相関	予測的妥当性
組織ニーズ	投資効果（ROI）					
	従業員の改善					
	規制要件					
	EEOC要件					
個人ニーズ	昇進					
	専門性育成					
	遂行能力改善					
	知識拡大					
	自己啓発					

▨ は要求される妥当性のレベルを示す。
ROI：Return On Investment　投資効果
EEOC：Equal Employment Opportunity Commission　雇用の公平さ、差別禁止対応の委員会

評価手続き

次に示す作業項目に従うこと。

---

[1] 原語は"distractor"。教育評価の用語としては「非記銘項目」と訳されるが、わかりやすさのため「誤選択肢」とした。

作業項目1　解決策の目的を決定する。

ステップ1　測定要素が組織ニーズか個人ニーズかを決定する
測定要素が組織的な学習目標の場合、投資効果（ROI）を必要とするかどうかを決定する。その投資効果（ROI）により、解決策開発費用、実施費用が正当であることを証明できる。これを決定するためには、

- 以前の解決策のコストデータを収集し、新しい解決策の実施後の一定期間に収集したデータと比較する。
- 以前の解決策のデータがない時は、新しい解決策を開発している間に、以前の解決策のコストに関する情報をできる限りたくさん収集する。新しい解決法が実施される前に集めた情報と、新しい解決策実施後の数ヵ月間に集めたデータとを比較することで、その後に続く期間における新しい解決策の効果を予測することができる。実際のデータと予測に基づいて、新しい解決策の評価期間を決定する。

その解決策が組織のゴール達成のための労働力向上に結びつくかを決定する。より高いレベルのスキルを得た従業員は職務をより良く、速く、経済的に遂行できる。スピードと経済性は分離して調査することができるが、スピードを優先し、改善された業務遂行能力を犠牲にすることは望ましくない。

解決策が、例えば銀行業界の規制団体である米国証券取引委員会（SEC; Securities Exchange Commission）や、連邦航空局（FAA; Federal Aviation Administration）、製造業での職業安全衛生局（OSHA; Occupational Safety and Health Administration）で定めている各種の政府の規制に抵触していることに気づくことのできる従業員を、育成する必要があるかどうかも判定すること。

従業員はただ規制を知っていればよいのか？　もしくは、規制を知ることで結果としてタスクやスキル遂行が可能となるのか？　この問いに対する答えが、解決策が達成しなくてはならない規制に関する評価レベルを決定する。

最後に解決策が、公正な雇用の実践および差別しないことを定めた米国雇用機会均等委員会（EEOC; Equal Employment Opportunity Commission）の基準（1978）に従っているかどうかを判定すること。

ステップ2　測定要素が組織的なものではなく個人的なものであるものを選別する
個人的資質育成度測定のための要素決定により、資質育成による遂行能力向上を予測できなければならない。また、その知識やスキルを与えた解決法が正しいことを証明できなくてはならない。とりわけ重要な点は、そのトレーニングが、従業員にとって昇進に必要なキャリアの一部であるかどうか、または、そのトレーニングが業務遂行能力の評定の一部であるかどうかという点である。

解決策は、職務を成功裏に完遂し昇進するために必要なスキルを提供しているか？

学習が成功裏に終了したとき、従業員の専門性が増大することを予測できるか？そのような学習活動とは単なるトレーニングだけでなく、より広い範囲な活動を含むと考えられる。

トレーニングが成功裏に終了した時、業務遂行能力向上を予測できるか？　もしそうであれば、そのトレーニングは昇給プランの一部であると言うことができる。

トレーニング後、業務遂行能力が増加したかどうかを判定する。向上したスキルは人事考課表に記入することができる。この情報は雇用者に、トレーニングが――従業員がより良く職務を実行できるようになったことにより――効果的であることを知らせることになる。

この業務遂行能力の評定は、報奨金や報酬の査定の基礎データとして使われるべきではないということに注意すること。昇給や報奨金は、優れた業績とか時系列的なゴールを持つ専門性育成計画によるべきである。

標準的測定方法により、トレーニングによる知識とスキルの向上を判定する。知識増加目的のトレーニングでは、学習者がトレーニングにより提供される情報を理解、把握するための評価ドキュメントだけを必要とすることに注意する。この場合、コンテンツにより、業務をうまくこなせるようになるなどという条件や関連性はない。

最後に、そのトレーニングが単なる自己啓発かどうか？　自己啓発目的のためのコースは、トレーニングの結果として知識やスキルをより多く得られると信じる個人が欲しがるだけである。

ステップ3　解決策が商業目的に使われるかどうか決定すること　既製品として扱われる商用製品は、独自の品質と特別な認定が必要である。多くの商用目的の製品は教育開発会社で開発され、再販される。そのため、製作者はその製品がどのように使われるか正確には知ることが出来ない。したがって、商用製品では次の条件が必須である。(1) 最高レベルの妥当性（予測妥当性）を持つこと、(2) コース・ドキュメントに妥当性のレベルを明確に述べること、(3) 妥当性レベルの説明を、その解決策をどのように、何のために使うかという言葉に置きかえること。

> **われわれの経験から** **「難しいけれど重要な"評価"」**
>
> 　正確な評価の第一歩は、開発中の解決策の目的を注意深く考えることから始まる。われわれは極端な例を見てきた。つまり、評価という言葉に言及すると人々が部屋から逃げ出すか、潰れたボールでハエを殺そうとする（めったやたらと評価しようとする）かのどちらかである。評価はしすぎても、しなさすぎても無駄である。
>
> 　評価は、プロジェクト・スケジュールを引き延ばすほどの時間と資源を必要とし、コストもかかる。コストと時間をかける事に価値があると確信を持つことである。

まとめ

　ここまでで、評価の目的と、解決策を組織レベル・個人レベルのどちらで評価すべきかがわかった。次は、解決策の効果を判定するのに必要な妥当性のレベルを決める必要がある。それが決まれば、適切な評価手段を開発することができる。

27

妥当性の測定

前章で、なぜ評価したいのかが決定した。ようやく、評価の目的に近づくための手段を開発できる。しかし、その前に、測定のために設計した手段が本当に目的を測定しているかどうかを、どのように判断するかを決めなくてはならない。

関連理論

完全な妥当性とは、コースが教育しようと意図した内容を教えていることを保証するものである。表面的妥当性[1]を確かめるのは比較的簡単である。しかし、それを確証するのは、開発があまり進まないうちに適用すべきである。なぜなら、専門家が製品の変更と改善を提案するかも知れないからである。表面的妥当性は、コース内容構成が決まり、開発の最初の段階のうちに確立することを推奨する。

コース教材の内容的妥当性は、第19章で説明した開発工程の技術的コンテンツレビュー期間の中で確立される。テスト項目の内容的妥当性は、評価の際に何を確立する必要があるかということであり、もし開発工程で行われていないなら、解決策に測定手段を含めるときに確立する。CBTコースにプログラムされたテスト質問の変更は紙媒体での変更よりも困難である。したがって内容的妥当性は、開発工程で質問が書かれた直後に確立すること。

評価者間の合意は、評価者らが同じ業務遂行能力のタスクを（生でも、ビデオでも）観察し、検証チェックリストを使ってタスクを評価するなど実践を通じて確立

---

1 訳注：表27.1、付録D用語集参照。

する。ここで評価者間の合意を得るために、相対評価の統計的テスト──統計的有意性のt検定を使うことができる。もし評価者間の相関係数で＋0.9以上の値を確立したなら、高レベルな次元の評価者間合意を得たと言える（＋0.95以上は素晴らしい。繰り返すが、評価者が本当に何を観察したかということが、必要な評価者間合意の次元を決定する。より高レベルの合意には多くのトレーニングと達成へのより長い道のりを必要とする）。しかし、もし評価者の評価が長期間にわたって行われるなら、評価者は定期的に再訓練される必要がある。なぜなら、評価者の判断は彼らが長期間観察した学習者の数に影響を受け得るからである。

手順

Lee, Roadman, Mamone らは1990年、3つの作業項目による妥当性の確立の手順を推奨した。
1. 必要な妥当性のレベルとタイプを決定する。
2. 測定手段をいつ検証すべきかを決定する。
3. 決定したことを文書化する。

妥当性測定の手順

次の3つの作業項目がある。

作業項目1　必要な妥当性のレベルとタイプを決定する。

解決策評価に必要な妥当性のタイプとして製品に使われるものは表26.1.参照。各妥当性のタイプは表27.1に定義した。

作業項目2　測定手段をいつ検証すべきかを決定する。

様々な妥当性の要求と関連するID工程の例は表27.1.参照。

作業項目3　決定したことを文書化する。

開発工程で作成したコース設計仕様書のテスト計画セクションに決定内容を文書化すること。

表27.1 妥当性のタイプと確立時期

妥当性のタイプ	レベル	どのように完成させるか	重要性	ID工程
表面的妥当性	低	専門家がコース教材をレビューし、コースのコンテンツが正確にそのコースの主題を教えていることを検証するところの形成的評価。	コースが意図していることを教えていることや、テストが測定すべきことを測定しているということを証明するのに最小限必要な妥当性。	設計または開発
内容的妥当性	低	専門家がコース教材をレビューし、学習目標と内容、テスト項目の一致を検証する形成的評価。	コースが主題における能力の保証に使用されるかどうかに、最小限必要な妥当性。	設計
並存的妥当性	中	2つのテスト間の相似性を測定する、定量的総括的評価。	テスト項目妥当性を確立する。	評価
構成概念的妥当性	中	職務遂行能力とテストの得点間の関連を測定する定性的総括的評価。	テストの質問と実際に遂行される職務の関連を、絶対的に確立する。	評価
テスト項目妥当性	中	独立した質問とテスト全体の関連を測定する定性的総括的評価。	テスト項目が正確にスキルを測定していることを、高い次元で保証する。	設計 評価
予測的妥当性	高	あるスキル領域で、将来の成功を予測するためのテストの能力を測定する定性的総括的評価。	テストの妥当性を確立し、テストと（短期間内に）測定すべき職務遂行能力を絶対的に関連付ける；テストやコースの（長期間の）信頼性を確立する。	評価
評価者間合意	高	タスクの職務遂行能力の成功性に関して、評価者の合意の可能性を測定する、定性的形成的および総括的評価。	独立した観察でも、評価者間で一貫性があることを示し、信用レベルを確立する。	ニーズ調査と分析、または評価

> ### われわれの経験から　「評価は継続する」
>
> 　コースへの反応（Kirkpatrickのレベル1評価）を測定することは調査（「スマイルシート」と呼ばれることがある）によって可能である。反応を調査する場合、調査する製品に合わせて用意する。「このコースは同僚とより効果的に情報をやりとりできるように指導したか？」というような特定の質問は、「このコースは期待に応え得るものであったか？」という質問より実質的により良い情報を得ることができる。なぜなら2番目の質問では、回答者の期待が何であったか把握していなかったので、どんな反応を得ているのかさえわからないからである。

異なった妥当性レベルが必要となる知識のテストは、テストをどう使おうとするかに依存する。知識テストと同様に妥当性の検証方法とレベルが必要となる遂行能力テストにおいても、どう使おうとするかに依存する。したがって通常、誤選択肢はない。むしろ、遂行されなくてはならないスキルのチェックリストと、スキルが正確に遂行されたことをチェックする評価者が存在する。

　開発の間にテスト項目妥当性を確立する方法は判定パネルを使うことである。判断されるべき質は、内容専門技術に基づいたものである。最小で4つの判定とそれぞれにテスト仕様フォームがある（付録D参照。完成フォームも含む）。

　与えられた質問に、基準にあった回答をしたと判定できる回答者の数の度数算出を行う。もし5つの判定を使うなら、基準は80％（5つの判定の4つにyesと回答）となるべきで、4つの判定なら75％という具合になる。もし要求される知識のレベルが非常に重要であれば、いくつの判定を使おうが100％という基準を選んでもよい（例えば、脳外科医の知識レベル基準はチームマネジメントスキルを学ぶよりとても高度であろう）。

　基準レベルに達した質問は内容的妥当性があると考えられる。基準に達していない質問は改訂のためにテスト作者に戻さなくてはならない。判定のコメントはなぜ項目が拒否されたかを決定するために使われる。書き直した質問は判定を通過しなくてはならない。すべての質問が要望される基準レベルに達するまでこの工程を続ける。

　内容的妥当性は判定で最善の決定ができるが、統計的検定の様々なやり方でも妥当性を決定することができる。点双列相関係数は、トレーニングの熟練者によってスキルが業務遂行に密着して発揮されているかどうかを教えてくれる。また、困難度指標は低いかまたは明白でない相関を持つ業務遂行項目のために使われる。

　この相関はコースの受講者に照準を当てたタスクの念入りなニーズ調査と分析も含む。ニーズ調査では十分熟練した人々を、観察し、インタビューし、評価して、成功裏に完了する基準を確立しなくてはならない。評価者合意の観察スキルを高度にトレーニングされた内容専門家を、ニーズ調査の遂行と、次の予測的妥当性のすべてのレベルを確立するために使わなくてはならない。テストが知識習得ベースの学習目標か、スキルを完遂するための、能力ベースの業務遂行能力を判定するものであるかにかかわらず、予測的妥当性は確立しなくてはならない。

　内容的妥当性を決定するために判定と統計的方法の両方を使う必要はない。一旦、分析によりスキルと熟練のレベルが確立したら、すべての受講者が、要

> 求される熟練レベルまで訓練されることを決める業務遂行能力妥当性手順を使うことができる。実際の現場まで受講者についていき、同じ評価手段を使って前もって設定した点について評価し、適切な熟練レベルが維持されていることを明らかにしなくてはならない。予測的妥当性の調査は、通常は長時間をかけて行われる。もし顧客が本当に個人の業務遂行能力と成果の改善を求めているなら、顧客は従業員の仕事への熟練に関するデータを収集しつづけるであろう。

まとめ

　解決策の効果性をテストするために要求される妥当性のタイプとレベルが決まったので、要求レベルに合った手段を開発することができる。その手段を広める戦略の開発と、その手段から測定計画の形でデータを収集する戦略を立てるべきである。

28

測定手段の開発と測定計画

　測定計画とは、製品に含まれるあらゆる測定手段の仕様について詳しく述べるものである。テスト、アンケート、調査表はすべて、評価の目的（第26章で確立した）および要求される妥当性のタイプとレベル（第27章で確立した）に則って開発しなくてはならない。すべての測定手段は、解決策がどの位効果的かを示す情報を返すだけの妥当性度を達成しなければならない。

　インタビューという手段は、アンケートや調査表と同様に、簡便に最小限の内容的妥当性を達成する。妥当性の域を越えて、インタビュアに高い対人関係スキルがあるといった好条件は良いインタビューにつながる。

　調査では、回答が分析に十分であるほど返ってくると考えるのは難しい。調査表の回収率が50％得られることを期待するのは楽観的すぎる。必要な応答数を確実に得るための方法がある。調査表を受け取る被験者を選ぶとき、50％の回収率を心に留めておき、標本数とランダム抽出数を決定する方法を使うこと。これは付録Dの直接インタビュー法のところで討論するが、次のように進める。

1. 500人の名前のリストがある。
2. 標本数が10％ということは50件の回答が必要である。
3. 50％の回収率を当てにする時は、標本候補数を2倍する（合計100件となる）。
4. 調査表を受け取る人100人の名前のランダムな標本を抽出する。
5. 最初の試行で、必要な50件の回収ができなかったら、同じグループから無回答の人に調査表を再送付する。
6. 2回目でもまだ必要な数が回収できなかったら、別のグループで3番目の作業から繰り返す。

7. すべての回答を使う（50件は最小限の必要数であり、もっとあればさらに良い）。

手順

測定計画を完成するには5つの作業項目が必要である。
1. 測定のタイプを選ぶ。
2. 測定手段を開発する。
3. それぞれの手段に要する長さを算出する。
4. それぞれの項目の重み付けを算出する。
5. 測定手段をいつ実施するか決める。

測定手段の開発と測定計画の手順

次の作業項目がある。

作業項目1　測定のタイプを選ぶ。

ステップ1　目標分析で創られた最終目標を測定するのに何を測るかを決める

学習目標として測定するものがスキルであるか、知識であるか、態度であるかを決定する。学習目標が受講者に何かをさせることを含む場合、測定手段としてはスキルを測定すべきである。受講者が何かを知っていることを示すだけでよい場合、知識ベースの測定が適切である。どのように業務遂行能力測定が実施されるかを見極める。

ステップ2　測定に相対評価か到達度評価のどちらが必要かを決める

相対評価は一般的な母集団と比較して人々の特徴と能力を測定する。到達度評価は基準と比較して人々の特徴と能力を測定する。例えば、一般的な母集団における成人の読解力レベルは相対評価で表される。しかし、トレーニングコースの対象者の個人の読解力レベルは、テストやニーズ調査の結果による何らかの到達度を測定する。

ステップ3　定性（質）的測定か定量的測定かを決める

両者ともデータを使うが、妥当性の定性（質）的測定では専門家の判定データを扱う。定量的測定は標準化された統計的解釈に大きく依存する（解釈に判断が含まれることに異論を唱える人もいるが、筆者らは解釈に判断が含まれることに同意する）。

統計的検定の使用と、データの解釈には精巧な方法がある。妥当性の一般的な統計的測定をいつ、どのように行うかを説明する。

定量的測定　定量的測定は次の要素から構成される。

1. 相関
2. 困難度指標
3. 項目分析
4. 有意性の検定

相関 相関は2つの変数の関連性を明確にする。結果は-1.0から+1.0の数値である。+1.0に近い数値ほど高い正の相関があることを示す。-1.0に近い数値ほど高い負の相関があることを示す。高い正の相関はよりよいテスト項目である。しかし、相関が0.00の問題についてはどうだろうか？その項目を入れるか外すかを決めるためには困難度指標を使わなくてはならない。

相関がどのように役立つかという例を示す。筆者らがインタラクティブ・ビデオで基礎数学のコースの開発を担当した企業の例である。そのコースでは受講者の知識とスキルの増加を測定するために事前テストと事後テストを用いた。事前テストを通じ、受講者は診断的テストとして選択された質問に正しく答えることにより、一定のモジュールを学習することができる。もし質問に誤った答えをした場合は別のモジュールに導かれる。もし診断的事前テストに失敗して、一つのインストラクション・モジュールに入ってしまっても、もうひとつの完全学習テストによるチャンスがまだある。受講者が完全学習テストで90％の得点を取れたら、そのモジュールをスキップするか、学習するかを選ぶことができる。

しかし管理者は、そのテストが、一般的に専門家が決定した基礎数学のスキルを受講者がマスターしたことを測定できたかどうかを知りたがった。

管理者は「このテストは高度な予測的妥当性を持っているか？」という質問への回答を要求した。評価チームは、彼らが内部的に開発したテストを、カレッジのコースを継続するするために、クラス分けテストで補習数学を必要とすると決められたカレッジの新入生のグループ（約100'名）に受けさせた。また、評価チームは、国立高校の等価試験の数学テストが、高度な妥当性と信頼性を持ち、よく文書化されていることを見つけ出した。評価チームはこのテストを同じグループの受講者に受験させた。

コースのテストと等価試験の得点を比較し、評価チームは両者に高度な相関があることを決定付けた。結果としてマネジメントは、インタラクティブ・ビデオコースの事後テストに合格した受講者が高校卒業者の数学知識とスキルを持っていると明言することができた。

困難度指標 しかし、得点の相関がない（0.00）質問に関してはどうだろう？そういう質問には困難度のレベルの指標を見てやらなくてはならない。もし受講者が全員その質問に正解するか、不正解となるなら、その質問はたいてい稚拙であり、書き直す必要がある。相関0.00の質問と度数分布表を比べること。

どの程度の正の相関が妥当と考えるべきか？それぞれの質問に対する十分なレベ

ルの正の相関は+0.80である。ただし、知識の重要性によるということは繰り返しておく。脳外科医とマネジメント訓練の例えのように。低い正の相関は誤選択肢分析と度数算出が必要である。相関値+0.50を下回るものは相関がない。妥当でないと考えるべきである。

項目分析 項目分析は個々のテスト項目とテスト全体が妥当かどうかを決定する。項目分析はテスト全体でどの受講者がよくやったか、個々の項目で正解したかを決定することでテストの質問の妥当性を確立する。

項目分析をするためには、2つの独立した変数を持たなくてはならない。2つの変数は、テストの質問がどう良いかを決定するために、何らかの方法で比較できるようなものである。相対評価測定と到達度評価測定のための色々な統計的検定がある。

有意性の検定 有意性の検定は、標本グループに対して実験したデータの結果が、無作為標本を抽出した母集団全体の状態を正しく反映しているかを決定するときに使う。

定性的測定 より定性的な測定は次の要素を含む。

1. 誤選択肢分析
2. 度数算出

誤選択肢分析 受講者のテスト回答の分析は誤選択肢分析といわれる。この分析では、定量的方法で低い正の相関か負の相関を示す質問を探し出し、良い受講者を正しい回答から引き離すような特殊な誤選択肢があるかどうかを決定しなくてはならない。どの誤選択肢が問題を引き起こしているかを探し出し、なぜそうなっているかを決定すること。誤選択肢（とその他の解りやすくする必要のある質問）を書き直すことである。再度テストを実行し、同様の相関分析をすること。度数分析もこの情報を明らかにする。

もし運よく誤答した受講者を捕まえられたら、受講者になぜ特殊な回答を選んだのか尋ねること。これはとてもよいフィードバックである。もしそのような受講者を捕まえられないなら、誤選択肢分析のデータのみを使う。

度数算出 度数算出は定量的測定ではあるが、成功と失敗を見極める判断が必要である。度数は統計ソフトを使わなくても簡単に生成される。単に何らかの基準（例えば正解か不正解か）に基づいて反応の数を数えればよい。とはいえ、統計ソフトを利用すると、特に大量データのときにより早くデータを生成することができる。

ステップ4　解決策使用前後のどちらに測定するか決める

もし前後ともに測定するなら、同じ測定を使用するか、平行形式の手段を使用するか？もし平行形式を開発しているなら、付録Eの「評価ツール」セクションにある「平行テスト項目の基盤構築ツール」を使う。

平行テスト開発と平行テストの妥当性確立のステップは次のとおりである。

1. 平行テスト項目の基盤構築ツール（付録E参照）に沿って番号付けした学習目標の集合をSME判定委員会に提供する。彼らは平行性を決定する。SME判定委員会に渡す前に「最終目標番号」列にそれぞれの最終目標を印しづけした番号付けをする。
2. 番号付けしたテストの質問の集合を判定者に提供する。
3. 平行テスト項目の基盤構築ツールにそれぞれの最終目標の重みをリスト化する。
4. 平行テスト項目の基盤開発のための指示をそれぞれの判定者に提供する。
5. 判定者はそれぞれの最終目標と、困難度レベルが等価だと決定した2つの質問をマッチさせる。

作業項目2　測定手段を開発する。

構築する質問のタイプにより、付録Eの評価ツールの形式を使う。
- 組み合わせ式質問チェックリスト
- 多肢選択式質問チェックリスト
- 真偽式質問チェックリスト
- 穴埋め(短答)式質問チェックリスト
- シミュレーション、ロールプレイ、遂行能力テスト質問チェックリスト
- 小論文質問チェックリスト

完成したテストのコンポーネントを評価するため、付録E評価ツールセクションのテスト完成チェックリストを使う。

アンケート、調査表、インタビューの手段を開発するために、これらのタイプの測定手段構築の指示が付録Dに記載されているので参照のこと。

作業項目3　それぞれの手段に要する長さを算出する。

ステップ1　質問の数を計算する　50個の最終目標があると仮定し、学習目標ごとに2つの質問をすべきだという基準を決めたとする。これは100個の質問があることを意味する。受講者はスキルや知識を獲得したことを表明する適切な機会を持たなくてはならないということを思い出してみよう。到達度評価のテストにおいて学習目標ごとの複数の質問か複数の試行は、獲得内容を表明する可能性を増加させる。

ステップ2　回答に要する時間を算出する　回答に要する時間は質問の性質によって異なる。学習目標の質問はタイプ（真偽式、組み合わせ式、多肢選択式）、質問の未完成文の長さ、誤選択肢の数をいくつ含むか、によって変わる。経験的な指針として、4つの誤選択肢のある多肢選択式質問は30秒と計算される点に注意。テス

トでは受講者が指示を読む時間、もしくは説明を受ける時間を残さなくてはならないということを忘れてはならない。例えば、もし (1) 50個の学習目標があり、(2) 学習目標あたり2つの質問があり、(3) 質問あたり30秒プラス指示を読んで理解するために約10分を与えるなら、これはテストの完了に60分与える必要があるということである。

作業項目4　それぞれの項目の重み付けを算出する。

解決策の各パートのコンテンツの総計を決定すること。解決策のすべてのパートは同じ重みを帯びてはいない。5時間のトレーニングコースで、ひとつの節が2時間かかる場合、その節は30分かかる節よりコース内でより重みがある。各最終目標に対する質問の数は内容の重みとの関連に基づくべきである。

もしコースの2時間の節に6個の最終目標があるなら、仕事は単純である。もし最終目標あたり2つの質問が基準であるなら、単純にその節の全テストとして12の質問を設定する。

しかし、この2時間の節に最終目標がひとつだったとしよう。最終目標あたりに多くの質問も設定できるという原則を作り、コース全体に対する節のテスト実施時間比率を計算し、比率に見合った十分な質問数を作成できる。

もしタスクが成功するまで複数回実行が許されるような場合は、何回の試行がほとんどの受講生（どんな基準を使用したいかによるが、例えば80％の受講生）に必要か、度数算出をすることができる。もし数が少なければ、そのタスクは妥当ではない。もし80％の受講者があるタスクを完遂するために4回の試行を要求するなら、項目をチェックした方がよいだろう。その項目はおそらく妥当ではない。[1]

作業項目5　測定手段をいつ実施するか決める。

コースの中に測定をちりばめるべきか、広範なテストをコースの最後にひとつやるべきかを決める。もし測定をちりばめるなら、いくつ必要になるかを決める。測定の場所を決めるための情報として表28.1を使う。

1　1回では少なすぎるし、4回では多すぎる。

表28.1　質問のタイプ

タイプ	位置	レベル	目的	頻度
学習埋め込み	レッスンの中	基礎知識と理解	レッスンで教えられた概念の基礎知識のチェック	レッスン中にちりばめる
クイズ	各レッスンの終わり、またはいくつかのレッスン後に定期的に	レッスン内の情報の知識 応用	受講者の概念把握テスト 注：質問はレッスンがカバーしている学習目標から主要な概念のみをテストすべきである	レッスンまたは複数のレッスンの終わり 注：少なくともひとつの質問は各主要トピックスについて訊くべきである
テスト	コースの合間と終わり	応用 評価	コースを通して情報を統合することによる受講者の知識と業務遂行能力のテスト	必要な箇所 注：テストには各レッスン学習目標から少なくともひとつの質問を含むべきである

われわれの経験から　「正確な評価データが欲しくないですか？」

　どの測定のタイプを開発する必要があるかということに対する理解には、大きな知識ギャップがあるということにインストラクショナルデザイナは気づく。相対評価測定は学習目標群からのサンプル質問を必要とするだけである。しかし、到達度評価測定はすべての学習目標群に対する複数の質問を必要とする。実際、相対評価測定はすべての知識に対するサンプルに対して設計されるのに対し、到達度評価測定は、母集団がトレーニングされたスキルをマスターしていることと、テストされた母集団が知識やスキルを明示する十分な機会を保証するために設計される。表28.2は作成した統計的検定が相対評価測定と到達度評価測定のどちらに適用され得るかを決定するのに役立つ。

表28.2　適切な統計的測定

検定名称	目的	適用タイプ[a]				標本への要求
		A	B	C	D	
双列相関係数	連続変数1つ、二値変数1つ	✓	✓	✓		典型的標本量
カイ二乗検定	連続変数1つ、二値変数1つ		✓		✓	典型的標本量
ケンドールの順位相関係数	連続変数2つ	✓		✓		n<10
キューダ・リチャードソンの公式	一律困難度の測定	✓	✓	✓		典型的標本量
マン・ホイットニーのW検定	不均質グループの比較	✓	✓		✓	典型的標本量

		A	B	C	D	
ピアソンの積率係数	連続変数2つ	✓		✓		典型的標本量
ファイ係数 (点相関係数)	名義尺度二値変数2つ			✓		典型的標本量
点双列相関係数	連続変数1つ、 名義尺度二値変数1つ	✓	✓	✓		典型的標本量
階数差異	連続変数2つ	✓		✓		n<30
分散分析	2つ以上の意味を持つデータの間の有意性	✓	✓		✓	典型的標本量
t検定	2つの意味を持つデータの有意性				✓	典型的標本量

a A = 相対評価; B = 到達度評価; C = 相関; D = 有意性

　相対評価測定と到達度評価測定では異なる合格不合格レベルを設定する。相対評価測定では、50%～67%の得点が合格と考えられる。多くの人たちは中間点付近の得点を取るからである。到達度評価測定では、合格不合格の得点は受験者が業務遂行するためのスキルの重要性によって決定する。したがって到達度評価の合格得点は普通中間点より高く設定する。最も重要なことは、テストの得点が絶対値ではないということを覚えておくことである。得点はある範囲内の位置である。範囲内での何かしらの得点（標準偏差）がふさわしい。

　一般に、特定のスキルを学習する特定のグループのため製品を開発している場合、たいていは到達度評価テストを開発する。既製品も、その科目が製品を使う人が持つべきスキルの一般的な知識、例えば基礎数学や読解力などの場合を除いては、普通到達度評価テストを用いる。それゆえ、テストは製品を使い、受験するグループの標準を確立しておかなくてはならない。

　ニーズ調査が完了する前に、テストに制限を押しつけるのはよくない。制限を押しつける例を示す。

- 前もって決定されたテスト形式（学習目標、アンケート、調査表）
- 前もって決定された質問数
- 前もって決定されたテスト実施時間
- 前もって決定されたテスト時間の割合

　初期分析の完了前に測定手段の形式は決められない。学習目標を書くまでは測定項目の数は決められない。測定手段の形式と質問数を決めるまでは時間と割合も決められない。

　勿論テストに費やすことができる時間の総計には一定の制限がある。しかし恣意的な選択より、環境分析と目標分析でこの決断を具体化させること。一旦学習目標の数と、製品が使われ実施される条件が分かった後、より良い評価方法が見つかったために測定形式の変更必要ありと決定することもある。

　われわれの意見では、実際の職場への技能の移行の実現が、プロジェクトに

資源を費やす唯一の正当な理由である。もし従業員が単に何かを知りたいか気付きたいというなら、本かパンフレットかその他の資料を与えて、読ませる。「しかし誰も彼ら自身が知識を得ることに対して責任を持たない」といわれる。「もし本を与えたら、それは読まれない」のである。つまりこのケースでは、生涯学習者としての従業員のモチベーションアップなどに経営資源活用を広げるべきである。

　雇用者が従業員の学習の機会を拡大すべきでないと言うつもりはない。学習活動は知識レベルで止まるべきではない。知識の価値は結果としての業務遂行を通じてのみ測定することができる。

　コースを完了した受講者は、トレーニング中に教わったスキルを使っているかどうかを判定するために長期間、定期的に観察されなくてはならない。使っているということが割り出せた場合、そのスキルを使うことに直接起因してどんなコストが削減出来たかを決定する。

　知識か業務遂行能力の測定のいずれかにかかわらず、事前調査と事後調査をやるかどうかを考えなくてはならない。例えば、新しいトレーニングコース開発に、測定手段の妥当性を確立する目的の事後調査があるなら、必ず事前調査を含むべきである。その目的は、事後テストではっきりと分かる高い学習効果が表れているかどうかを調べることである。結果が識別できるものなら、教材が教えるべきことを教えることができたという証明になる。

　結果の妥当性と信頼性を確立するために十分測定手段を活用した後は、事前調査を止めてもよい。もしコースのどこかの部分を変更するなら、測定手段を改訂すべきであり、受講者の被験者グループに測定手段を実施し、妥当性と信頼性を再び確立すべきである。

　学習目標か業務遂行能力の測定手段のいずれかにかかわらず、もし受講者が事前テストの得点に基づいてコースの特定の部分やコースそのものを試行することができるなら、これは事前テストや事後テストを使う妥当な理由となる。もし事後テストだけしか実施されないなら、受講者がコースを受講した結果として学習したという証拠は残らない。受講者は前もって教材を知っていたかも知れない。このような場合、受講者はコースを続けているべきではない。別の見方もできる。テストが、やさしすぎるか組み立てが稚拙すぎるといった欠陥があり、受講者は内容を知らなくても回答を当てることができたのかも知れない。

　コンテンツが高度な技術だったり、新規な概念やプロセス、手順を提示していたりして、分析で収集した情報からすべての受講者が同じレベルで学習を始めることがたしかなら、事前調査は必要ないであろう。もし他の形式で過去の

受講者を確定する情報が提供されているか、その受講者の業務経験が他の受講者より知識レベルが高いことを示すなら、事前テストと事後テストを利用すべきである。もし事前要件スキルに大きな相違があるという証拠がなければ、（事前テストで）時間を浪費しないこと。知っておく方がよいが、必須ではない。

　知識についての査定は、もしその情報が提示された後に業務遂行能力測定が実施されるなら、時により不要である。受講者が正しく何かを実施できるなら、受講者がその知識を持っていると仮定することができるからである。

　だからといって、業務遂行能力測定を開発して実施することに時間とリソースをたくさん注ぎ込んでも、乏しい進歩しか見い出せないかもしれない。受講者は知識を獲得しなかったのかも知れない。もしそうなら、業務遂行能力が低い理由を探さなくてはならない。コースの内容部分の最後での知識査定は原因を突き止めるのに役立つであろう。たぶん、特定の概念、手順、プロセスがコンテンツ内で強調されていなかったか、正しく教えられていなかったのである。

　後戻りは高くつくし、顧客がプログラムを全部実装し始めるタイミングを遅らせもする。測定手段を開発し、妥当性を検証し、事前査定と事後査定をし、得点を収集して分析し、そして業務遂行プロジェクトを再構築しなくてはならない。

　経験的に、標本抽出調査が混乱したとき、いつも生じる質問として、「何人の人を調査すべきなんだ？」というものがある。

　母集団から標本を抽出するのは難しく、常に手を抜かれがちな傾向がある。ある専門家や顧客は大手の評定プロバイダ（例えばHarris Poll[2]のような組織）を薦める。この様な組織は母集団のとても小さな区分から標本を抽出し、依然として高度な信頼性を実現している。

　多くの場合は専門評定会社に巨額の前払いをすることを実現しないか、そのこと自体を考えることを止める。専門評定会社は調査計画の分野の領域とその領域の母集団を継続的に分割するために、とても洗練されたコンピュータシステムを使っている。専門評定会社は、長年、的確なシステムを使用し、関係し続けており、信頼性が常に洗練されつづけている方法論を採用している。

　もしあなたの組織が高尚な少数派で、洗練された標本抽出技能をもっているなら、標本抽出にそれを使うこと。もしあなたの組織がそのような技能や方法論を持っていないなら、母集団の10％という調査の慣習を使い、その10％からの回収率60〜70％で満足することである。

2　訳注：Harris Poll　2002年5月現在HarrisInteractive® http://www.harrisinteractive.com/ の世論調査サービス。

> たしかに、それには時間がかかる。お金もかかる。しかしあなたと関係者は正確な情報が欲しいのでは？　もし、正確性が重要ではないのなら、適当な推測でいけば費用が節約できる。しかし、推測では、5人だけ調査し、それを1000人に当てはめたのと同程度の正確性しか得られない。

まとめ

　ここまでで、必要な測定手段は何か、それをどうやって構築するか、測定計画の計画方法がわかった。測定手段は配布され、空欄を埋められ、戻ってくる。今度はそれらのデータを分析・解釈し、何らかの意味を読み取らなくてはならない。

29 データの収集と分析

　評価を始める前に評価の方法を完璧に設計すること。違った分析をするだけで回復可能なものもある。しかし、評価プロジェクト全体をもう一度やり直さなくては回復できないものもあるかも知れない。これは時間とお金を浪費し、最終的な実施を遅らせる。

　本書は統計学を取り扱うつもりはないが、検定のタイプ、その目的についての基礎的な情報と、それぞれから成り立っている結果の潜在的な意義を取り扱う。どのデータを集めるべきかを知るためには、統計的方法論の背景知識が必要となる。統計結果を解明した後は、優れた問題解決スキルを持つ人がデータの意味を決定できる。

作業工程

データの収集と分析には5つの作業項目がある。
1. データベースを設定する。
2. 評価計画を開発する。
3. データの収集とコースを実施する。
4. データを解釈する。
5. 発見したこと（結果）を文書化する。

データの収集と分析の手順

次の作業項目がある。

作業項目1　データベースを設定する。

他の情報源から情報を取り込むか転送するための、データベースを設定するために選択した統計ソフトウェアパッケージを使うこと。例えば、もしCBTコースにデータベースを設定したなら、データを他の形式(例えばASCIIテキスト)で取り込む事が可能であり、それを統計パッケージにインポートできる。データ転送は前もって計画しておく必要がある。統計ツールを選択して、ソフトウェアを開発して配信するときでは遅すぎる。

作業項目2　評価計画を開発する。

一旦プロジェクトが選択され、ニーズ調査と分析の結果として決断がなされたら、評価計画を開発すべきである。この計画は、評価をどのように設計し、運営するか(時間のわくの確認、データの収集、分析手法を含む)を示し、さらにプロジェクトと関連するすべての評価作業項目の報告方法を示す。

評価の実施と影響については、テストの開発時と同様に考慮が必要な点がある。
- 受講者数と収集するデータの総数
- 標本抽出の方法
- 機密性
- コスト

遂行能力の測定時にはさらに考慮が必要となる。一つ目は統制群、つまり被験者群と同様になるように事前に選別された受講者かデータを使う。被験者群は教育活動を受け、統制群は受けない。2つのグループは職務の設定、スキル、能力、身上的特徴、人口統計上の特質について等しくあるべきである。被験者群と統制群を使うことについてのさらなる情報は、CampbellとStanley(1963)を参照のこと。

二つ目の考慮点は評価範囲外の影響である。外的変数には、ビジネスに否定的な影響をもつ季節変動のような組織の変化などを含む。新しいリーダーシップ、受講者の転勤、予算削減、組織目標の変化のような内的要因も結果に影響する。これらの影響の効果的な制御により、結果の正確性への信頼を増やすことができ、また、念入りな業務遂行能力査定設計の必要性を減らすことができる。また、母集団や標本としての受講者の必要数を減らすことができる。

作業項目3　データの収集とコースを実行する。

測定手段を通じてデータを集める。少なくともパイロットテストで可能な限りたくさん集める。

作業項目4　データを解釈する。

ステップ1　結果とゴールが一致しているかどうか評価、決定するため、ゴールに対してデータを分析する。

ステップ2　結果により決定する。ゴールと結果が一致していれば解決法の全面的な実装を決定してよい。そして（1）首尾一貫した結果のデータ収集を継続し、（2）データの収集をやめるか、（3）一定期間待ってから他の評価の運営をする。
一致していなければ、次の決定を行なう。

- コースを改訂する
- 測定手段とテストを改訂する
- 改訂するかどうかはともかく調査に戻る
- 他のサンプルを選択して評価をやり直す
- 製品を廃棄する

作業項目5　発見したこと（結果）を文書化する。

発見したことを評価報告書に記録する。付録Dにテンプレートを掲載した。

われわれの経験から　「データ分析ソフト」

生データを分析するよい統計ソフトが必要である。筆者らはSPSS（かつてはStatistical Package for the Social Sciencesとして知られていた。今は単にSPSSと呼ばれている）を使ってきた。SPSSはシカゴで作られた。Windowsバージョンは特に使い易く、文書化機能が優れている。

まとめ

これらの作業を完了すれば、解決策が顧客のニーズ（ニーズ調査で確認したもの）に合った効果的なものかどうかを判定するための情報が得られる。プロジェクトの各工程でとった活動や段階はすべて結果に反映される。注意深く作業を行い、段階を踏み、また注意深く計画したなら、望んだ結果が得られることに疑いはない―すなわち、解決策は、顧客の問題を解決できる。

付録 A

インストラクショナルデザイン工程の ステップ/作業項目　チェックリスト

工程：ニーズ調査と分析

ニーズ調査

- ☐ 作業項目1　現在の条件を明確にする。
  - ☐ ステップ1　必要な知識とスキルを明確にする。
  - ☐ ステップ2　遂行能力を選択するために使用する職務関連知識とスキル領域を明確にする。
  - ☐ ステップ3　ステップ1と2の間の矛盾を調べ、抜けているスキルを明確にし、可能なアプリケーションを評価する。または選択の基準を訂正する。
  - ☐ ステップ4　ステップ1と2が合っていれば、次に環境的原因を調査する。
  - ☐ ステップ5　環境要因に影響される作業遂行能力を文書化する。
  - ☐ ステップ6　すべての結果をレビューし、ニーズ領域を明確にする。
  - ☐ ステップ7　従業員からデータを集める。
  - ☐ ステップ8　結果をレビューし、ニーズ領域を明確にする。
- ☐ 作業項目2　職務を定義する。
- ☐ 作業項目3　ゴールを重要度の高い順に列記する。
- ☐ 作業項目4　相違を明確にする。
- ☐ 作業項目5　成功領域を決定する。

- ☐ 作業項目6　活動の優先度を設定する。
  - ☐ ステップ1　考えられるすべての解決策を抽出し、解決策を提供しない場合の結果予測を明確にする。
  - ☐ ステップ2　時間、費用、顧客満足度に関してそれぞれの解決策の効果を定義する。
  - ☐ ステップ3　職務のゴール、望まれる結果、他の適切な要素を考慮し、提案を行う。

初期分析：対象者

- ☐ 作業項目1　対象者の統計的情報や特徴を分析する。
  - ☐ ステップ1　職務・作業情報から、対象者の特性を確認する。
  - ☐ ステップ2　対象となる個人の数と彼らの一般的な教育・背景を確認する。
  - ☐ ステップ3　特にグローバルな対象者の場合は、言語、口調、ユーモア等の使用に関する情報を分析する。
  - ☐ ステップ4　物理的な、人間工学的な、または環境的などんな要求でも書きとめる。
- ☐ 作業項目2　学習内容に対する態度を明確にする。
  - ☐ ステップ1　どんな誤解・間違った情報の可能性も検討する。
  - ☐ ステップ2　否定的または肯定的な態度について決定する。
  - ☐ ステップ3　特別の用語または表現を決定する。
- ☐ 作業項目3　対象者の言語スキルを分析する。
- ☐ 作業項目4　結果を文書化する。

初期分析：技術

- ☐ 作業項目1　利用できるコミュニケーション技術を分析する。
- ☐ 作業項目2　業務遂行支援や参考情報に利用できる技術を分析する。
  - ☐ ステップ1　オンラインの参考情報提供が利用可能かどうかと、またその機能を決定する。
  - ☐ ステップ2　業務遂行支援ツールが利用可能性かどうかと、またその機能を決定する。
- ☐ 作業項目3　テストと評価に利用可能な技術を分析する。
  - ☐ ステップ1　電子テストと評価へのニーズを決定する。
  - ☐ ステップ2　セキュリティ問題を定義する。
- ☐ 作業項目4　配布のための技術を分析する。
  - ☐ ステップ1　教材の注文と配布方法を決定する。

工程：ニーズ調査と分析

　　　　　□ステップ2　FTPの可能性とその機能を決定する。
　　□作業項目5　配信のための技術を分析する。
　　　　　□ステップ1　専用の音声・ビデオのサーバーの可能かどうかと、またその場合の機能を決定する。
　　　　　□ステップ2　マルチメディア仕様のPCの利用可能かどうかと、またそのPCの機能を決定する。
　　　　　□ステップ3　テレビ会議または教育的ビデオの利用可能かどうかと、またその場合の機能を決定する。
　　□作業項目6　専門技術を分析する。
　　□作業項目7　結果を文書化する。

初期分析：環境

　　□作業項目1　職務環境を分析する。
　　□作業項目2　提供環境を分析する。
　　□作業項目3　結果を文書化する。

初期分析：タスク

　　□作業項目1　職務名を定義する。
　　□作業項目2　職務に関連した職責をすべて明確にする。
　　□作業項目3　すべてのタスクを明確にする。
　　　　　□ステップ1　主要なタスクを確認するかまたは明確にする。
　　　　　□ステップ2　それぞれのタスクが独立であることを確認する。
　　　　　□ステップ3　知識・技術・態度（KSA）を確認する。
　　□作業項目4　タスクを順序化する。
　　□作業項目5　結果を文書化する。

初期分析：重要項目

　　□作業項目1　重要なタスクを決定する。
　　□作業項目2　重要だが、本質的でないタスクを決定する。
　　□作業項目3　排除するタスクを決定する。
　　□作業項目4　結果を文書化する。

初期分析：目標

　　□作業項目1　学習領域を決定する。
　　□作業項目2　レベルを決定する。

- ☐ 作業項目3　ゴール宣言文を書く。
- ☐ 作業項目4　職務遂行目標を設定する。
- ☐ 作業項目5　グループディスカッションを行う。
    - ☐ ステップ1　職務タスクが有効かを確認しながら目標を評価する。
    - ☐ ステップ2　必要なら目標を書き直す。
- ☐ 作業項目6　職務遂行目標から最終目標を分離する。
- ☐ 作業項目7　職務遂行目標からレッスン目標を分離する。

初期分析：メディア

- ☐ 作業項目1　期待される学習結果と適切なメディアを適合させる。
    - ☐ ステップ1　複雑なタスクを学ぶことが必要かを決定する。
    - ☐ ステップ2　プロセスや手順を学ぶ必要があるか決定する。
    - ☐ ステップ3　運動や精神運動技術を学ぶ必要があるかを決定する。
    - ☐ ステップ4　詳細な情報とともに概念や事実を学ぶ必要があるかを決定する。
    - ☐ ステップ5　詳細な情報なしで、概念あるいは事実を学ぶ必要があるかを決定する。
    - ☐ ステップ6　映像が必要かを決定する。
    - ☐ ステップ7　モチベーションや態度変化が必要か決定する。
    - ☐ ステップ8　重要な思考技術が必要か決定する。
- ☐ 作業項目2　期待される学習結果とメディアの利点および制限を適合させる。
    - ☐ ステップ1　それぞれのタイプの利点と制限を分析する。
    - ☐ ステップ2　提供の費用を分析する。
    - ☐ ステップ3　提供要因を検討する。
    - ☐ ステップ4　維持要因を検討する。
- ☐ 作業項目3　結果を比較し、メディアを決定する。
- ☐ 作業項目4　結果を文書化する。

初期分析：既存資料

- ☐ 作業項目1　有望な情報源を明確にする。
- ☐ 作業項目2　情報と既存のコース教材を収集する。
- ☐ 作業項目3　情報を比較する。
    - ☐ ステップ1　教材の適応性とユーザビリティを評価する。
    - ☐ ステップ2　教材の有効性がプロジェクトの時間制約と適合するか決定する。
    - ☐ ステップ3　教材の費用をプロジェクト予算と比較し決定する。
- ☐ 作業項目4　購入か開発かを決定する。

□作業項目5　決定事項を文書化する。

初期分析：コスト

□作業項目1　費用便益分析を実行する。
□作業項目2　投資効果を把握する。
□作業項目3　結果を文書化する。

初期分析：高速分析手法

□作業項目1　分析の準備をする。
　□ステップ1　評価の焦点を決定する。
　□ステップ2　キックオフミーティングを行う。
　□ステップ3　業務を割当てる。
□作業項目2　基本的な質問をする。
　□ステップ1　目標グループに5つの基本的な質問をする。必要に応じて追加質問を行う。
　□ステップ2　矛盾点を明確にする。
□作業項目3　聞き取り、回答を記録する。
　□ステップ1　回答を聞く。
　□ステップ2　5つの応答カテゴリーへ回答を分類する。
□作業項目4　実際の職務遂行を観察する。
　□ステップ1　職務の遂行を観察する。
　□ステップ2　言葉の応答と、実際の職務遂行の間のギャップを明確にする。
□作業項目5　結果を報告する。

工程：設計

プロジェクト・スケジュール

□作業項目1　プロジェクトの全般的な情報を文書化する。
□作業項目2　プロジェクトの成果を一覧にする。
□作業項目3　プロジェクト活動のスケジュールを立てる。

プロジェクトチーム

□作業項目1　チームの役割を列挙する。
□作業項目2　役割と責任を割り当てる。

☐作業項目3　タスクをメンバーへ割り当てる。

メディア仕様

☐作業項目1　統一イメージを定義する。
　☐ステップ1　統一イメージについてブレインストーミングする。
　☐ステップ2　試作版を完成する。
　☐ステップ3　統一イメージを決定する。
☐作業項目2　インターフェイスと機能性を定義する。
☐作業項目3　対話機能とフィードバックの基準を決定する。
☐作業項目4　ビデオと音声の取り扱いを定義する。
☐作業項目5　文字デザインと基準について示す。
☐作業項目6　画像デザインの基準を用意する。
☐作業項目7　アニメーションと特殊効果を決定する。

コンテンツ構造

☐作業項目1　コンテンツを単位に分ける。
　☐ステップ1　さらに6つの主要なカテゴリーに分ける。
　☐ステップ2　職務と作業の順序に基づく情報をグループ化する。
☐作業項目2　情報を図式化する。
　☐ステップ1　学習のアウトライン化または図式化を行う。
　☐ステップ2　コース・フローチャートを作成する。

教材のバージョン管理

☐作業項目1　CCプラン（教材バージョン管理計画）を確立する。

工程：開発と実施

CBTの開発

☐作業項目1　ストーリーボードを作成する。
　☐ステップ1　学習成果の論理的根拠をレビューする。
　☐ステップ2　論理的根拠を画面単位に記述する。
　☐ステップ3　タイトルフレーム、メインメニュー、テストなどの準備ずみの制作物を加える。
　☐ステップ4　ストーリーボードをレビュー（評価）し、確認する。

工程：評価

□ステップ5　品質保証（QA）レビューを実施する。
□作業項目2　メディア素材を作成し組み立てる。
　　□ステップ1　制作前処理のミーティングを行う。
　　□ステップ2　CBT（コンピュータ利用トレーニング）を制作する。
□作業項目3　オンラインレビューを実施する。
　　□ステップ1　テスト用CD-ROMを制作する。
　　□ステップ2　レビューのための基礎としてストーリーボードを使う。
　　□ステップ3　エラーを記録する。
　　□ステップ4　エラーを修正する。
　　□ステップ5　修正点についてレビューする。
□作業項目4　コースを提供して実施する。

WBTの開発

□作業項目1　製品の種類とプラットホームを決定する。
　　□ステップ1　学習を同期型か非同期型のどちらの仕様にするか決定する。
　　□ステップ2　技術仕様に合った開発プラットホームを選択する。
□作業項目2　素材を組み立てる。
□作業項目3　レビューを実行する。
□作業項目4　サイトを構築する。

IDB環境の開発

□作業項目1　IDBの台本と教材を作る。
□作業項目2　ビデオを撮影し編集する。
□作業項目3　プレゼンテーションのリハーサルを行う。
　　□ステップ1　実際のシステムを使って練習する。
　　□ステップ2　衣装について検討する。
　　□ステップ3　プレゼンテーションのリハーサルを行う。
　　□ステップ4　助手に役割と責任に関する情報を伝える。
□作業項目4　セッションを実施する。

工程：評価

評価の目的

□作業項目1　解決策（ソリューション）の目的を決定する。

□ステップ1　測定要素が組織的なものかどうかを決定する。
□ステップ2　残っている測定要素が個人的なものであることを明らかにする。
□ステップ3　解決策が商業的にも使われるかどうかを決定する。

妥当性の測定

□作業項目1　必要な妥当性のレベルとタイプを決定する。
□作業項目2　測定手段をいつ検証すべきかを決定する。
□作業項目3　決定したことを文書化する。

測定手段の開発と測定計画

□作業項目1　測定のタイプを選ぶ。
　□ステップ1　何を測定するか決定する。
　□ステップ2　相対評価と到達度評価を区別する。
　□ステップ3　質の、または量のどちらの測定かを区別する。
　□ステップ4　事前テスト、または事後テストのどちらの使用かを決定する。
□作業項目2　測定手段を開発する。
□作業項目3　それぞれの手段に要する長さを算出する。
　□ステップ1　質問の数を計算する。
　□ステップ2　回答に要する時間を算出する。
□作業項目4　それぞれの項目の重み付けを算出する。
□作業項目5　測定手段をいつ実施するか決める。

データの収集と分析

□作業項目1　データベースを設定する。
□作業項目2　評価計画を開発する。
□作業項目3　データの収集とコースを実行する。
□作業項目4　データを解釈する。
　□ステップ1　評価すべきゴールに従ってデータを分析する。
　□ステップ2　決定を下す。
□作業項目5　発見したこと（結果）を文書化する。

付録 B

ニーズ調査と初期分析

行為動詞リスト

このリストは、原書に付録として付けられている「目標分析で用いる行為動詞のリスト」である。英語の「行為動詞」の翻訳がそのまま日本語「行為動詞」としては用い難い部分があり、特に翻訳はしなかったので参考として使用されたい。

行為動詞リスト

習得能力	動詞	定義
Discrimination	alter	to change
	arrange	to mentally order or classify in categories
	circle	to indicate understanding by encircling
	describe	to characterize qualities
	discover	to detect the true character
	divide	to separate into two or more parts or groups
	isolate	to set apart
	point	to make known or visible
	segregate	to separate or set apart from
	separate	to set apart
	set apart	to reserve to a particular use
	show	to point out a difference
	sort	to mentally group on the basis of common characteristics
	split	to mentally divide into parts or portions

(つづき)	write (or) type	to put in print
Concrete concept	arrange	to place in an orderly manner; to classify into categories
	call	to make a request
	catalogue	to classify material
	combine	to synthesize in order to form a whole
	connect	to make a mental connection
	describe	to represent or give an account
	duplicate	to produce something equal to
	gather	to bring together or collect
	group	to form a complete unit from two or more parts; to classify; to mentally join or fasten together
	index	to list items in order to lead to a fact or conclusion
	inspect	to observe or take note of
	itemize	to detail or particularize
	join	to put together to form a unit
	label	to describe or designate
	link	to mentally connect
	mark	to distinguish a trait or quality
	match	to equate
	name	to label; to mention explicitly
	narrate	to relate in detail
	place	to distribute in an orderly manner
	point	to indicate; to assign
	repeat	to summarize principle points
	select	to choose by preference from a number or group
	sort	to arrange in groups according to predetermined specifications
	tell	to relate or give an account of
	unite	to coordinate or blend
Defined concept	alphabetize	to arrange alphabetically
	arrange	to put in order
	change	to modify or make fit
	evaluate	to appraise the worth of
	file	to arrange in order according to specified characteristics
	group	to combine according to certain specifications
	index	to classify according to certain characteristics
	list	to place in a specified category to inventory traits, preferences, attitudes, interests, or abilities that evaluate

(つづき)			characteristics or skills
	measure		to make determinations based on standard criteria
	order		to systematize
	organize		to form into a coherent unit
	pigeonhole		to assign to category or classify
	rank		to make an orderly arrangement
	rate		to assign a value; to estimate
	record		to make a chronicle of
	score		to assign a value to
	sort		to distribute into groups according to specified characteristics
	survey		to examine a condition or appraise
	weigh		to consider carefully or evaluate
	write (or) type		to put in print
Rule	announce		to make known or proclaim
	categorize		to separate according to specified characteristics
	coach		to instruct beforehand
	corroborate		to support with evidence
	define		to fix or mark limits
	depict		to portray or make meaning from
	describe		to represent or give an account
	disclose		to uncover or make known; to reveal
	display		to exhibit or make evident
	divulge		to make public, unveil, oe reveal
	explain		to tell, educate, or train
	expose		to portray, reveal, or draw forth
	locate		to find; to place in a location or category
	organize		to arrange or form into a coherent unit; to integrate
	paint		to make a representation or give an example
	place		to situate or locate
	present		to show
	proclaim		to give an outward indication of
	prove		to authenticate
	relate		to tell
	reveal		to divulge or make known
	separate		to break up or detach
	show		to demonstrate clearly or make clear
	summarize		to state concisely
	teach		to instrauct or train
	tutor		to coach or guide, usually in a particular subject

(つづき)	unfold	to open to view; to reveal
	verify	to establish truth, accuracy, or reality; to confirm
Problem solving	acquire	to come to have possession of
	arrive	to appear; to reach a predetermined or undetermined conclusion
	assemble	to fit together
	build	to construct or form
	collect	to bring together into one body or place
	complete	to finish
	compose	to form by putting together
	construct	to arrange parts or elements; establish belief
	create	to produce or bring about by a course of action
	deduce	to drive from
	design	to conceive and plan
	develop	to expound; to make clear by degrees or in detail
	devise	to plan to obtain or bring about
	effect	to bring about, or cause to take place
	eliminate	to exclude based on specified criteria
	enact	to set up, establish, or constitute
	enlist	to secure the support and aid of; employ
	equalize	to make like in quality or quantity
	erect	to put together by fitting materials; build
	establish	to set up or constitute
	excite	to set up or constitute
	excite	to stimulate to action
	exhibit	to present to view
	finish	to complete
	formulate	to form systematically
	give	to furnish what is needed
	inaugurate	to bring about the beginning
	incite	to move to action
	include	to incorporate according to specified criteria
	initiate	to cause the beginning of; set in motion
	introduce	to bring into play; institute
	invent	to originate, find, begin
	launch	to set in motion; initiate
	make	to create or cause to exist, occur, or appear
	originate	to author or cause to exist
	plot	to devise pr plan to bring about

(つづき)	present	to offer to view; show
	produce	to make, yield, render, or bring to bear
	show	to cause or permit to be seen; exhibit
	stimulate	to arouse to action
	supply	to furnish what is needed; give
Cognitive strategy	accede to	to give in to a request or demand
	accept	to regard as having a certain meaning; understand
	admit	to allow or permit; provide for
	advocate	to plead in favor of
	affirm	to validate
	agree	to settle on by common consent; admit; concede
	allow	to permit, admit, consent, say or state
	approve	to give formal or official sanction
	arrange	to place or distribute in an orderly manner
	authorize	to establish by authority
	champion	to uphold; support
	champion	to uphold; support
	clarify	to make understandable
	comply	to accept tacitly or overtly
	concede	to accept as true, valid or accurate
	confirm	to give approval to; ratify
	contain	to have within; hold; compromise; include
	corroborate	to support with evidence or authority; confirm
	defend	to protect or maintain a position
	define	to fix or mark limits
	describe	to represent or give an account
	embrace	to include
	employ	to make use of
	enact	to establish by legal and authoritative action
	encompass	to enclose, envelop, or include
	endorse	to express approval publicly
	endure	to remain firm or unyielding
	engage	to attract and hold
	espouse	to give verbal support
	exercise	to make effective; use; exert
	exhaust	to use up or consume entirely
	expend	to make use for a specific purpose
	explain	to make known; to make plain and understandable
	implement	to put into effect, carry out, or accomplish

(つづき)		incorporate	to unite or work into something that already exists so as to form an indistinguishable whole
		incur	to contract
		legislate	to enact by laws
		list	to enumerate
		manipulate	to manage or use skillfully
		narrate	to tell in detail
		operate	to perform a function; to produce an appropriate effect
		permit	to make possible
		prove	to test the truth or validity of
		ratify	to formally approve and sanction; confirm
		recite	to repeat or read aloud
		recount	to relate in detail; narrate
		rehearse	to present an account of; repeat; narrate; relate or enumerate
		relate	to give an account of; tell
		report	to give an account of
		sanction	to make valid or binding
		simplify	to make more intelligible
		substantiate	to establish by proof or evidence; verify
		support	to substantiate
		uphold	to support against an opponent
		use	to put into action
		validate	to confirm, support, or corroborate
		verify	to confirm or substantiate in law by oath
Verbal information		acknowledge	to make known or take notice
		affirm	to state positively; validate or confirm
		agree	to be consistent or in harmony with
		allege	to assert without proof
		announce	to make known publicly; proclaim
		argue	to contend or disagree in words; dispute
		articulate	to express
		assert	to state or declare positively
		attest	to establish or verify the usage of
		characterize	to describe a quality
		charge	to command or instruct
		clarify	to make understandable
		comment	to explain or interpret
		communicate	to make known
		confess	to tell or make known

(つづき)	confirm	to approve or ratify
	contend	to maintain or assert
	contribute	to supply information
	decipher	to convert into intelligible form
	declare	to make known formally or explicitly
	decode	to decipher
	define	to explain the meaning of
	delineate	to describe in detail
	describe	to represent or give an account of
	explain	to make known; to make understandable
	expound	to set forth; state
	express	to represent, state, depict, or delineate
	interpret	to explain or tell the meaning of
	justify	to prove to be just, right, or reasonable
	narrate	to tell in detail
	notify	to give notice
	offer	to present for acceptance
	portray	to describe in words
	profess	to declare or admit openly or freely
	propose	to set forth
	rationalize	to bring into accord with reason or cause something to seem reasonable
	recount	to relate in detail or narrate
	speak	to talk
	tell	to state or relate
	utter	to speak
	summarize	to describe briefly and succinctly
	verbalize	to express in words
	vocalize	to speak
	voice	to express in words
Motor skill	attach	to fasten to
	administer	to manage or supervise the use of
	aid	to help
	arrange	to order
	bring about	to cause to take place
	bring on	to cause to appear
	carry out	to achieve
	clean	to remove or eradicate; strip or empty
	complete	to finish

(つづき)	conduct	to lead
	deal	to distribute
	deliver	to convey
	demonstrate	to show
	direct	to show or point out
	discharge	to unload
	dismiss	to permit or cause to leave
	dispense	to deal out in portion
	do	to bring to pass or carry out
	donate	to give
	dramatize	to present with heightened action
	emerge	to come forth
	empty	to remove the contents of
	endow	to bestow upon or furnish with
	equip	to furnish
	establish	to physically erect
	excrete	to sift out; discharge
	finish	to bring to an end
	force	to cause to happen
	free	to rid of restraints
	give	to yield, grant, or bestow
	impersonate	to assume the character of or act like another
	inflict	to impose or perpetrate
	liberate	to set free
	make	to create or construct
	organize	to arrange
	pass	to move ahead of
	perform	to act out or dramatize
	play	to engage in pleasurable activity
	present	to show
	release	to let go
	serve	to wait upon
	sketch	to draw
	stage	to produce for public view
	supply	to provide
	surrender	to give over
	transfer	to convey from one person, place, or situation to another
	work	to expend energy toward labor
Attitude	adopt	to accept formally

(つづき)	advocate	to plead in favor
	champion	to support
	complete	to finish
	conclude	to decide
	cull	to select from a group
	decide	to come to a conclusion
	decree	to determine
	defend	to take a position
	determine	to settle or decide
	discover	to make known or visible
	discriminate	to distinguish
	distinguish	to perceive a difference
	divine	to discover or locate
	elect	to choose freely
	embrace	to take in or include as part of
	encompass	to include
	endorse	to express approval
	espouse	to support
	fancy	to like
	favor	to lean toward
	include	to take in as part of a whole
	incorporate	to unite or work into something that already exists
	judge	to form an opinion of
	opt	to choose or select
	perform	to act out or dramatize
	pick	to choose or select
	prefer	to like better; recommend
	resolve	to conclude
	select	to choose by preference
	settle	to resolve or decide
	take up	to accept or adopt

顧客サービスの組織評価サンプル

シナリオ

この組織評価の対象のお客様は、顧客サービス業の会社である。その会社は顧客調査でサービスに不満足ありと評価されている。不満に思われているのは、年に約20％増加している顧客への個別サポートが不足していて親切でないという点である。現在の景気の動向と、インフレに追いつかない現在の賃金で新規労働者を雇うことは難しい。状況は厳しく、売上げは例年の70％である。

この会社はアメリカ合衆国に本社があるが、世界中の34カ国で営業している。ヨーロッパに主要なオペレーションセンターが1つあり、その他に、アジアに1つ、アメリカに5つ（ニューヨーク、シカゴ、ダラス、ロサンゼルス）のオペレーションセンターがある。それぞれの地域にはそれぞれの配送センターがある。すべての注文と運送は統合されたコンピュータシステムで自動化されている。また、すべての顧客の記録はコンピュータで情報管理されている。

社員は12カ国語で話し、それぞれ文化的背景が異なる。5千人の従業員が顧客サービスに従事している。サービスの約半数は顧客に直に接しての対応であり、約半数は電話での対応である。それらは製品を販売する前後の、顧客の質問への回答や、問い合わせへの応答、顧客に注文の状態や問い合わせの情報を知らせることや、顧客の不満への対処である。

収益は年100億ドルである。

この会社のゴールは、顧客サービスでナンバーワンになることである。その結果、市場で競争優位となることが目標である。このサンプルのお客様はそのゴールに到達するための解決策を必要としている。

分析結果

分析結果を表B.1に示す。

情報構造

顧客サービスのシナリオに関する評価の情報構造を表B.2に示す。

表B.1　顧客サービスの組織評価サンプル結果

レベル	作業項目	質問	分析結果
体制	企業文化	あなたが提案する解決策を支援するような、企業文化はあるか？	従業員は経営が独裁的すぎると思っている。従業員は経営との接触が足りないと思っている。従業員は彼らのアイデアが尊重されていない

		検討項目： ・個人の尊重 ・経営のリーダーシップスタイル ・従業員のアイデアの採用	と思っている。
	報　　奨	あなたが提案する解決策を実行するよう、組織は従業員の意欲を喚起できるか？ 検討項目： ・賃金体系 ・ボーナス ・表彰 ・職務遂行評価	賃金は低い。 　良い顧客サービスには表彰制度がある。 　永年勤続者への利益分与制度がある。 　従業員は年に一度、管理者から職務遂行評価を受ける。例えば、電話応対が無作為にモニターされ、結果がフィードバックされる。
	組織構造	あなたが提案する解決策を支援するような組織階層となっているか？ 検討項目： ・組織の階層構造 ・意思決定の権限	各管理者には、30人以上の直属の部下がいる。 　第一線に立つ社員には、顧客の問題を解決するための権限や責任に関するガイドラインが与えられていない。
職務遂行 研修	ツール	従業員が職務を遂行するのに必要な設備は整っているか？ 検討項目： ・コンピュータ ・ソフトウェア ・書式	コンピュータシステムは2年前にアップグレードされて、信頼性や統合性に優れている。
	職場環境	職場環境は従業員が職務遂行するのに快適な環境か？ 検討項目： ・正式な研修、または、その後のオンザジョブ研修 ・古いシステムの撤去 ・コーチング ・解決案のための経営支援 ・温度 ・空調	この仕事はストレスの大きい仕事である。つまり、電話対応の従業員は、平均5分間の通話時間で、1時間に12本の割合で電話を処理する。 　職務遂行評価と通話モニターのフィードバックの他は、初期研修の後は何の研修もない。 　従業員は、最新の設備で、心地よい環境のもとに働いている。 　従業員は、あまりにもストレスがたまったときは休憩できる。 　従業員は100以上の作業工程と作業手順を使っている。
	作業工程と作業手順	従業員は職務遂行の方法を理解しているか？ 検討項目： ・従業員が従う作業工程と、作業手順はあるか？	作業工程と作業手順は研修マニュアルに文書化されている。改版がある際には、従業員のメールボックスに改版ページが紙面で配布される。 　従業員は、製品が顧客に届かなかったときの、運送者との連絡のとり方を知っている。

		・従業員は、内外の顧客とパートナーは誰なのか知っているか？ 検討項目： ・職務遂行するために、グループと従業員の間で相互に依存するものは何か？ ・効果的に職務遂行する方法はあるか？ 検討項目： ・作業ステップは多すぎないか？ ・余剰な作業ステップはないか？ ・余剰な遅延はないか？	
	品質基準	量や効率よりも、質と効果が重視されているか？ 検討項目： ・従業員は職務をうまく遂行することを期待されているか？ ・従業員は職務遂行に関する基準を知っているか？	従業員は1分間あたりの電話の数で評価される。
研修	知識	従業員は職務遂行に必要な情報をもっているか？	従業員は作業手順を覚えるために、4週間の集合研修を受ける。 　従業員は、顧客問題対応のための4時間のコースにも参加する。
	技術	従業員は職務に必要な能力をもっているか？	従業員は職務について学ぶために以下の学習機会を与えられている。 ・録音された通話を聞く。 ・従業員と顧客のやりとりを録画したビデオを見て、その後その内容について討議する。 ・従業員が従う作業手順のビデオを見て、その後正しいステップと正しくないステップを討議する。
	態度	従業員は彼らの職務遂行の重要さを知っているか？	従業員には、会社紹介と社史、会社創始者のビデオ、上層部の経営者が会社について語っているビデオが配布される。

表B.2　顧客サービスの組織評価サンプル・情報構造

情報のタイプ	定　　　義	分析からの情報
行動指針	ビジョンと使命に含まれる方針	ビジョンは顧客サービスでナンバーワンになることである
概念	理念と定義	従業員は、会社の顔として顧客と接する
作業工程	業務を行う体系的な方法	電話での製品注文 店頭での製品注文
作業手順	作業工程中の職務や業務遂行のためのステップ	注文様式を完成し、それを処理するステップ
事実	その他の個別情報	コンピュータへのアクセス…… 帳票は正しく漏れなく入力する必要がある

付録 C

開発と実施

台本（シナリオ）の基準

概要

　　台本とはビデオ制作チームに知りたいことを伝えるレシピのようなものである。この付録では、穴埋め式レシピのようなテンプレートを提示する。このテンプレートにより各台本の標準的な詳細部分を決定できる。ビデオ台本として、その要素と指示の例を次に示す。

　　タイトルから始める。

下線を引く、そして中央揃えに

　続いて、台本の本文に進む。

1. シーン指示：　各々のビデオシーンにディレクタ、セット班、ライティング班への指示から始める。内部か外部かロケかセットか照明（昼か夜か）を強調表示する。例を示す。

　　　　フェードイン
　　　　INT.レストラン - 展示博覧会の窓　　- 昼

2. 続いて、シーンに誰が出演してどのように見え、何が起こるかインデントをつけ記述する。カメラ指示はすべての大文字で強調する。台本をすばやく目

で追う際に目立つように、また、俳優が演技を始めるところを速く見つけることができるように、初めてスクリーン上に現れるところに大文字を使う。例を示す。

  CHRISは展示博覧会の窓で立ち、チケットとプレートの前後を見ている。彼は制服を着ている。彼は停止し、カメラはその手にあるチケットをアップに写しながら入ってくる。

3. セリフや音響効果を挿入する。セリフでは、常に話の中で使用される同じ人物名を用いる。人物名は大文字で表し、セリフは間隔を空ける。例を次に示す。

  SFX：BGMに忙しいレストランの様子を流す。
    CHRIS
    おっと、トマトを忘れた？

    KATTY
    忘れていませんよ。

そのセリフが現実的であるか声に出して読み確かめる。早口言葉のような発音しにくいセリフは避ける。

4. シーンが次のページに続く場合は、ページの上に「CONTINUED（続き）」と記述する。各シーンのはじめには必ずシーン指示と会話が来るようにする。

用語

ここでは、ビデオ台本の中で使用されるいくつかの共通の用語を示す。

- FAVORINGまたはANGLE ON　ピントを合わせる。人、場所、物を一場面の中央に位置づける。
- FAVONEW ANGLEまたはANOTHER ANGLE　他のアングルから同じシーンを撮影する。
- INSERT, CLOSE IN, MOVE IN, またはTIGER SHOT　ある対象を強調する時使用する。
- POV　人物の視点から撮影する。
- REVERSE ANGLE　観点を逆にする。POVの逆。
- MATCH CUT　後に続く場面と現在の場面を合わせる。

- MOVING SHOT　車がレストランの駐車場を移動するというような移動にピントを合わせる。
- TWO SHOT,またはTHREE SHOT　2，3人の場面
- SFX　音響効果
- TIME DISSOLVE　フェードイン‐フェードアウトの技術を使った時間遷移。
- FADE IN　ビデオの始まり。
- FADE OUT　ビデオの終わり。

付録 **D**

評価

直接面接の方法	245
調査対象グループの方法	248
観察調査の方法	250
自己記入式アンケートの方法	251
テスト仕様書：記入見本	252
テスト仕様書：テンプレート	254
評価報告指示および見本	255
評価報告テンプレート	258
評価用語集	261

直接面接の方法

作業工程

ニーズ調査では、職務に関連する情報を収集するために直接面接がよく用いられる。次の、面接の準備と実行の手順は、ニーズ調査と評価の両方に用いることができる。

面接はいくつかの利点を持つ。
1. 調査する問題についての特有の情報を直接得ることができる。
2. スケジュールや計画などに合わせて実施でき、具体的なルールや特別な調査重点項目の設定ができる。
3. すぐに情報の追加収集ができる。

ここでは面接の形式的な面に焦点を当てているが、有用な情報は個人との打ち解けた会話から得られることが多いということを忘れないこと。聞き取ったり読んだりしたどんな情報でも、後になって有用だとわかることがある。ニーズ調査や分析の際には、常にメモを取り、情報を整理し、見直しを忘れてはならない。

手順

面接者は準備を整えて面接に臨み、面接の進行を管理し、結果を分析する。

面接の前に、ハンドブックや辞書を用いて面接を行う相手の業務用語などを理解し、質問項目を作成し、顧客から承認を得る。

面接の質問項目が経営側に承認されたら、次は面接を行う対象者を決める。顧客側は自分たちが選んだ面接対象者のリストを提供しようとすることがある。これらの対象者は必ずしも調査対象となる集団のランダム標本を表してはおらず、それどころか経営側によって意図的に選ばれた集団の可能性もある。面接対象者となる全員の名簿を要求し、リストに記載されている名前の合計数に基づき、実際に面接に必要な標本数の二倍の数の名前をランダムに選ぶ。つまり、1000人分の名簿を渡され、そのうちの10％（つまり100人の面接対象者）を標本としたいなら、名簿に記載されている名前を5人ごと順番に200人分ランダムに選ぶことである。

このようにして作成されたリストの全員に連絡を行い、面接への協力を呼びかける。もしどうしても顧客側が用意したリストに基づいて面接したいと主張する場合、そういった選出を行うことの不利な点について説明した上で、顧客側の意向に従う。この場合、この選出過程について分析報告書に注記しておくこと。必ず機密保持に関する文書を顧客側から受け取り、面接対象者に読ませるようにすること。これにより、面接対象者を安心させ匿名性を保ちながら、快く「正確な情報だけ」を伝えてもらうことができる。付録Eにニーズ調査の例と初期分析ツールがある。

面接対象者に電話する際には、面接の目的について説明し、協力が得られるよう努力すること。この間、次の点について伝えること。

- この面接の目的
- 面接対象者の面接においての役割
- この面接の機密保持について
- この面接で収集された情報の使途とデータの収集先について
- 会社組織に対する潜在的な影響について
- この面接が録音されることについて（この録音について異論がないか確認する）

必要な数の面接の約束を取りつけるまで、作成されたリストにより電話によるコンタクトを続ける（上の例では、100人の約束を取りつけるまで電話し続ける）。もし約束した数の半数しか面接が行えなかった場合、更に面接対象者をランダムに選

出する。

　次のことを念頭に面接の約束を取りつける。
- 面接の正確な時間と場所のスケジュールを決めること。
- 記憶が鮮明なうちに、取ったメモを読み返したり情報を記録したりすることができるように、30～45分間の休憩を面接の間に入れること（面接を録音しない場合）。
- 面接のスケジュールを昼食前や昼食時間中、または夜遅くなどに設定しないこと。
- 留守電にメッセージを残すのではなく、対象者から直接約束を取りつけること。
- 面接対象者が到着する前に面接の場に到着していること。
- 面接は当り障りのない場所で行うこと。

面接の際にはすぐに質問を開始せずに、
1. もう一度面接の目的について面接対象者に説明し、気持ちを落ち着かせる。
2. 面接対象者に経営側からの機密保持に関する文書を読ませる。
3. 面接対象者に面接を録音することに異議があるかどうか尋ねる。

　録音によって対象者の発言を正確に記録し、後で注釈を記す手間が省け、また重要な点についての書き忘れを防ぐことにつながることを説明する。面接を録音することを拒否する人が稀にいる。仮に拒否された場合は、詳細な情報をノートに記録しなければならないため、面接のペースはどうしても遅くなる。回答者との雰囲気が和んだら面接を開始する。面接を上手に行うための参考点について次に記す。
- 部屋を落ち着いた雰囲気にアレンジする。アイコンタクトが可能な様に相手に対面して座るようにするが、間に机やテーブルを置かない（テーブルや机は面接結果にわずかながらも影響を与えるバリアとなり得る）。二つの椅子の脇にテープレコーダーを置くための低くて小さいテーブルを置くとよい。飲み物や書類などの雑音が録音されないように、テーブルの上にはパッドやカバーを敷くこと。
- 常に面接対象者に注意力を集中し、決してぼんやりしないこと。面接者の回答に対し、追加質問項目の必要性がでてくる場合もある。
- 一般的なものから専門的なものまで順序立てて質問する。質問に対しては具体的な回答を求めること。重要な質問は言い方を変えて質問し、面接対象者が質問を理解できなければ質問を繰り返す。
- 特定の人々についてではなく、問題点に焦点を当てた建設的な批判にのみ耳を向ける。個人的な不平不満について長話をしないようにする。次の質問項目に進んで面接に話を戻すようにすること。

- 面接対象者の意見が組織全体の意見なのか、それとも面接対象者個人がそう思っているだけなのか聞く。
- もし不手際があれば謝ること。
- 面接対象者に対して皮肉を言ったり、言動を訂正したり反論するようなことは避けること。論争や喧嘩になりそうな気配を感じたら直ちに面接を中止すること。
- 面接はぶっきらぼうに終了せず、回答者の意見をまとめ、面接参加と情報提供についての礼をきちんと伝え、面接を終了させる。

何にしても、誰かに個人的な質問をしている時は、良い聞き手になることが重要である。情報を聞くことがあなたの役目であることを忘れないようにする。自分ばかりが話さないよう注意すること。良い面接者には次のような技術が求められる。

導入 質問事項をうまく尋ね、面接がスムーズに流れるように導くこと。

調整 周期的に話をまとめ、面接のペースを保つこと。もし必要であれば残り時間などについて指摘する。

説明 面接対象者がわからない点を明確にし、情報を伝える。

サポート 面接対象者に会社組織や他のメンバーの見解について非難させないようにする。面接の目的は面接対象者の意見を聞くことで他人の意見の批判を聞くことではないということを常に理解してもらうこと。

評価 面接対象者が答えた内容について聞き返し、真偽の確認（リアリティ・チェック）を行う。時間とコストの面からも一対一の面接は高価なものであるということを忘れないこと。うまく構成された面接は情報を最大限に引き出す一方で時間とコストも削減する。

調査対象グループの方法

作業工程

職務議定書や必要となる技術が不明確な場合、調査対象グループを召集する。調査対象グループは、職務を行う者に必要とされるKSAを決定するために、現在職についている者とその上司などを集めて構成する。または上司と部下とで、別々に構成する。

手順

直接面接の章で説明した多くのスキルやヒントは調査対象グループにも通用するものである。

調査対象グループは通常、顧客側によって組織され、面接の場所や参加者をも提供される。これらは顧客側の意向に従って決められるが、調査対象グループのメンバー選出においては次の点について顧客側に注意を促すことも必要となる。

- メンバーは上司や同僚から模範社員としてみなされている者であること。
- もしその役職が新しく作られる場合は、その役職のKSAをうまく満たされるように、仕事を共にする予定の上司に職務議定書を書いてもらうこと。
- メンバーは志願者よりも、指名で決めるべきである。これは典型的なサンプルをワークグループのメンバーとして確保するためである。

最後の点について、志願者というものは自らの考えがあって参加しようとする可能性があることに注意する。たしかに個人的な意見のある者は調査対象グループ内で積極的に討論するかもしれないが、セッションの目的からすれば逆効果となりかねない。もしボランティアがよく喋り、個性が強い説得力のある人物の場合、実際セッションはその人に独占されて調査対象グループの結果に影響を与え、他の参加者の意見が反映されないことになる。

調査対象グループを実行するにあたってはいくつかの方法があり、メンバーの同意を必要とするものとそうでないものとがある。実際に最もうまくいく方法はグループメンバーの同意を必要としないものであった。この方法はメンバーの同意が必要な方法と比べて、討論が盛り上がり情報の交流がうまくいくようである。この場合、グループ全体の相対的な重要度順に項目に優先順位をつける。われわれはよく、序列（RAO：Rank And Order）法を使う。数の多い項目（職務など）には、最初にRAO法を用いることによって項目を論理的に整理することが可能となる。

RAOの手順では、次のステップに従う。

1. 調査対象グループの各メンバーが検討する項目のランダムなリストを用意する。
2. 各メンバーにリストの項目を1から重要度順に順位づけしてもらう（ただしリストには多数の項目がある）。
3. グループ毎に順位つけられたリストの各項目番号をチャートにする。
4. グループの回答を合計し、回答者の数で割る。
5. 重要度が最も高い1番から順に、順位をもとに新しいリストを作成する（二回目の時はここで止める）。
6. 全体から重要度の高、中、低という風に分かれる大きなギャップとなるポイントを見つける。
7. 調査対象グループのメンバーと、重要度が一番高かった項目について討論する。そしてなぜ重要度が高かったのかを聞き出す。さらにその項目に高い順位を付けなかったメンバーにも、その理由を聞いてみる。それらの理由はメンバーの誤解釈による可能性もあるし、逆に項目の相対的順位に関しては他

のメンバーの意見を変える可能性もある。これと同じことを重要度中と低の項目においても行う。グループが必要でないとする項目は削除する。

8. ステップ2から5までを繰り返す。

この結果できあがったリストは、そのグループが考える職務上有効となる条件を表したものとなるはずである。

観察調査の方法

作業工程

実際の職場から離れた場所で職務内容に関する情報を収集するのは難しく、実際的でないこともある。このような場合は、観察がシンプルかつ効果的な情報収集の方法となる。

手順

勤務者の行動すべてを観察し記録してもらうために内容の専門家（SME）を選出する。観察調査は人が直接行うか、個々にビデオテープに撮り後から観察する。観察した行動、行為、仕事量などの情報から行動の内容を明らかにすることが必要となる。

観察調査から情報を収集する場合、次のステップが有効である。

1. 観察調査を行うためにチームメンバー（可能ならば複数のSME）を定める。
2. 第27章で説明する妥当性の技術に従って観察調査チェックリストを作成する。
3. 第27章で説明する信頼性の相対評価技術に従って観察者の研修を行う。
4. 観察対象となる模範的な（成功している）業務遂行者を定める。
5. 観察調査のための許可を取り、日時を伝える。
6. 観察はできる限り業務に支障を与えないように行う。
7. チェックリストにマークをつけ、最低限の注記点を記録する。過剰な注視を観察対象者に悟られると、対象者が神経質になったり自意識過剰になったりして業務に影響が出ることがある。
8. もし必要であれば、観察内容を業務遂行者と共有する。情報を伝えるか伝えないかに関して、また伝える場合の頻度などについては、先立って対象者に伝えておくこと。後になってから、特定の項目が観察調査の対象になっていたことを対象者に伝えるのは適切ではない。なお、情報を共有にすると、何を観察したかを対象者に知らせることになり、これによって対象者の行動に影響を与える可能性がある。

自己記入式アンケートの方法

作業工程

　規模の大きいサンプル群から迅速に情報を得るには、アンケートが有効である。アンケートの構成が不適切であると、回答者の解釈が曖昧となり、意味のない情報を生む結果となる。そのため、質問項目は適切に作成する必要がある。有効なアンケートの作成方法と妥当性の確立方法については第4部にて詳しく説明する。

　質問項目は、必要な情報を聞き出す目的にのみ限定する。但し、アンケートが匿名で返されると、この限定が支障となることがある。他の回答群とは一線を画す回答が書いてあった場合でも、その回答者にコンタクトのしようがない。その匿名回答者の背景にある独特の経験について知ることはとても重要なことかもしれないのである。この問題点について、匿名式でなく機密式のアンケートを送付する方法がある。

　もちろん、初めから匿名を前提にしたアンケートであれば、匿名のままで構わない。だがその場合は回答者の追跡は不可能となるので、その点を最初に考慮に入れておく必要がある。

手順

　質問項目を作成したら、プロジェクトの決定権を有する経営側または顧客側から承認を得る。それらの中には、労働組合協定や法律などにより質問できない項目があるかもしれない。どのような質問をするのか、どのように回答者を選出するのか、匿名性の保護、情報の分析や報告について詳細を計画として書き出し、顧客側に渡す。

　もしもアンケートを機密式として送付したなら、特定のアンケートを回答者名簿から追跡し、有用な情報を検索できるナンバーコードシステムを用意しておく。

　しかし、回答者にはアンケートの機密性が厳密に保護されていることを必ず伝える。

　自己記入式アンケート（調査）にはいくつかの特徴がある。まず、回収率が高い時とそうでない時がある。持っている名簿にあるすべての名前にアンケートを送る。Eメールを用いた一般的調査と同様、多数の匿名集団にアンケートを送付するのは稀であるが、もし送付するならば、何回送付したかと、その内どれだけ回収したかの数の記録を必ずとっておくこと。

　次に、最低でも80％というかなり大規模のサンプルが必要である。このような高回収率が必要なのは、無作為化（ランダム化）を確実に行うためである。この調査において問題なのは、回答者をコントロールすることができないという点である。アンケートに回答した人々は、求めた一般的な集団から来た者ではなく、特異な集団から来た者かもしれない。普通の人よりも公共心のある人たちかもしれないし、

アンケートの内容についての関心が強いかもしれないし、弱いかもしれない。また、無数の管理不能な差異を考えると、調査対象の集団を全く代表していないこともあり得る。そこで、信頼できる結果を得るためには、もし仮に500人分の名簿を与えられたのであれば、調査対象となる一般集団を象徴した回答の可能性を最大限に引き出すために、全体の80％である400人分のアンケート回収が必要となる。

アンケートを準備する前に次の点について考慮に入れておくこと。

- 高い回収率を得る可能性を最大限に引き出すために、質問は必要最低限にすること（長いアンケートは短いものと比べ回収率が低い傾向がある）。
- 回答形式を決める。自由回答式、選択式（はい・いいえ形式）、採点式など。
- もし採点式にするならば、採点の点数に中間点を作るかどうか。（例えば選択幅を1から5とした場合、選択可能数は奇数なので、その中間は3となる。1から4のうちどれかを選択する場合は、中間点がない。）

テスト仕様書：記入見本

次にテスト仕様書を作成するためのテンプレートを紹介する。まず253ページで記入された見本を参考に仕様書を説明する。次に254ページに空欄のテンプレートを示す。

> テスト項目は妥当か
> Yes☐　No☐
> （どちらかにチェックする）

最終目標

目標　1.3.3
　学習する電子機器の図が表示される。学習者は主要部分を円で囲み、完全に正確に各部の機能を答える。

テスト項目

　オシレータ（発振器）を示す部分を円で囲む。

項目属性

　この目標での達成率を測定するためのサンプルは、基本的に次のようにするべきである。
1. 知識を証明するために学習者がしなければならないことを明示する。
2. 知識を証明するために学習者が円で囲まなければならない部分を明示する。

　サンプルへのレスポンスはどうするべきか。
　円で囲む部分が明確に入っており、他の部分と入り組んでしまったり、混同することなく円で囲むことができる図を表示する。

コメント：

署名

テスト仕様書：テンプレート

> テスト項目は妥当か
> Yes☐　No☐
> （どちらかにチェックする）

前ページの記入見本を見て、この書式を埋めること。

最終目標

_____
_____
_____

テスト項目

_____

項目属性

　　この目標での達成率を測定するためのサンプルは、基本的に次のようにするべきである。

_____
_____

　　サンプルへのレスポンスはどうするべきか。

_____
_____

コメント：

_____
_____
_____
_____

署名

_____

評価報告指示および見本

次に評価報告の作成方法をセクションごとに述べていく。258ページからは空白のテンプレートをあげる。

セクションⅠ：概要

このセクションはレポート全体の概要であり、評価の基本及び重要な結論事項、推奨事項について説明する。下記は、評価の主要な所見のまとめである。

- （所見1）
- （所見2）

セクションⅡ：バックグラウンド情報

イントロダクション　このセクションには評価についての一般的な記述と評価実施理由を記載する。このセクションは、次の要素に分けられる。

- 背景
- 目的
- 役割と責務
- データ収集の手法

背景

この［開発活動、コース、職務支援、学習など］は、［氏名、所属］によって［系または顧客］組織用に開発された。顧客の要望により、［評価レベル］の評価が行われた。

目的

評価の目的は［評価レベル、何を評価するか、その理由を入れる］である。このプロジェクトでは、評価は次の疑問点に焦点を合わせた。

- （疑問点1）
- （疑問点2）

役割と責務

　下表は、プロジェクトの評価と結果報告を行ったチーム員の役割と責務を一覧にしたものである。

名称	役割	責務
	スポンサー	
	顧客	
	プロジェクト・マネージャ	
	プロジェクト・チームメンバ	
	SME（内容の専門家）	
	評価スペシャリスト	
	その他関係者	

データ収集の手法

　評価はプロジェクト・マネージャとプロジェクト・チームメンバにより、評価スペシャリストの支援を受けて行われた。
　（評価スペシャリストの役割を記述する）
　次は、評価データを収集するために使用した手法と機材である。
　（評価データの収集、分析、報告、保管に使用した手順やツールを簡略に述べる）

セクションⅢ　所見

　このセクションは評価の所見をまとめたもので、2つのサブセクションに分かれている。

イントロダクション

所見

セクションⅣ　結論と推奨

このセクションは所見についての説明報告である。

結論

_____
_____
_____

推奨

_____
_____
_____

セクションⅤ：付録

このセクションには分析で得られた補助的なデータを記載する。

評価報告テンプレート

セクション I：概要

_____
_____
_____
_____
_____
_____
_____

セクション II：バックグラウンド情報

イントロダクション

_____
_____
_____
_____
_____
_____

背景

_____
_____
_____
_____
_____
_____

目的

_____
_____
_____
_____
_____
_____

役割と責務

_____
_____
_____

名称	役割	責務

データ収集の手法

_____
_____
_____

セクションⅢ：所見

イントロダクション

_____
_____
_____
_____
_____

所見

_____
_____
_____
_____
_____

セクションⅣ：結論と推奨

結論

___

推奨

___

セクションⅤ：付録

___

評価用語集　Evaluation Glossary

並存的妥当性（Concurrent validity）　学習初心者と熟達者を区別するテストの質の判定。技能検定に使用する場合は、学習提供としてのコースの優秀性を確認できる。

内容的妥当性（Content validity）　目標、内容、テスト項目の調和について、各素材の妥当性を質的に内容の専門家（SME）が判定する。

相関（Correlation）　ある変数が真になるためには別の関数の値に依存するような各変数の関係をいう。結果は-1.0と+1,0の間の数値である。相関が+1.0に近いほど正の相関値が高くなり、変数間の関係が強くなる。

到達度評価（CR criterion-referenced）　あらかじめ定められた標準に対する到達度の判定で、標準に対する個々の比較が可能である。

難易度指標（Difficulty）　内容の専門家（SME）によるレートスコアで、学習者があるテスト項目に正解するためにどの程度の専門知識が必要かを示す。

誤選択肢妥当性（Distracter analysis）　テストの選択肢の分析で、学習者たちが継続的に正しく回答している中で1つの誤選択肢が他よりも選択される頻度が高い場合の分析。

表面的妥当性（Face validity）　コース内容が、学習目標が他教材に類似している場合の、SMEが行う品質的な判定。コースが目的通りにテストまたは学習を行えるようになっているかというのは最低限の妥当性である。更に信頼性判定が必要であれば、これが唯一の妥当性の書式にはなり得ない。

形成的評価（Formative evaluation）　顧客が契約交渉を始めてから最終的な製品が納められるまでの、すべての活動で、学習の確実性、品質、適正を確認する。

測定手段妥当性（Instrument validity）　収集された情報データが公正かつ、後続の手段管理において複製可能なことを確認する、テスト手段の開発および評価。

項目分析（Item analysis）　2つの独立した変数を比較して、個々のテスト項目の妥当性を確認するテスト。項目分析は、必要とされる情報によって様々な統計テストの添付が必要となる。

学習曲線（Mastery curve）　分布の上端または下端近辺に平均がある分布曲線で、曲線に特質が現れているグループの大多数が属性を得たか得ていないかを示す。度数分布曲線ともいう。

正規曲線（Normal curve）　同一の変数で比較したグループの結果を図示する分布曲線で、平均値は平均の上下からほぼ等しい距離にあり（標準偏差）、分布のほぼ中央にある。

正規分布（Normal distribution）　平均値が平均の上下からほぼ等しい距離にあり（標準偏差）、分布のほぼ中央にあるときの分布。

相対評価（Norm-referenced -NR）　技能テストの大型見本の平均得点値から出したレ

ベルを基準とした、知識や技能の判定。この判定では、同じ属性を得ることを目指す各学習者を比較することができる。

予測的妥当性（Predictive validity） あるテストの合格結果を、技能の領域における将来的な合格として予測するテストの質の判定。技能検定に使うコースの場合は、学習提供としてのそのコースの優秀性を確認できる。

定性的（Qualitative） 学習の確実性の主観的判定。学習理解の変形としてもよい。

定量的（Quantitative） データと統計分析結果を使った学習の確実性の判定。

信頼性（Reliability） 研修プログラムがその学習で継続的な結果を出すことができる度合いを示す、数量化可能な値。

シミュレーション（Simulations） 高度なリアリズムを持つコンピュータ版研修作成によるシナリオ。高度なシミュレーションでは、学習者が実際に経験したり、反応したりできる複雑な状況を再現する。中度・低度のシミュレーションも状況を再現するが、学習者はシミュレーションの後に回答を入力しなければならない。

歪んだ分布（Skewed distribution）
曲線の上下の端で平均の両側に点が不規則に集中している分布。

標準偏差（Standard deviation）
個々の点の平均との差のちらばり方を示すもの。

標準測度化（Standardized）
妥当かつ信頼性が得られるまで行われたテストの繰り返し処理。（学習者がテストで継続的に得点する）、一定の特性がある、またはあると考えられる各学習者のグループであれば、結果として正規分布曲線となる。

総括的評価（Summative evaluation）
規定の基準に沿った研修プログラムの効果のテスト。

検定項目妥当性（Test-item validity）
テスト項目が達成率の良い学習者、悪い学習者を十分に高度に区別し、学習した技能を判定することを確認する、統計分析。

検証、妥当性確認（Validation）
研修プログラムの学習効果を確認するのに使用される手順。

妥当性（Validity）
ある研修プログラムが、必要とされる学習をどれだけ提供できるかを数量化した値。

付録 E

ツール

ニーズ調査と初期分析ツール	263
設計ツール	280
開発・実施ツール	292
評価ツール	310

ニーズ調査と初期分析ツール

秘密保持契約	264
ニーズ調査レポート用書式	265
フォグインデックス	266
技術評価ツール	267
職務・タスクの分解（ブレイクダウン）ツール	269
タスク棚卸（タスクインベントリ）ツール	270
メディア選択書式	271
既存資料分析ツール	275
既存資料評価	276
役割職責マトリクス	278
分析レポートツール	279

秘密保持契約

[顧客のレターヘッド]

_____（顧客の名前）は_____（顧客の会社名）を代表して、次のことに合意します。

- 自社の従業員が_____プロジェクト（プロジェクト名を入れる）に参加することによって得られた情報は秘密扱いする。

- 個人の成果やスコアは会社に明らかにされない。

- 個人情報はもっぱら_____（あなたの名前あるいは会社）のみに知られるものとし、その代表は最も厳密なセキュリティのもとそのデータを保護する。

- 評価研究あるいは分析の累積的な結果だけが、最終報告として自社に明らかにされるものとする。

（顧客の署名）
（日付）

（あなたの署名と会社名）
（日付）

ニーズ調査レポート用書式

1. 問題の記述

2. 利用したデータ収集方法

3. データ分析
   A. ジョブの目標

   B. 潜在的な解決策

4. 推奨:

フォグインデックス　The Fog Index

フォグインデックス[1]とは、Robert Gunning（1968）によって開発された指標で、テキストを簡単に読めるようになるのに必要な年数に応じた読みやすさを表すものである。次のステップに従い、読みやすさをチェックしなさい。

1. テキストの代表的なサンプルを選びなさい
2. そのサンプルが含む単語数を数えなさい。
3. そのサンプルが含む文の数を数えなさい。
4. そのサンプルにある難しい単語の数を数えなさい。難しい単語とは3以上の音節がある、あるいは-lyや-ingで終わっている単語をいう。しかしながら次のような例外もある。
   - 大文字化された単語
   - vice-chairmanやteacher-coachなど短く簡単な後が結びついたものは1語として数えなさい。
   - -edや-esなどがつくことによる動詞の活用形として3音節になったものは難しい単語に入れなくてもよい。例えばadjusted, inserted, assessesなどである。
5. 一文の平均的な長さを求めなさい。それは単語の数を文の数で割ることで求められる。
6. サンプル中の難しい単語の比率を求めなさい。

   難しい単語の割合＝難しい単語の数／単語の数×100（％）

7. フォグインデックスを求めるのに次の公式を使いなさい。
   フォグインデックス＝（一文の平均的な長さ［上記5］＋難しい単語の割合［上記6］）×0.4
8. その他のサンプルを選んでこのプロセスを繰り返しなさい。サンプルとして教材の始めの部分、中間部分、終りの部分を無作為に選んだり、同じ教材の別の著者による部分から選びなさい。これらは教材の統一性を確認するためにおこなうものである。

注意　平均的な読みやすさの基準を定めるにあたり、サンプルを平均化することがあるかもしれない。読解のレベルを学年のはじめから終わりまで段階的に上げていくことは許容されるが、その場合は1年半以上の間隔でレベルをあげないようにする必要がある。

1　訳注：フォグインデックスは英文テキストにおける読みやすさの指標のひとつである。日本語の場合は受講者のレベルのほか、一文の長さ（40字程度が良いとされている）、テキストに含まれる専門用語の割合や漢字含有率で読みやすさを測るのが一般的である。

技術評価ツール

1. 利用可能な技術のタイプをリストにしなさい。例えば従業員がeメールを利用できる環境にあるなら、"eメール"のとなりの"利用可能欄"にチェック印を入れなさい。
2. それぞれの技術の可能性について文書化しなさい。例えばeメールがコミュニケーションの手段として用いられているなら、"可能性欄"にチェック印を入れなさい。
3. その技術にアクセスできる従業員数と割合を文書化しなさい。

技術の用途	技術タイプの例	利用可能欄	適応性欄	アクセス率（％）
コミュニケーション	電話会議			
	eメール			
	チャットルーム			
	ニュースグループ			
	リストサーバ			
参考資料・オンラインヘルプ	Webサイト			
	ワークプロセスと手続き			
	データベース			
	電話リスト			
	コースカタログ			
	スケジューリングとアポイントメント			
	コースの注意			
	講師からの注意			
	摘要			
	技術マニュアル			
	ビデオ			
	グラフィックス・写真			
テストの実施と評価：オンラインテスティング，追跡，レポーティング	電子的自己申告データベース			
	電子的追跡データベース			
	電子的レポーティングデータベース			
	セキュリティ（アクセス，認証，機密性）			
配布：組織全体への配布	CD-ROM			
	ディスケット			
	ビデオ			
	オーディオ			
	ダウンロード			

技術の用途	技術タイプの例	利用可能欄	適応性欄	アクセス率(%)
配信：組織全体での受信	専用動画音声サーバ			
	マルチメディアコンピュータ			
	ビデオ会議			
設計と開発の専門知識：インフラの設計，開発，メンテナンス，リソース（予期されるアップグレードを含む）	ビデオ制作			
	オーディオ制作			
	グラフィック制作			
	オンライン			
	コンピュータ版研修オーサリング			
	Web オーサリング			
	テスト用データベース			
	統計プログラム			

職務・タスクの分解（ブレイクダウン）ツール

このツールを使うにあたり、重要な定義を次に示す。

職務 その職務全体における責任を構成する、職責と作業の集合のこと。

職責 個別に実行される職務における責任の主要な細分項目。職責は普通、〜すること、と表現される責任の一般的な形。

タスク 職責全体をまっとうするのにされなければならない仕事の機能的あるいは有効な単位。このタスクは1つの目的や成果を達成する。

KSA 知識、スキル、態度

分析手順
1. ジョブ・タスク分析でわかったそれぞれの職務を実行されなければならない順番でリストにする。
2. それぞれの職務を構成する職責をリストにする。
3. それぞれの職責を構成するタスクを実行されなければならない順番でリストにする。
4. 重要項目分析で除外された職務、職責、タスクをすべて除外する。
5. 目標分析が終わった後で、職務、職責、タスクを構成する目標の数を書き入れる。

	目標番号*
職務	コースの目標
職責 1.0	最終目標
1.1	レッスン目標
1.2	レッスン目標
職責 2.0	最終目標
2.1	レッスン目標
22	レッスン目標

*目的分析後に記入すること。

タスク棚卸（タスクインベントリ）ツール

研修に採り入れるタスクを選択するのに有効な基準を示す。

頻度　そのタスクがどのくらい実行されるか？

実行する人の数　ターゲットとなる人数の何％がこのタスクを実行しているか、あるいは今後実行するか？

難易度　職務において、このタスクを習得するのがどの程度難しいか？

重要度　職務の遂行にとって

- 重要でない（N）：このコードは、職務にとってそのタスクが重要でないことを示す。
- 重要である（I）：このコードは、ある状況においてはこのタスクが重要であるがきわめて重要ではないことを示す。
- きわめて重要である（C）：このコードは、職務にとってそのタスクが重要であるだけに正確に実行されなければならないことを示す。

時間　このタスクを遂行するのに標準でどのくらいの時間を要するか？

影響　実行者がきちんと訓練されてないことによってこのタスクがうまく実行されない、あるいは誤って実行されるという確率はどのくらいか？

時間差　訓練された者が訓練後、このタスクを実際に行うまでにどれくらいの間があくか？

即時性や援助　いかなる援助も必要なく即座にこのタスクは実行されなければならないか？

メディア選択書式

使用説明書
下記の通り、評価尺度を完成させる。

1. 与えられたキーを用いて、あなたが分析している状況での重要性について、評価尺度上にあるそれぞれの要因を考慮する。
2. 一度あなたがそれぞれの要因について評価をしたら、評価尺度で4や5となったそれぞれの要因で推奨されるメディアのリストを作成する（第1のリスト）。リスト上でそれぞれのメディア数を数える。
3. 評価尺度で1や2となったそれぞれの要因で推奨されるメディアのリストを作成する（第2のリスト）。
4. 高い評価を受けたもので最もよく登場したメディアを決める。
5. 低く評価されたもので最もよく登場したメディアを決める。
6. 第1のリストに登場するより、もっと頻繁に第2のリストに登場したメディアはすべて、検討の余地はない。
7. そこで残ったメディアがその状況で使用するに最もふさわしいものとなる。

評価尺度
5 = 最重要視事項
4 = 重要事項
3 = 中位の事項
2 = 非重要事項
1 = 問題外の事項

教授法・受講者要因	検討事項	推奨メディア
1 2 3 4 5 ☐ ☐ ☐ ☐ ☐ コンテンツの双方向性（コンピュータ）を必要とするかどうか。	コンテンツがPCソフト、シミュPC版レーション、あるいは練習を含むか？ PC版の研修シミュレーションは学習を容易にする。	CBT WBT
1 2 3 4 5 ☐ ☐ ☐ ☐ ☐ 偶発的学習が起こる可能性	偶発的学習は起こるか？	インストラクタ主導 遠隔ブロードキャスト テレビ会議
1 2 3 4 5 ☐ ☐ ☐ ☐ ☐ 共同学習が望まれるか	関係の構築や情報共有の機会を含むグループ学習の経験が発生する必然性があるか？	インストラクタ主導 遠隔ブロードキャスト テレビ会議 WBT

教授法・受講者要因	検討事項	推奨メディア
1 2 3 4 5 ☐ ☐ ☐ ☐ ☐ 中身がインタラクティビティ（人）を必要とするか？	参加者は彼らのパフォーマンスの観察者からの迅速なフィードバックによって対人関係とコミュニケーションの技術を得るだろうか？学習者はプレゼンテーション、チームワーク、リーダーシップ、ファシリテーションといった対人のあるいはコミュニケーションの技術をどの程度まで使うあるいは実演する必要があるか。	インストラクタ主導 遠隔ブロードキャスト テレビ会議
1 2 3 4 5 ☐ ☐ ☐ ☐ ☐ 受講者がモティベーションを必要とするか？	受講者をどのように動機づけるか？（自己啓発や遠隔教育を成功させるにはより高度で本質的な動機づけが必要とされる）	インストラクタ主導 ビデオテープ WBT 遠隔ブロードキャスト
1 2 3 4 5 ☐ ☐ ☐ ☐ ☐ 受講者は職場あるいはその近くで受講する利便性を必要とするか？	仕事外の時間は利用できないのではないか。原因として、仕事のスケジュール、プロジェクトの要請、変則的なシフト、裁量労働制が考えられる。また参加者が分散しているか、分散しての研修を求めているか。	PC版 テレビ会議 PSS Web版
1 2 3 4 5 ☐ ☐ ☐ ☐ ☐ 受講者が、要求される技術にアクセス可能か	どの技術が利用可能か？ 技術への障害はないか？	電話会議 インストラクタ主導 CBT
1 2 3 4 5 ☐ ☐ ☐ ☐ ☐ 受講者が、要求される専門知識を備えているか	組織横断的に利用されるべき専門知識に制限がかけられていないか？	CBT 遠隔ブロードキャスト ビデオテープ WBT テレビ会議
1 2 3 4 5 ☐ ☐ ☐ ☐ ☐ 受講者が新しいメディアに耐性があるか	新しいメディアを使うことに受講者はどれだけ受容的か？講義形式が学習をどの程度有効あるいは無効か？（学習者はしばしばインストラクタ主導の研修を望む。それは他の学習者と一緒に受講できるという理由による。その一方で実りは少ないかもしれない。また技術を嫌がるかもしれない。ただコンピュータ版研修のメインフレームを体験したら、コンピュータの画面でこれ以上時間を費やしたくないと思うかもしれない。このような懸念を考慮にいれ、可能なとき技術的なソリューションを展開することが必要である。）	インストラクタ主導

	検討事項	推奨メディア
1 2 3 4 5 ☐ ☐ ☐ ☐ ☐ そのジョブを遂行するための専門知識の迅速な適用が必要である。従業員は情報を頻繁に確認しなければならないか。	ジョブに関連する作業を実行するにあたり、知識や技術がどの程度重要か。	PSS
1 2 3 4 5 ☐ ☐ ☐ ☐ ☐ 入門レベルでの背景知識のひろがり	入門レベルの知識でのギャップがどの程度広いか？（コンピュータ版研修では様々なトレーニングレベルに対応可）	CBT

コスト要因	検討事項	推奨メディア
1 2 3 4 5 ☐ ☐ ☐ ☐ ☐ 内容は短期的なものかあるいはすぐに変えることができる	内容が固定的か？　作成中か開発中か？ 内容の安定性が改訂の頻度に影響を与えるか？　このメディアを用いたとき、内容の改訂がどれほど難しくなるか？　オーディオテープやビデオテープ、コンピュータ版研修の改訂は時間を要し、高価である。	テレビ会議 電話会議 WBT 遠隔ブロードキャスト インストラクタ主導
1 2 3 4 5 ☐ ☐ ☐ ☐ ☐ 複数の文化や言語をもつ受講者のグローバル性	受講者にとって英語を読み、聞き、理解するのは難しいか？ 必要とされる情報の異なるレベルやタイプがあるか？（学習者が管理しないといけないが、印刷しないメディアでもテキスト、図表、音声、動きなどを伝えられる）	CBT 遠隔ブロードキャスト ビデオテープ
1 2 3 4 5 ☐ ☐ ☐ ☐ ☐ 教材は様々なフォーマットで利用可能	教材を別の目的で利用する必要があるか？（ビデオは他のメディアでも利用できる電子的なメディアなら、様々なメディアで配信可能）	ビデオテープ 遠隔ブロードキャスト テレビ会議 CBT
1 2 3 4 5 ☐ ☐ ☐ ☐ ☐ 研修やサポートを必要とする人数が年間200名以下	受講の対象者数が少ないか？ 期待される研修有効期間に対し受講生の規模はどの程度か？	PSS インストラクタ主導 テレビ会議 電話会議
1 2 3 4 5 ☐ ☐ ☐ ☐ ☐ 研修やサポートを必要とする人数が年間200名以上	受講の対象者数が多いか？	遠隔ブロードキャスト CBT ビデオテープ オーディオテープ

コスト要因	検討事項	推奨メディア
1 2 3 4 5 □ □ □ □ □ 多くの従業員を迅速に研修する必要性	どれだけ速く配信教材を開発しなければならないか？ 製品の購入あるいは開発、評価にどれほどの時間を費やせるか？ 時間を短くするために既製品を購入あるいは改訂することを考慮する。	テレビ会議 電話会議 オーディオテープ インストラクタ主導 遠隔ブロードキャスト
1 2 3 4 5 □ □ □ □ □ 研修時間の短縮の必要性	研修に参加するのに費やす時間を削減するのが重要か（コンピュータ版研修5割から7割程度の時間）	PSS CBT 遠隔ブロードキャスト 自習用ワークブック
1 2 3 4 5 □ □ □ □ □ 時間当たり教材開発コストを低く維持	学習者あたりでこのメディアの開発と内容の理解にどれくらいのコストを要するか？	テレビ会議 電話会議 遠隔ブロードキャスト
1 2 3 4 5 □ □ □ □ □ 交通費を低く抑える必要性	研修予算、距離、ビジネス上の観点から移動が研修の妨げとなるか？ 交通費はどの程度削減できるか？	PSS CBT WBT 遠隔ブロードキャスト 自習用ワークブック コンピュータ利用会議 電話会議 ビデオテープ オーディオテープ
1 2 3 4 5 □ □ □ □ □ 実施、配布、メンテナンスのコストを低く抑える必要性		PSS CBT テレビ会議 電話会議 自習用ワークブック
1 2 3 4 5 □ □ □ □ □ テスティング、評価受講者の成果の追跡の必要性	評価は自己採点式か？ 証明が必要か？ (個人間の技術、コミュニケーションの技術を評価するには観察が必要である。観察には専門家が必要な場合もある)。	自習用ワークブック CBT 遠隔ブロードキャスト インストラクタ主導
1 2 3 4 5 □ □ □ □ □ コースの修了を追跡する必要性	メディアでコースの修了を評価できるか？	CBT 遠隔ブロードキャスト インストラクタ主導

既存資料分析ツール

1. 情報の収集先

    _____
    _____
    _____
    _____
    _____
    _____

2. 情報のタイプ
    - ☐ 記事
    - ☐ 本
    - ☐ 教材
    - ☐ 利用者マニュアル
    - ☐ その他 _____

3. 見つけられた情報の要約

    _____
    _____
    _____
    _____
    _____
    _____
    _____

4. 使用可能性:

非常に低い	低い	普通	高い	非常に高い
1	2	3	4	5
☐	☐	☐	☐	☐

既存資料評価

　　　　　　この書式では教材を評価する際の助けになる質問項目が用意されている。このような評価を行う目的はプログラムの中身、教材、学習活動が、期待されるビジネス上の結果を生み出すかどうかを判断するためのものである。

評価するコースの教材を書き出しなさい。
1. ＿＿＿＿＿＿＿＿＿＿＿＿＿＿＿＿＿＿＿＿＿＿＿＿＿＿＿＿＿＿＿＿
2. ＿＿＿＿＿＿＿＿＿＿＿＿＿＿＿＿＿＿＿＿＿＿＿＿＿＿＿＿＿＿＿＿
3. ＿＿＿＿＿＿＿＿＿＿＿＿＿＿＿＿＿＿＿＿＿＿＿＿＿＿＿＿＿＿＿＿

評価が終わったら、下期の質問について答えなさい。買うか作るかの意思決定に役に立つかもしれないと感じることはコメントも添えておくとよい。例えば、混乱している項目、あなたが研修にとって役に立つと感じる部分、質問、見当たらなかったり曖昧な内容についてのコメントなどである。

プログラムの中身

	はい	いいえ
・主要なコースの目的は完了したか？	□	□
・内容が明確に提示されていると感じたか？	□	□
・内容はジョブの作業に関係していたか？	□	□
・コースの内容は適切な難易度設定であったか？	□	□

（コメント）

＿＿＿＿＿＿＿＿＿＿＿＿＿＿＿＿＿＿＿＿＿＿＿＿＿＿＿＿＿＿＿＿
＿＿＿＿＿＿＿＿＿＿＿＿＿＿＿＿＿＿＿＿＿＿＿＿＿＿＿＿＿＿＿＿
＿＿＿＿＿＿＿＿＿＿＿＿＿＿＿＿＿＿＿＿＿＿＿＿＿＿＿＿＿＿＿＿
＿＿＿＿＿＿＿＿＿＿＿＿＿＿＿＿＿＿＿＿＿＿＿＿＿＿＿＿＿＿＿＿

学習活動

	はい	いいえ
・コースのプレゼンテーションや演習はその目的を満たすものか？	□	□
・メディアや視覚教材は理解を助けるのに有効だったか？	□	□

（コメント）

＿＿＿＿＿＿＿＿＿＿＿＿＿＿＿＿＿＿＿＿＿＿＿＿＿＿＿＿＿＿＿＿
＿＿＿＿＿＿＿＿＿＿＿＿＿＿＿＿＿＿＿＿＿＿＿＿＿＿＿＿＿＿＿＿
＿＿＿＿＿＿＿＿＿＿＿＿＿＿＿＿＿＿＿＿＿＿＿＿＿＿＿＿＿＿＿＿
＿＿＿＿＿＿＿＿＿＿＿＿＿＿＿＿＿＿＿＿＿＿＿＿＿＿＿＿＿＿＿＿

プログラムの教材

	はい	いいえ
・コースの教材は高品質なものだったか？	☐	☐
・教材が使いやすいと感じたか？	☐	☐
・コースに必要なハードウェア、ソフトウェア、スケジューリングはあなたの組織の要求に合致するものか？	☐	☐
・プロジェクトの予算に対しコストは適切か？	☐	☐
・そのプログラムはあまりに多くの時間を必要としないか？	☐	☐

（コメント）
_____
_____
_____
_____

包括的な反応

	はい	いいえ
・全体として、そのコースがあなたの要求に答えた満足できるものであったか？	☐	☐

（コメント）
_____
_____
_____
_____

評価者 _____　　日付 _____

役割職責マトリクス

役割	タスク	担当	コード*	期日

*コード

R = 責任がある──その人に、その作業を終えるための責任と権限がある。

C = 相談される──その人がこの作業に影響を与える作業に責任をもっているので、その人は相談されなければならない。

I = 知らされる──その作業に直接的な関係がない。アクションがとられた後や意思決定がされた後に知らされなければならない。

分析レポートツール

このツールでは、セクションの中身やソースの詳細（カッコで示した）をそれぞれの見出しのところに書き入れなさい。

1. 概要（このレポートの目的を簡単にまとめたもの）
   _____
   _____
   _____
   _____

2. 分析された職務（対象者分析）
   _____
   _____
   _____
   _____

3. 職務遂行者のニーズ（教育的分析）
   _____
   _____
   _____
   _____

4. タスク（タスク分析）
   _____
   _____
   _____
   _____

5. 添付資料
   ・除外作業（重要項目分析）
   ・目標のリスト（目標分析）
   ・配信メディアの記載（メディア分析）
   ・利用可能な教材（既存資料分析）
   ・技術的可能性 (技術分析)
   ・環境や状況の条件（環境分析）
   ・解決策（ソリューション）の費用対効果（費用便益分析）

設計ツール

編集レビュー実施説明書	280
編集レビュー用書式	281
教育的レビュー実施説明書	282
教育的レビュー用書式	284
基準レビュー実施説明書	286
基準レビュー用書式	286
技術レビュー実施説明書	288
技術レビュー用書式	288
マネージメントレビュー実施説明書	290
マネージメントレビュー用書式	291

編集レビュー実施説明書

編集レビューは文法的な誤り、スペルの誤り、不十分な表現によってマルチメディアの有効性が損なわれないようにするためのものである。編集レビューを徹底することで納品物の質と一貫性を高められる。

レビューの手続き コース設計仕様書は次の要素のレビューをする際の参考となる。

・正しいスペル
・正しい句読法
・正しい文法
　　人称及び数
　　時制
　　名詞・動詞の一致
・態

エラーの記録 発見された間違いを記録しなさい。

編集レビュー用書式

プロジェクト:＿＿＿＿＿＿＿＿　学習:＿＿＿＿＿＿　日付:＿＿＿＿＿

評価者の署名 ＿＿＿＿＿＿＿＿＿＿＿＿＿＿＿＿＿＿＿＿＿＿

与えられたスペースに特別な仕様と認められる事項を書き入れておきなさい。レビューが完成したら、レビューした項目が分かるようにそれぞれのチェックボックスにチェックを入れなさい。

☐1. スペル：特別な形を持った単語をリストにしなさい。
＿＿＿＿＿＿＿＿＿＿＿＿＿＿＿＿＿＿＿＿＿＿＿＿＿＿
＿＿＿＿＿＿＿＿＿＿＿＿＿＿＿＿＿＿＿＿＿＿＿＿＿＿
＿＿＿＿＿＿＿＿＿＿＿＿＿＿＿＿＿＿＿＿＿＿＿＿＿＿
＿＿＿＿＿＿＿＿＿＿＿＿＿＿＿＿＿＿＿＿＿＿＿＿＿＿

☐2. 句読法：特別な句読法についてリストにしなさい。
＿＿＿＿＿＿＿＿＿＿＿＿＿＿＿＿＿＿＿＿＿＿＿＿＿＿
＿＿＿＿＿＿＿＿＿＿＿＿＿＿＿＿＿＿＿＿＿＿＿＿＿＿
＿＿＿＿＿＿＿＿＿＿＿＿＿＿＿＿＿＿＿＿＿＿＿＿＿＿
＿＿＿＿＿＿＿＿＿＿＿＿＿＿＿＿＿＿＿＿＿＿＿＿＿＿

☐3. 文法：以下について特別な用法をリストにしなさい。
　　人称　＿＿＿＿＿＿＿＿＿＿＿＿＿＿＿＿＿＿＿
　　数　　＿＿＿＿＿＿＿＿＿＿＿＿＿＿＿＿＿＿＿
　　時制　＿＿＿＿＿＿＿＿＿＿＿＿＿＿＿＿＿＿＿
　　名詞と動詞の一致　＿＿＿＿＿＿＿＿＿＿＿＿＿

☐4. 態：特別な用法についてリストにしなさい。
＿＿＿＿＿＿＿＿＿＿＿＿＿＿＿＿＿＿＿＿＿＿＿＿＿＿
＿＿＿＿＿＿＿＿＿＿＿＿＿＿＿＿＿＿＿＿＿＿＿＿＿＿
＿＿＿＿＿＿＿＿＿＿＿＿＿＿＿＿＿＿＿＿＿＿＿＿＿＿
＿＿＿＿＿＿＿＿＿＿＿＿＿＿＿＿＿＿＿＿＿＿＿＿＿＿

教育的レビュー実施説明書

　　教育的評価（インストラクショナルレビュー）とは学習戦略およびデザインの各レッスン間の一貫性を保証するために行うものである。教育的レビューを徹底することで受講者は全体的に統一された環境で学習することが可能となる。

レビューの手続き　コース設計仕様書は次の項目についての参考になる。

1. 「読みやすさ」対象者分析から決定された、対象者に適切なレベルで書かれていること。
2. 「レジスター」レジスターとはCBTの学習で用いられるフォーマルあるいはインフォーマルな文体のレベルのこと（フォーマルは非常に格調高く形式ばっており、教科書文体は教育的かつフォーマルに準じる形で、インフォーマルはくだけた形である。非常にフォーマルな文体は単数複数を問わず第三人称の表現であり、かなりの程度、受動態が用いられる。くだけた文体は非常に慣れ親しんだ言葉であり、単数複数を問わず一人称が用いられる）。
3. 「語彙」対象者分析から決定された、対象者に適切な語彙を用いていること。
4. 「遷移」その学習が以前のトピックと現在のトピックを結び付けている。
5. 「概念の構成」学習は学習上の次の項目を含む。
   - 学習を、現在の学習が前の学習と後に続く学習とに関係させるように導入する
   - 目標について述べる
   - それぞれのトピックについての概略を導入しながら内容に入る。トピックを構成要素に分解し、要約部分ですべての要素を結び付ける。
   - しばしば理解度を試すチェックをし、学習者へフィードバックをもたらす。
   - 適用可能なところでガイドつきの練習を提供する。
   - 自主的な練習を認める。
6. 「一貫性」次の要素間の情報と関係性には自然なフローがある。
   - 目標
   - 目標に結びついたトピック
   - 要約されたトピック
   - 評価されるトピック
   - テストされるトピック
7. 「質問のフォーマットとフィードバック」質問は正しいフォーマットで正しい目的に結びつくものである。
   - クイズの質問は学習の目標に関するものであること。
   - テストの問題は学習到達目標に関するものであること。
8. 「教授戦略」すべての教授戦略は正しく配置されているか。

- 過程
- 手順
- 概念
- 原則
- 事実
- システム

エラーの記録　発見されたエラーについて記録しておく。

教育的レビュー用書式

プロジェクト：_____　学習：_____　日付：_____

評価者の署名　_____

　特別な仕様については分かるように示しておきなさい。該当する部分のレビューが終わればチェックボックスにチェックを入れなさい。

☐1. 読みやすさ（期待するレベル _____ ）
_____
_____
_____
_____
_____
_____

☐2. レジスター
_____
_____
_____
_____
_____
_____

☐3. 語彙
_____
_____
_____
_____
_____
_____

☐4. 遷移
_____
_____
_____
_____
_____

☐5. 概念の構成

☐6. 一貫性

☐7. 質問の形式とフィードバック

☐8. 教授戦略は正しく配置してあるか

基準レビュー実施説明書

　　　　　基準レビューはフォーマットの一貫性を保証するものである。基準レビューを徹底することで学習環境がきちんと整い、納品物の全体としての質が向上する。

　　レビューの手続き　コース設計仕様書は次の要素についてレビューする際の参考となる。
- ページ要素・画面要素の基準（ページや画面のすべての標準化領域は正しい位置に正しいフォントで存在しているか）
- ページ仕様・画面仕様の基準（すべての標準化されたページは正しい場所で用いられ、外見上はっきりと分かるか）
- ページの基準カラー（すべての配色はこれに従う）
- 文字列（文字サイズの基準はこれに従う）
- 参照専門用語の基準（文書のすべての情報エリアが完成している）

　　エラーの記録　発見されたエラーを記録しておく。

基準レビュー用書式

　　プロジェクト：＿＿＿＿＿＿＿＿　学習：＿＿＿＿＿　日付：＿＿＿＿＿

　　レビュー者の署名　＿＿＿＿＿＿＿＿＿＿＿＿＿＿＿＿＿＿＿

　　特別な仕様については示しておく。該当するレビューが終わったらチェックボックスにチェックを入れる。

　　☐1.　ページ要素・画面要素の基準（ページや画面のすべての標準化領域は正しい位置に正しいフォントで存在しているか）
　　　　＿＿＿＿＿＿＿＿＿＿＿＿＿＿＿＿＿＿＿＿＿＿＿＿＿
　　　　＿＿＿＿＿＿＿＿＿＿＿＿＿＿＿＿＿＿＿＿＿＿＿＿＿
　　　　＿＿＿＿＿＿＿＿＿＿＿＿＿＿＿＿＿＿＿＿＿＿＿＿＿
　　　　＿＿＿＿＿＿＿＿＿＿＿＿＿＿＿＿＿＿＿＿＿＿＿＿＿
　　　　＿＿＿＿＿＿＿＿＿＿＿＿＿＿＿＿＿＿＿＿＿＿＿＿＿
　　　　＿＿＿＿＿＿＿＿＿＿＿＿＿＿＿＿＿＿＿＿＿＿＿＿＿

　　☐2.　ページ仕様・画面仕様の基準（すべての標準化されたページは正

しい場所で用いられ、外見上はっきりと分かるか）

_____
_____
_____
_____
_____
_____
_____
_____

☐3.　ページの基準カラー（すべての配色はこれに従う）

_____
_____
_____
_____
_____
_____
_____
_____

☐4.　文字列（文字サイズの基準はこれに従う）

_____
_____
_____
_____
_____
_____
_____
_____

☐5.　参照専門用語の基準（文書のすべての情報エリアが完成している）

_____
_____
_____
_____
_____
_____
_____
_____

技術レビュー実施説明書

　技術レビューはコース教材に正確な情報が提示されていることを保証するものである。技術レビューを徹底することは学習者がコースウェアで正確かつ適切に学習を進めることに寄与する。

　レビューの手続き　コース設計仕様書が次の要素をレビューする時のガイド役である。
- その学習学習をくまなく教授するのに必要なトピックが網羅されている。
- すべてのトピックが提示されるべき順番で網羅されている。
- すべてのトピックが対象者を考慮した適切な詳細さで網羅されている。
- すべての技術的用語がコースの説明書にリストされているように正確で完全である。
- すべての技術的用語が正しく綴られている。

　エラーの記録　発見されたエラーを記録しておく。

技術レビュー用書式

プロジェクト：＿＿＿＿＿＿＿＿＿　学習：＿＿＿＿＿　日付：＿＿＿＿

レビュー者の署名　＿＿＿＿＿＿＿＿＿＿＿＿＿＿＿＿＿＿＿＿＿

　特別な仕様と認められたことを記しておく。レビューを完成させる際に、レビューがすべての項目にわたっていることを示すために、下記のチェックボックスにチェックを入れなさい。

☐1. その学習学習をくまなく教授するのに必要なトピックが網羅されている。

＿＿＿＿＿＿＿＿＿＿＿＿＿＿＿＿＿＿＿＿＿＿＿＿＿＿＿＿＿
＿＿＿＿＿＿＿＿＿＿＿＿＿＿＿＿＿＿＿＿＿＿＿＿＿＿＿＿＿
＿＿＿＿＿＿＿＿＿＿＿＿＿＿＿＿＿＿＿＿＿＿＿＿＿＿＿＿＿
＿＿＿＿＿＿＿＿＿＿＿＿＿＿＿＿＿＿＿＿＿＿＿＿＿＿＿＿＿
＿＿＿＿＿＿＿＿＿＿＿＿＿＿＿＿＿＿＿＿＿＿＿＿＿＿＿＿＿
＿＿＿＿＿＿＿＿＿＿＿＿＿＿＿＿＿＿＿＿＿＿＿＿＿＿＿＿＿

☐2. すべてのトピックが提示されべき順序で網羅されている。

☐3. すべてのトピックが受講者に鑑みて適切に網羅されている。

☐4. すべての技術的用語がコースの説明書にリストされているように正確で完全である。

☐5. すべての技術的用語が正しく表記され、正確に説明されている。

マネージメントレビュー実施説明書

マネジメントレビューは目標の遵守とプロジェクトにおける契約上の必要要件を満たすことを保証するものである。マネージメントの要求を遵守することはスポンサーシップを確かなものにするばかりか、経営陣が必要と考えるニーズをそのプロジェクトが満たしていることを保証するものとなる。

レビューの手続き　そのプロジェクトのために用意された契約書をガイドとして使用し、次の項目について教材をレビューしなさい。
- 教材は契約で示された要件に準拠している。
- 教材は経営目標と目的を満たしている。
- 教材はシステム仕様の要件に準拠している。

エラーの記録　発見されたエラーを記録しておく。

マネージメントレビュー用書式

プロジェクト：＿＿＿＿＿＿＿＿＿　学習：＿＿＿＿　日付：＿＿＿＿

レビュー者の署名　＿＿＿＿＿＿＿＿＿＿＿＿＿＿＿＿＿

レビューが終了していることを示すためにチェックボックスにチェックを入れる。

☐ 1. 教材は契約で示された要件に準拠している。

＿＿＿＿＿＿＿＿＿＿＿＿＿＿＿＿＿＿＿＿＿＿＿＿＿＿
＿＿＿＿＿＿＿＿＿＿＿＿＿＿＿＿＿＿＿＿＿＿＿＿＿＿
＿＿＿＿＿＿＿＿＿＿＿＿＿＿＿＿＿＿＿＿＿＿＿＿＿＿
＿＿＿＿＿＿＿＿＿＿＿＿＿＿＿＿＿＿＿＿＿＿＿＿＿＿
＿＿＿＿＿＿＿＿＿＿＿＿＿＿＿＿＿＿＿＿＿＿＿＿＿＿
＿＿＿＿＿＿＿＿＿＿＿＿＿＿＿＿＿＿＿＿＿＿＿＿＿＿
＿＿＿＿＿＿＿＿＿＿＿＿＿＿＿＿＿＿＿＿＿＿＿＿＿＿

☐ 2. 教材は経営目標と目的を満たしている。

＿＿＿＿＿＿＿＿＿＿＿＿＿＿＿＿＿＿＿＿＿＿＿＿＿＿
＿＿＿＿＿＿＿＿＿＿＿＿＿＿＿＿＿＿＿＿＿＿＿＿＿＿
＿＿＿＿＿＿＿＿＿＿＿＿＿＿＿＿＿＿＿＿＿＿＿＿＿＿
＿＿＿＿＿＿＿＿＿＿＿＿＿＿＿＿＿＿＿＿＿＿＿＿＿＿
＿＿＿＿＿＿＿＿＿＿＿＿＿＿＿＿＿＿＿＿＿＿＿＿＿＿
＿＿＿＿＿＿＿＿＿＿＿＿＿＿＿＿＿＿＿＿＿＿＿＿＿＿
＿＿＿＿＿＿＿＿＿＿＿＿＿＿＿＿＿＿＿＿＿＿＿＿＿＿

☐ 3. 教材はシステム仕様の要件に準拠している。

＿＿＿＿＿＿＿＿＿＿＿＿＿＿＿＿＿＿＿＿＿＿＿＿＿＿
＿＿＿＿＿＿＿＿＿＿＿＿＿＿＿＿＿＿＿＿＿＿＿＿＿＿
＿＿＿＿＿＿＿＿＿＿＿＿＿＿＿＿＿＿＿＿＿＿＿＿＿＿
＿＿＿＿＿＿＿＿＿＿＿＿＿＿＿＿＿＿＿＿＿＿＿＿＿＿
＿＿＿＿＿＿＿＿＿＿＿＿＿＿＿＿＿＿＿＿＿＿＿＿＿＿
＿＿＿＿＿＿＿＿＿＿＿＿＿＿＿＿＿＿＿＿＿＿＿＿＿＿
＿＿＿＿＿＿＿＿＿＿＿＿＿＿＿＿＿＿＿＿＿＿＿＿＿＿

開発・実施ツール

ショットリスト	292
音声ログ	294
音声改版エラーリスト	295
画像ログ	296
画像再撮影要請	297
音声再録音要請	298
図表修正要請	299
機能レビュー実施説明書	300
機能レビューチェックリスト	302
オンラインレビューフォーム	304
レビュースケジュールフォーム	305
ストーリーボードテンプレートについての説明	306
ストーリーボードテンプレート	307
Web版ストーリーボードについての説明	308
Web版ストーリーボードテンプレート	308
WBTあるいは対話型遠隔ブロードキャスト用の学習計画テンプレート	309

ショットリスト

ショットリストを理解し、活用するためのキーは次のものである。

1. ショット番号　　　　　その学習学習におけるショットの通し番号
2. ストーリーボード番号　そのショットが用いられるストーリーボードの番号
3. 説明書き　　　　　　　ショットの意味を2、3語で示したもの。
4. ファイル名　　　　　　コース設計仕様書からのファイル名（適切な命名規約を用いていること）
5. 使用／再撮影　　　　　そのショットを使用するかどうかを決めるために、事後制作でディスクがログされたあとで書き入れる。再撮影の場合はここには新しいショットの番号を書き入れる。
6. 処理　　　　　　　　　選択肢としては（1）採用（コースで使用するショットとして選択されたことを示す）、(2) OK（他に使える良いショットがない場合にそのショットを使うことを示す）、(3) NG（"no good"このショットにはエラーがあり使用できないことを示す）

7. ログ　　　　　　　　　カメラのメータでどこ（イン）からどこ（アウト）までのショットを使用するかを示す。

「1.ショット番号」から「4.ファイル名」まではアシスタントディレクタが撮影中に書き込んでおく。「5.使用／再撮影」から「7.カメラ」まではレビューの間か事後制作での作業中に書き入れる。

ショットリスト						
学習番号 _____　　　　　　　　　　　ディレクタ _____						
ユニット番号 _____　　　　　　　　　　記録者 _____						
学習タイトル _____　　記録日 _____						

1. ショット番号	2. ストーリーボード番号	3. 説明書き	4. ファイル名	5. 使用／再撮影（新ショットの番号）	6. 処理	7. カメラ		
						イン	アウト

音声ログ

音声ログを理解し、使用するにあたってのキーを以下に示す。

1. セグメント番号　　　その学習での音声セグメントの通し番号
2. ストーリーボード番号　その音声を使用するストーリーボードでの通し番号
3. 説明書き　　　　　その音声の意味を2、3語で説明したもの
4. ファイル名　　　　コース設計仕様書からのファイル名（適切な命名規約を用いていること）
5. 使用／再収録　　　その音声を使用するかどうかを決めるために、事後制作でディスクがログされたあとで書き入れる。再収録の場合はここには新しい音声ファイルの番号を書き入れる。
6. 処理　　　　　　　選択肢としては（1）採用（コースで使用するオーディオして選択されたことを示す）、（2）OK（他に使えるよいオーディオがない場合にそのショットを使うことを示す）、(3) NG（"no good"；この音声にはエラーがあり使用できないことを示す）
7. 音声　　　　　　　音声のメータでどこ（イン）からどこ（アウト）までの部分を使用するかを示す。

1.セグメント番号から4.ファイル名までは音声担当者が収録中に書き込んでおく。
5.使用／再収録から7.音声まではレビューの間か事後制作での作業中に書き入れる。

音声ログ

学習番号 _____　　　　　　　　サウンドディレクタ _____
ユニット番号 _____　　　　　　 記録者 _____
学習タイトル _____　　　　　　 記録日 _____

1. セグメント番号	2. ストーリーボード番号	3. 説明書き	4. ファイル名	5. 使用／再収録 (新ファイルの番号)	6. 処理	7. 音声	
						イン	アウト

音声改版エラーリスト

音声改版エラーリストを理解し、正しく使用するためのキーを次に示す。

セグメント番号	エラーが発生したセグメントの通し番号
ストーリーボード番号	エラーが発見されたストーリーボードでの番号。これにより再収録が必要な部分をナレータがすばやく見つけることが可能。
説明書き	確認されたエラーの簡単な説明
ファイル名	音声のファイル名
旧セグメント	修正前の音声セグメントの始まり（イン）と終わり（アウト）
新セグメント	修正後の音声セグメントの始まり（イン）と終わり（アウト）
記録日	マスター音声ファイルリストに新しい音声セグメントが反映された日付

音声改版・エラーリスト

このシートに音声におけるエラーをすべて記録し、再収録のため音声制作のチームに渡します。

要求者 _____　　日付 _____
学習番号 _____　　　　　　　　　　　　　　　サウンドディレクタ _____
ユニット番号 _____
学習タイトル _____　記録者 _____

セグメント番号	ストーリーボード番号	エラーの説明書き	ファイル	旧セグメント		新セグメント		記録日
				イン	アウト	イン	アウト	

重要：音声ファイルの変更は忘れずに音声ログに反映させる。

画像ログ

ここには画像ログを理解し、正しく使用するための重要事項を挙げる。

図表番号	その学習で連続してつけられた図表の番号
ストーリーボード番号	図表が用いられた箇所のストーリーボードの番号
ファイル名	コース設計仕様書からのファイル名（適切な命名規約を用いていること）。連続するアニメーションのそれぞれのフレームはバラバラに記録されなければならないが、一連のアニメーションの中での部分は認識できる（連続するアニメーションはコース設計仕様書から特定できるが、ファイル名における英数字の拡張子で認識可能）。
説明書き	その図表の意味することを簡単に示したもの。

画像ログ

学習番号 _____　　　　　　　　画像担当者 _____
ユニット番号 _____　　　　　　 記録者 _____
学習タイトル _____　　　　　　 記録日 _____

図表番号	ストーリーボード番号	ファイル名	説明書き

画像再撮影要請

要求者: _____　　要請の日付: _____
ユニット番号: _____　　再撮影対象のイン: _____
学習学習番号: _____　　再撮影対象のアウト: _____
学習タイトル: _____

1. 要請の理由

_____
_____
_____

2. 必要とされる新しい写真の説明

_____
_____
_____

終了

日付: _____　　担当者: _____
新ショットイン: _____　　新ショットアウト: _____
書類作成日: _____

音声再録音要請

要請者:＿＿＿＿＿＿＿＿＿＿　　要請の日付:＿＿＿＿＿＿＿＿＿＿＿

ユニット番号:＿＿＿＿＿　　　　再収録対象のイン:＿＿＿＿＿＿＿＿

学習学習番号:＿＿＿＿＿＿　　　再収録対象のアウト:＿＿＿＿＿＿＿

学習タイトル:＿＿＿＿＿＿

1. 要請の理由

   _____
   _____
   _____

2. 必要とされる新しい音声の説明

   _____
   _____
   _____

終了

日付:＿＿＿＿＿＿＿＿　　　　担当者:＿＿＿＿＿＿＿＿＿＿＿＿＿＿

新ショットイン:＿＿＿＿＿＿　新ショットアウト:＿＿＿＿＿＿＿＿＿

書類作成日:＿＿＿＿＿＿

図表修正要請

要求者:＿＿＿＿＿＿＿＿＿＿　　要請の日付:＿＿＿＿＿＿＿＿＿＿＿＿
ユニット番号:＿＿＿＿＿＿　　　ファイル番号:＿＿＿＿＿＿＿＿＿＿＿
学習学習番号:＿＿＿＿＿＿＿＿　ファイル名:＿＿＿＿＿＿＿＿＿＿＿＿
学習タイトル:＿＿＿＿＿＿＿＿＿

1. 要請の理由

　_____
　_____
　_____

2. 必要とされる新しい図表の説明

　_____
　_____
　_____

終了
日付:＿＿＿＿＿＿＿＿＿　　　担当者:＿＿＿＿＿＿＿＿＿＿＿＿＿＿
図表ファイル番号:＿＿＿＿＿　ファイル名:＿＿＿＿＿＿＿＿＿＿＿＿
書類作成日:＿＿＿＿＿＿

機能レビュー実施説明書

オンラインの学習およびコースでの機能レビューとは、教材にバグがないか、そしてプロの品質であるか、を確認するものである。コース設計仕様書はコースウェアの設計と開発の基準を作るうえで参考になる。機能レビューでソフトウェアのあらゆる機能面が間違いなく実行されるかどうかを確かめることが大切である。

レビューの手順　教材バージョン管理者から学習のストーリーボードの最新版のコピーを手に入れる。このコピーはオーサーが制作に使用したものであること。設計されたようにそれぞれの機能が動作するかどうかをストーリーボードに従って念入りに確認する。どのようなエラーも機能レビューチェックリストに記録する必要がある。

機能　機能ボタンはどの画面にも表示され、意図されたように動作する必要がある。それぞれの画面でそれぞれの機能ボタンを押す。チェックすべき機能としては次のようなものが含まれる。

- 一時停止／再開
- 戻る
- リプレイ（再生）
- コンティニュー（続ける）
- ハイパーテキスト
- ナビゲーション画面
    - メインメニュー
    - ログオン
    - タイトル（スプラッシュ）画面
    - 画面終了
- ヘルプ
- 終了
- その他（詳細はリスト化）

プログラミング　スクリーン間の動きについて誤作動、停止、その他の致命的なエラー（プログラムをクラッシュさせるようなもの）が発生してはならない。

入力された情報にしたがって行き先が変わるように設定されているプログラムがある場合、そういった選択肢を設けている画面についてはそれぞれ検証する必要がある。具体的には、毎回元の画面をバックアップしながら、すべての選択肢を選択することで分岐の選択肢を確認する。もしバックアップができない画面があればその部分には印をつけておき、もう一度その学習からはじめることが必要

である。以下に、チェックされる必要のあるいくつかの分岐を示しておく。
- 埋め込まれた質問
- 多項選択の形式になっているテスト問題；まず正解を選ぶ場合とまず不正解を選ぶ場合とを確認する。
- 受講生による誤った回答に基づく補足情報（これらを確認することは最も難しいことと言える。というのも通常の学習では、誤った回答に対する補足情報が伝えられた後にメインの学習に戻るという動きをするからである。）

　学習を確認するには、まずは最も長い道のりで学習を調べる（すべての質問に不正解して学習を調べていき、補足情報が利用可能か確認します）。そしてつぎは最も短い道のりで学習を評価する（このときはすべての問題に正解している）。

　積み上げて得点化するために用意された問題について、正解した数と不正解した数をそれぞれ集計しておく。学習の終わりにコンピュータによって出力された得点が正しいかどうかチェックする。

　学習間の分岐が意図されたとおりに円滑に機能するかどうかを確認する。

エラーの記録　機能レビューチェックリストにエラーを記録する。エラーを記録するのに割り当てられた色を使う。また、エラーを記述するときは明確に書く。

機能レビューチェックリスト

学習番号:＿＿＿＿＿＿＿＿＿　　　　　　　　レビューの日付:＿＿＿＿＿＿＿＿
学習名:＿＿＿＿＿＿＿＿＿＿＿＿＿＿＿＿＿＿＿＿
レビュー者の署名＿＿＿＿＿＿＿＿＿＿＿＿

機能
- ☐ 一時停止／再開
- ☐ 戻る
- ☐ リプレイ（再生）
- ☐ コンテニュー（続ける）
- ☐ ハイパーテキスト
- ☐ ナビゲーション画面
  - ☐ メインメニュー
  - ☐ ログオン
  - ☐ タイトル（スプラッシュ）画面
  - ☐ 画面から出る
- ☐ ヘルプ
- ☐ 終了
- ☐ その他（詳細は下に記述する）
  ＿＿＿＿＿＿＿＿＿＿＿＿＿＿
  ＿＿＿＿＿＿＿＿＿＿＿＿＿＿
  ＿＿＿＿＿＿＿＿＿＿＿＿＿＿
  ＿＿＿＿＿＿＿＿＿＿＿＿＿＿

（コメント）
＿＿＿＿＿＿＿＿＿＿＿＿＿＿＿＿＿＿＿＿＿＿＿＿＿＿＿＿＿＿＿＿＿＿＿＿
＿＿＿＿＿＿＿＿＿＿＿＿＿＿＿＿＿＿＿＿＿＿＿＿＿＿＿＿＿＿＿＿＿＿＿＿
＿＿＿＿＿＿＿＿＿＿＿＿＿＿＿＿＿＿＿＿＿＿＿＿＿＿＿＿＿＿＿＿＿＿＿＿
＿＿＿＿＿＿＿＿＿＿＿＿＿＿＿＿＿＿＿＿＿＿＿＿＿＿＿＿＿＿＿＿＿＿＿＿
＿＿＿＿＿＿＿＿＿＿＿＿＿＿＿＿＿＿＿＿＿＿＿＿＿＿＿＿＿＿＿＿＿＿＿＿
＿＿＿＿＿＿＿＿＿＿＿＿＿＿＿＿＿＿＿＿＿＿＿＿＿＿＿＿＿＿＿＿＿＿＿＿

プログラミング
- ☐ 画面間の動きでジャンプや途切れなどがないか
- ☐ 分岐は正しく機能しているか

☐ 埋め込まれた質問について
☐ テスト問題について
☐ 補足情報について
☐ 学習間の分岐について
☐ クイズその他の得点記録機能が正しく動いているか

(コメント)
_____
_____
_____
_____
_____
_____
_____

オンラインレビューフォーム

　この書式は内容の専門家、教育的妥当性のレビュー者,試験的な受講メンバーが事後制作の品質評価としてコースをレビューする際に使用するものである。

学習番号:　　　　　　　　　　　　　　　ストーリーボード番号:
学習名:　　　　　　　　　　　　　　　　完成日:
レビュー者の名 _____

編集レビュー　コメントと覚書　(確認□)
_____
_____
_____

レビュー者の名前:_____　完成日:_____

標準レビュー　コメントと覚書　(確認□)
_____
_____
_____

レビュー者の名前:_____　完成日:_____

機能レビュー　コメントと覚書　(確認□)
_____
_____
_____

変更の確認:_____　完了した日付:_____

レビュースケジュールフォーム

　　学習がレビュー可能になれば、オーサはそれぞれの学習について与えられるこれらの書式の1つに書き込む。それぞれのレビュー者は最初の列に自分の名前を書き、スケジュール上の適当なところにイニシャルを書き入れてレビューを行う日時を示す。レビューが完成したことを示すために、レビュー者のイニシャルか署名を最後の列に書き入れる。

レビュースケジュールフォーム

学習番号とタイトル	時刻	月	火	水	木	金	レビューの完了
レビュー者の名前	8:00						
	9:00						
	10:00						
	11:00						
	12:00						
	1:00						
	2:00						
	3:00						
	4:00						
	5:00						

ストーリーボードテンプレートについての説明

　　　　ストーリーボード用の凡例は以下のとおりである。

学習タイトル　画面のヘッダー部分に表示される学習のタイトル。
通しページ番号　"1／14"のような学習全体の中での通し番号。
セクション　"導入"、"目的"、"学習"、"要約"、"クイズ"、"テスト"といった具合。
ビジュアル　受講者に画面上で見せるもの。これは言葉で説明するかイラストで示してもよい。テキストと質問は受講生が画面上で見るために、そのフォントとサイズは同一のものを用いるかそれぞれ対応させたものを用いるのがよい。ストーリーボードの一番下にある記入欄には画面上でのグラフィックを手書きで書き入れる。
オーディオ　ナレーション、音響効果や音楽など受講者が耳にするもの。これはストーリーボードに記載されるかオーディオスクリプトに参照されればよい（付録Cにあるスクリプト規格を用いて、別々のページの画面に渡るスクリプトを書きなさい。そしてストーリーボード画面の下にこれらのページを添付しておく）。
プログラミング　オーサに対するすべての伝達事項（出題画面における正解を含む）。標準的なプログラミングの説明についてはコース設計仕様書でなされるので、ここで述べる必要はない。
分岐　受講者の情報入力の後、どこに移動するかを説明する。これはストーリーボード番号を用いて説明すること。分岐については3つのケースがある：
1. 前の画面：受講者が1画面戻るとしたときに戻る場所。
2. 次の画面：受講者が次に進むとしたときに進む場所。
3. 任意の画面：一連の"もし…なら"という説明をする場合は任意の分岐が求められる。例えば、受講者が問題に正しく答えた場合はプログラムは一画面先に進ませるが、誤っていた場合は分岐によって別の画面に進ませる。

タイプ　どんな種類の画面を見せるか：グラフィック（文字はそれが画面上でどのように構成されるかによって図表を考慮する）、あるいはビデオ。

　　　　テンプレートで残された部分はストーリーボードのオーサが仕上げる。

ビデオイン　ビデオディスクあるいはCD-ROMでビデオが始まるところのファイル番号。
ビデオアウト　ビデオが終了するところのビデオファイル番号。
必要なファイル　その他のソース（図表、オーディオ、CD-ROM）からのファイル。図表にはダイヤグラムや絵などを含み、コンピュータソフト上から呼び出される必要のあるものをいう。オーディオとはオーディオソースから呼び出される必要のある記録ずみのオーディオファイル番号を意味する。

ストーリーボードテンプレート

学習タイトル：_____　　　通しページ番号：_____
セクション：_____

ビジュアル：
_____
_____
_____
_____
_____

オーディオ：
_____
_____
_____
_____
_____

プログラミング：
_____
_____
_____
_____
_____
_____

分岐：前 _____　次 _____　任意 _____
タイプ：_____
ビデオイン：_____　ビデオアウト：_____
必要なファイル：グラフィック _____　オーディオ _____

```
グラフィック



```

Web版ストーリーボードについての説明

Web版ストーリーボードに関する凡例としては次のとおり。

スクリーンの番号	コース内でのWebページの順序
スクリーン原稿	スクリーン上での見え方；テキスト、ビデオ、ボタンといったスクリーン上でのコンポーネントの配置
ビデオ	スクリーン上にあるビデオの説明
オーディオ	スクリーンで見せるものに対応させたオーディオの説明；オーディオのスクリプトを作成するには付録Cのスクリプトフォーマットを使用する。
テキスト	スクリーンに表示させるプリント
分岐	スクリーンの番号，URL，スクリーン上でボタンが押されたときのその他の移動先

Web版ストーリーボードテンプレート

スクリーン番号	スクリーン原稿	ビデオ	オーディオ	テキスト	分岐

WBTあるいは対話型遠隔ブロードキャスト用の学習計画テンプレート

時間（分表示）：＿＿＿＿＿＿＿＿＿＿＿＿＿＿＿＿＿＿＿＿

目標（学習の成果）：

＿＿＿

必要なマテリアル（ハードウェア，ソフトウェア，印刷物，ハンドアウト）：

＿＿＿

準備（学習前に行うインストラクタの活動）：

＿＿＿

含まれる項目	保持情報
質問すべきこと（質問）	
説明すべきこと（インストラクタの原稿）	
何をデモするか	
オーバーヘッドの番号	
ビデオセグメント	
事例名と番号	
参照資料とテキストのページ番号	
ハンドアウトの参照	
インストラクタ自筆のノート	

評価ツール

  組み合わせ式質問チェックリスト 310
  多肢選択式質問チェックリスト 310
  真偽式質問チェックリスト 311
  穴埋め（短答）式質問チェックリスト 311
  シミュレーション、ロールプレイ、遂行能力テスト質問チェックリスト 312
  小論文質問チェックリスト 312
  テスト作成完了チェックリスト 312
  平行テスト項目の基盤構築ツール 313

組み合わせ式質問チェックリスト

- ☐ 条件にない解答の組み合わせはないか。
- ☐ それぞれの問項目をどのように対応させるかについて明確かつ完結に説明がされているか。
- ☐ 同じページに問項目とその対応が書かれているか。
- ☐ アラビア数字（1、2、…）でそれぞれの問項目を示しているか。
- ☐ それぞれの問項目にただ1つの正答があるか。
- ☐ 回答選択肢はAではじまる大文字で識別子がついているか。
- ☐ 問項目とその回答選択肢の比率が2対3になっているか。
- ☐ 問項目をセンターから左寄りに、その回答選択肢をセンターから右よりに配置しているか。
- ☐ 用語のリストはバランスが取れているか。
- ☐ 用語とその定義にタイトルをつけているか（ただし、「用語」、「定義」のようなタイトルを用いず、その考え方を示す短いタイトルを考えること）。
- ☐ 用語よりも長い語句を使って解答を形成しているか。
- ☐ 組み合わせ方の基礎として、2回以上使用されるものがあるかどうかを説明しているか。

多肢選択式質問チェックリスト

- ☐ 質問文には動詞が含まれているか。
- ☐ 問題を明確に定義する質問文になっているか。
- ☐ 質問文が外部の情報を含んだものになってはいないか。
- ☐ 質問文が疑問符で中断した完全な文であることを確認したか。
- ☐ 正しい唯一の回答があるか。

- ☐ 受講者がひとつの正解を選択しようとするか最も正しい答えを選択しようとする場合、指示に従って特定できるか。
- ☐ 「常に」、「決して…でない」、「単に…」、「上記すべて」、「上記のいずれも…でない」、などの語句を用いていないか。あるいはAとCの両方などのような正解の組み合わせを用いていないか。
- ☐ 各質問につき3から5の選択肢があるか。それらはひとつの正解と2つないし4つの誤選択肢だが、とはいえ質問文が多くの誤選択肢に不向きだからといって、すべての質問を同質化するようなわかりきった誤答を加えていないか。
- ☐ 質問を難しくしようと可能な解答の類似点を強調していないか。
- ☐ 選択肢の前には大文字でA，B，C，D，E，と表記しているか。
- ☐ ビデオあるいはグラフィック、その両方を組み込んでいるか。(例えば、ビデオを要約した3，4組のスチール写真を選ぶなど)

真偽式質問チェックリスト

- ☐ 追加的な修飾語句を必要とせず設問が定義的に正しいあるいは誤ったものとなっているか。
- ☐ 必要でない題材を排した短い言葉を用いているか。
- ☐ 正解であろうとなかろうとだいたい同じ長さの記述となっているかどうか。
- ☐ もし見解を使う場合は、ある出所からのものとなっているか。
- ☐ すべて正しい質問項目あるいは誤りの質問項目となっていないか。
- ☐ 二重否定を用いているところはないか。
- ☐ 質問項目をすべて書いたあと意図の有無にかかわらず何らかのパターンが生じないようにそれらがランダムに並べられているか。
- ☐ テストの前に答え方が説明されているか。

穴埋め（短答）式質問チェックリスト

- ☐ 受講生が正確に答えることができるために、言葉使いが明確、かつわかりやすいものになっているか。
- ☐ 不完全な記述における空所部分が重要な意味をもたないか。
- ☐ 記述が不明確になるほど多くの単語を省略していないか。
- ☐ 解答の正確さの度合い、計算問題の単位を特定できるか。
- ☐ 不完全な記述の完成させるべき部分が最後にきていないか。
- ☐ 技術タームや定義の知識の理解を試すのに直接的な質問となっているか。
- ☐ 連続する言葉だけを省略しているか。

シミュレーション、ロールプレイ、遂行能力テスト質問チェックリスト

- ☐ 描こうとしている状況の肯定的な例を示して、受講者にそれを評価させているか（共通して誤る否定的な例だけを見せているか）。
- ☐ ガイドのある練習を用いているか。
- ☐ その作業の実行に長けている人の観察によって、業務に必要なことを分析しているか。
- ☐ 評価の前に作業の実行を許可しているか。
- ☐ 最終結果に至るまでに特定された方法や望ましい方法がない場合は、最終結果だけを評価しているか。
- ☐ 受講者と業務遂行能力基準を共有しているか。

小論文質問チェックリスト

- ☐ あなたが質問を作成したいレベルを明確に固めたうえで、質問文の中で適切な動詞（比較しなさい、対照させなさい、理由を述べなさい、オリジナルな例を挙げなさい）を使っているか。
- ☐ テストに先立つ情報で全面的な作業について説明しているか。
- ☐ その質問に答えることで含まれる作業が明確に定義されているかを確認したか。
- ☐ 受講者の答えに補強的な証拠を要求しているか。
- ☐ テスト有効性を保証するために、受講者に多くの質問から選ばせるのではなく、同じ質問に答えさせるようになっているか。
- ☐ 任意のタイプのデリバリ（紙と鉛筆、コンピュータ版研修など）のための論文式設問を書く場合、制限時間よりも得点基準を設定しなければならないが、受講生の解答の中で探すべきキーワードが決まっているか。
- ☐ 受講者が解答を作成するのに、適切なページ数や制限時間を設けているか（論述するにあたり、時間およびスペースの制限を実際に与えられることによって、受講者はより良い考えを構成し示すことができるようになる）。
- ☐ 学習目標項目テストでは十分に測定できない学習目標のために論述問題を使用しているか。

テスト作成完了チェックリスト

- ☐ 目的に必要とされる行為を測定する設問になっているか。
- ☐ テキストで明確に説明された設問になっているか。
- ☐ 設問の言葉は、問題の本質を説明しているか。
- ☐ 設問は文脈を離れて独立し得るか。

- ☐ 設問は明確で手短で直接的か。
- ☐ 誤選択肢に妥当性があるか。
- ☐ 誤選択肢はそれぞれだいたい同じ長さになっているか。
- ☐ 選択肢はその分野、構造、長さにおいて並んでいるか。
- ☐ 選択肢は正しい単語を使用し、文法的にも正しいか。
- ☐ ただひとつの正解が確実にあるか。
- ☐ 用語の使い方が正解を示してしまうことになっていないか。
- ☐ 「最も…」、「最も…でない」ということを示す語が斜体になっているか。
- ☐ 設問が論理性を欠いてはいないか。
- ☐ 設問が性差別主義を助長するものになっていないか。
- ☐ 設問の意味するところに関係のない過剰な語、語句、文がないか。
- ☐ 「いつも」、「決して」といった語を選択肢に入れていないか。一般的にその選択肢は誤りであり、生徒側もその語には注意深くなっている。
- ☐ ひっかけたり、誤解を招いたり、混乱させたりして誤った選択肢を選ばせるような曖昧な語が入っていないか。
- ☐ テキストから一言一句同じの抜粋となっていないか。設問は言い換えられたり業務上で実際に用いる語になることで、受講者が語や語句だけを認識するよりもむしろ、本質をつかむことに役に立つ。
- ☐ 「上記すべて」、「上記のどれでもない」といった包括的な選択肢を使っていないか。
- ☐ 「…を除いて」、「や…でない」という否定後は限定的に用いているか。
- ☐ 「aとbの両方とも」や、「aとcのいずれでもない」といった選択肢を用いていないか。

平行テスト項目の基盤構築ツール

　この書式は、学習やコースのセクションの前後に実施する同じ学習目標を評価する複数のテストを、同等の水準にするために使用する。
　テスト開発者は評価者にテストを提出する前に以下を行う。
1. 第1列にそれぞれの最終目標の番号を入れる。
2. 2列目にその目的の重みを入れる。
3. 3列目から6列目に最終目標に一致するテストの設問番号を入れる。
4. この書式と最終目標、そしてテストの設問を評価者にわたす。

テスト評価者がすべきこととしては、次のものがある。
1. 1つの最終目標に設定されているすべての設問（3列目から6列目）が同程度の難易度であれば最後の「同水準の難度」列に「YES」と書く。そうでなければ

「NO」と書き、該当する設問番号を○で囲む。
2. もしすべての設問が同水準の難易度で作成されていれば、一番下の評価者の署名欄に署名をして、テスト開発者にこの書式を戻す。
3. もし同水準の難易度で作成されていない設問があれば、サインをしない状態でこの書式を戻す。
4. テスト開発者が作り直した設問を予備審査のために戻してくるようにする。

プロジェクト：＿＿＿＿＿＿＿＿＿＿＿＿＿＿＿＿＿　日付：＿＿＿＿＿＿＿＿＿＿
レビュー者：＿＿＿＿＿＿＿＿＿＿＿＿＿＿＿＿＿＿＿＿＿＿＿＿＿＿＿

最終目標番号	比重	テスト項目番号	テスト項目番号	テスト項目番号	テスト項目番号	同水準の難度
						（レビュー者記入）

上記テスト項目が形式的に並列であること確認する。

署名　＿＿＿＿＿＿＿＿＿＿＿＿＿＿＿＿＿＿＿＿

参考文献

Abernathy, D. "Authoring Software: It's the Write Stuff." *Training & Development,* 1999, *53*(4), 54–55.

Alley, G., and Deschler, D. *Teaching the Learning Disabled Adolescent: Strategies and Methods.* Denver: Love, 1979.

Andersen Consulting. *The Future of Airline Training.* Chicago: Arthur Andersen, 1994.

Barron, T. "IDL Options Broaden for Training Providers." *Technical Training,* 1999, *10*(3), 18–21.

Borg, W., and Gall, M. *Educational Research: An Introduction.* (4th ed.). White Plains, N.Y.: Longman, 1996.

Briggs, L. (ed.). *Instructional Design.* Englewood Cliffs, N.J.: Educational Technology Publications, 1977.

Campbell, D. T., and Stanley, J. C. *Experimental and Quasi-Experimental Designs for Research.* Boston: Houghton Mifflin, 1963.

Dick, W., and Carey, L. *The Systematic Design of Instruction.* (3rd ed.). Glenview, Ill.: Scott, Foresman; Little, Brown, 1990.

Equal Employment Opportunity Commission, U.S. Civil Service Commission. U.S. Department of Labor and U.S. Department of Justice. *Uniform Guidelines on Employee Selection Procedures.* Washington, D.C.: Federal Register, 1978.

Gagné, R. *Conditions of Learning and Theory of Instruction.* Austin, Tex.: Holt, Rinehart and Winston, 1985.

Gagné, R., Briggs, L., and Wager, W. *Principles of Instructional Design.* (3rd ed.). Austin, Tex.: Holt, Rinehart and Winston, 1988.

Gilbert, T. *Human Competence: Engineering Worthy Performance.* Washington, D.C.: International Society for Performance Improvement, 1996.

Greer, M. *Project Management Partner: A Step-by-Step Guide to Project Management.* San Francisco: Human Resources Press, 1996.

Gunning, R. *The Technique of Clear Writing.* New York: McGraw-Hill, 1968.

Hale, J. (1998). *The Performance Consultant's Fieldbook: Tools and Techniques for Improving Organizations and People.* San Francisco: Jossey-Bass/Pfeiffer, 1998.

Hammer, M., and Champy, J. *Reengineering the Corporation: A Manifesto for Business Revolution.* New York: HarperBusiness, 1994.

Hammond, S. *The Thin Book of Appreciative Inquiry.* Dallas: Kodiak Consulting, 1996.

Harrow, A. (ed.). *A Taxonomy of the Psychomotor Domain.* New York: David McKay, 1972.

Kirkpatrick, D. L. *Evaluating Training Programs: The Four Levels.* San Francisco: Berrett-Koehler, 1994.

Knowles, M. *The Adult Learner: A Neglected Species.* Houston: Gulf, 1990.

Krathwohl, E. (ed.). *A Taxonomy of Educational Objectives: Handbook II, Affective Domain.* New York: David McKay, 1964.

Lee, W. "Bridging the Gap with IVD." *Training & Development Journal,* 1990, *44*(3), 63–65.

Lee, W. W., Mamone, R. A., and Roadman, K. *The Computer Based Training Handbook: Assessment, Design, Development, Evaluation.* Englewood Cliffs, N.J.: Educational Technology Publishing, 1995.

Lee, W., and Owens, D. "Linking Business Needs to Training Objectives and Delivery Media." *Performance Improvement,* 1999, *38*(8), 30–36.

Lee, W., and Roadman, K. "Linking Needs Assessment to Performance Based Evaluation." *Performance & Instruction,* 1991, *30*(6), 4–6.

Lee, W., Roadman, K., and Mamone, R. *Training Evaluation Model.* 1990. Library of Congress copyright number TXu 455-182.

Mager, R. *Preparing Instructional Objectives.* Palo Alto, Calif.: Fearson, 1962.

Martuza, V. *Applying Norm-Referenced and Criterion-Referenced Measurement in Education.* Boston: Allyn & Bacon, 1977.

Noonan, J. "How To Escape Corporate America's Basement." *Training,* 1993, *30*(12), 39–42.

Shrock, S., and Coscarelli, W. *Criterion-Referenced Test Development: Technical and Legal Guidelines for Corporate Training.* Reading, Mass.: Addison-Wesley, 1996.

Skinner, B. *The Technology of Teaching.* New York: Appleton, 1968.

索引

【人名】
Alley　48
Barron　183
Borg　191
Briggs　11, 45
Campbell　191, 216
Champy　80
Coscarelli　191
Deschler　48
Gagné　45, 50
Gall　191
Gilbert, Tom　3
Greer　92
Gunning　25, 266
Hale, Judith　3
Hammer　80
Hammond　15
Harrow　47
Kirkpatrick　188
Knowles　37
Krathwohl　46
Lee　37, 198
Mager　45
Mamone　198
Martuza　191
Noonan, John　1
Roadman　198
Shrock　191
Stanley　191, 216
Wager　45

【A-Z】
CBT（Computer Based Training; コンピュータ利用トレーニング）　2, 55, 59, 157, 224
CCプラン　133
CCG　134
e-業務遂行支援（EPSS）　56, 61
EEOC　192
FOG Index　25
GUI　169
glimpse　169
IDB　179, 225
KSA　37, 50
OJT　57
SMEs　39
t検定　198, 210
TA（Teaching Assistants）　182
WBT（Web Based Training; Web利用トレーニング）　2, 55, 60, 165, 168, 172, 225
Web版（あるいは対話的遠隔ブロードキャスト用の）学習計画テンプレート　309
Web版ストーリーボード　308

【ア】
穴埋め（短答）式質問チェックリスト　312
アニメーション　113
アプリケーションデベロッパ　98
アンケート　13
維持　62
インストラクショナルデザイン（ID）　2, 3, 61, 96
　——レビュー　91
インストラクタ主導　55, 57
インセンティブ　77
インターネット　165, 166
インターフェイス　106
　——デザイン　103
インタビュー　13
インタラクティブ遠隔ブロードキャスト　179
インタラクティブデザイナ　61, 96
イントラネット　165, 166
一方的プレゼンテーション　113
運動　45, 46
　——技能　51
　——領域　47
エディタ　96
エデュテイメント　65
遠隔ブロードキャスト（遠隔配信）　55, 59
　——トレーニング　2
（対話的）遠隔ブロードキャスト用の学習計画

索引

——テンプレート　309
オーサ（教材開発者）　96
オーディオプロデューサ　97
音声　112
　——改版エラーリスト　295
　——技術者　61
　——再録音要請　298
　——テープ　56, 60
　——ログ　151, 294
オンラインレビューフォーム　304

【カ】

解決策（ソリューション）　1, 5, 9, 11, 16
階数差異　210
階層順序付け技法　12
ガイド学習　113
カイ二乗検定　209
開発　4, 141
　——手順　147
価値付け　47
感覚ニーズ　11
環境分析　4, 33, 221
観察　12
　——調査の方法　250
管理レビュー　91
概念定義　46, 50
概念の具体化　46, 50
学習曲線　115, 261
学習目標　4, 45
学習領域　45
画像再撮影要請　297
画像デザイン　113
画像ログ　296
基準レビュー　91
　——実施説明書　286
　——用書式　287
既存資料評価　276
既存資料分析　5, 67, 222
　——ツール　275
機能性　106
機能レビュー　91
　——実施説明書　300
　——チェックリスト　302
基本的運動　48
秘密保持契約　264
嗅覚　105
キューダ・リチャードソンの公式　209
教育ニーズ　11
教育的レビュー実施説明書　282
教育的レビュー用書式　284

強化　122
教材バージョン管理計画　133
教材バージョン管理者　134
教授伝達　46, 51
技術分析　4, 27, 220
技術レビュー　91
　——実施説明書　288
　——用書式　288
業務遂行支援　115
業務遂行支援型　165
　——学習　19
業務遂行支援システム（PSS; Performance Support System）　56, 61, 171
業務遂行能力　189
議論　113
クイズ　209
組み合わせ式質問チェックリスト　310
グラフィックアーティスト　97
グラフィックデザイナ　61, 97
クリエイティブディレクタ　97
形成的評価　188, 261
ゲーム　114
研修評価　77
検証、妥当性確認　262
検定項目妥当性　262
ケンドールの順位相関係数　209
行為動詞　50
効果　189
講義　113
構成概念的妥当性　199
高速プロトタイピング　144
高速分析手法（RAM）　75, 223
高速分析モデル　5
行動観察　13
好評調査技法　15
項目分析　206, 261
コース・フローチャート　129
コース設計仕様　87
コース設計仕様書（CDS; Course Design Specification）　5, 85
コース配置図　129
コース目標　49
コーチング　34, 56
コスト分析　5, 71, 223
個性化　47
誤選択肢　192
　——妥当性　261
　——分析　206
コミュニケーション技術　28
ゴール　12, 49

コンセプトマッピング　128
コンテンツ構造　115, 224
困難度指標　205

【サ】
最終目標　49, 53
視覚　104
識別　46, 50
システムエンジニア　61, 98
システムデザイナ　61, 98
シミュレーション　14, 115, 262
シミュレーション, ロールプレイ, 遂行能力テスト
　　　　質問チェックリスト　312
習得　122
修得能力　50
出版者　61
守秘義務　14
小論文質問チェックリスト　312
初期分析（フロントエンドアナリシス）　4, 9, 19
職責　39
職務　15
　――議定書　16
　――遂行評価　77
　――遂行目標　49, 50, 53
職務名　38
触覚　105
ショットリスト　293
真偽式質問チェックリスト　311
信頼性　262
自己記入式アンケートの方法　251
実施責任者　98
実装／実施　4
実演　113
重要項目分析　4, 41, 221
需給関係ニーズ　12
受信と応答　47
自由回答（空欄式）アンケート　12
自由研究　113
情意　45, 46
　――領域　46
状況　50
状態　50
遂行能力支援（パフォーマンスサポート）　3
スキル　37
ストーリーボード　159
ストーリーボードテンプレート　306, 307
図表修正要請　299
スポンサ　99
正規曲線　261

正規分布　261
成功領域　12
制作　150
　――後処理　153
　――前処理　147
制作者　61
精神運動　45, 46
　――領域　47
成人学習の構成要素　37
成人学習理論　37
制約　50
設計　4, 85
漸進的開発　142
全体組織評価　76, 77
総括的評価　262
相関　205, 261
相対評価　204, 210, 262
双列相関係数　209
測定計画　203, 226
測定手段　203, 226
　――妥当性　261
組織化　47
組織的評価　76
組織評価サンプル　236

【タ】
対象　50
対象者分析　4, 23, 220
態度　37, 51
対話　113
　――機能　111
対話的遠隔ブロードキャスト用の学習計画テンプレート　309
多感覚併用アプローチ　104
多肢選択式問題チェックリスト　310
タスク　15, 39
　――階層　40
　――分析　4, 37, 221
妥当性　197, 226, 262
チェックディスク　151
知覚　48
知識　37, 189
聴覚　105
調査対象グループ　12
　――の方法　248
直接インタビュー　12
直接面接の方法　245
ツール　50
テイク　151
定性（質）的　262

――測定　206
定量的　262
　　――測定　205
テスト　209
　　――項目妥当性　199
　　――作成完了チェックリスト　313
　　――仕様書　252
テーマ（統一イメージ）　103
テレビ会議　60
転換　122
点双列相関係数　210
テンプレート　142
統一イメージ　105
同期型研修　172
投資効果（ROI; Return On Investment）　71, 72
到達度評価　204, 210, 261
特殊効果　113
度数算出　206

【ナ】
内容的妥当性　192, 199, 261
内容の専門家（SME）　61, 98
難易度指標　261
ニーズ調査（ニーズアセスメント）　4, 9, 11, 219
認知　45, 46
　　――戦略　46, 51
　　――領域　46

【ハ】
パフォーマンスアナリスト　99
反射運動　47
反応　189
反復　113
ピアソンの積率係数　210
比較ニーズ　12
ビデオ　112
　　――技術者　61
　　――テープ　56, 60
　　――プロデューサ　99
　　――編集者　99
非同期型のコース　172
評価　4, 187
　　――者間合意　199
　　――の専門家　99
　　――の目的　191, 225
　　――のレベル　189
　　――報告　11
　　――報告テンプレート　258
標準測度化　262

標準比較ニーズ　11
標準偏差　262
表面的妥当性　192, 199, 261
費用　62
　　――便益　72
　　――便益分析（CBA; Cost-Benefit Analysis）　71
品質審査員　99
品質レビュー　153
ファイ係数　210
フィードバック　103, 111
フォグインデックス　266
ブレインストーミング　114
プログラマ　61
プロジェクト・スケジュール　89, 223
プロジェクトマネージャ　99
プロジェクトリーダ　61, 99
プロトタイプ作成　142
分散分析　210
分析レポート用ツール　277
平行テスト項目の基盤構築ツール　314
並存的妥当性　199, 261
編集レビュー　91
　　――実施説明書　280
　　――用書式　281
ポジティブ反応　188

【マ】
マネージメントレビュー実施説明書　290
マネージメントレビュー用書式　291
マン・ホイットニーのW検定　209
メタ認知　45, 46
　　――領域　48
メッセージ　64
メディア　55
　　――仕様　103, 224
　　――スペシャリスト　61
　　――選択書式　271
　　――分析　5, 55, 222
メンタリング　34, 56, 57
目標分析　4, 45, 221
文字デザイン　113
モチベーション　122
モデル　142
問題解決　46, 51

【ヤ、ラ】
役割職責マトリクス　79, 278
有意性の検定　206
歪んだ分布　262

予測された、あるいは将来のニーズ　12
予測的妥当性　192, 199, 262
流通　62
"ルック＆フィール"テーマ　105
ルール　46

レッスン・フローチャート　130
レッスン目標　49, 53
レビュースケジュールフォーム　305
ロールプレイング　115

●著者紹介

ウィリアム W. リー（William W. Lee）

アメリカンエアライン社のパフォーマンステクノロジー（人材技術）担当役員。技術教育だけでなく、教育の設計や開発、評価についても指導的な立場から、またコンサルタント的な立場から活躍している。また、テキサス大学ビジネス管理学部で教鞭も執り、米国内の会議だけでなく国際的にも有名な講師である。博士の著作と講演に対して、ASTD（米国訓練開発協会）ダラス支部から1997年特別功績賞が贈られている。テキサス州、ダラス郊外のグランドプレイリィ在住。

ダイアナ L. オーエンズ（Diana L. Owens）

e-ビジネスの各業務ソリューションを提供し、インターネット戦略の管理をサポートするIdea Itegration社の上級コンサルタント。同社はまた、各企業教育の設計・開発に専門化した技術も提供している。EDSやマルチメディアラーニング社、CAEリンク、米空軍等に勤務の後、現職。テキサス州、ダラス郊外のガーランド在住。

●監訳者紹介

清水康敬（しみず・やすたか）

東京工業大学理学部電気工学科卒業、同大学大学院理工学研究科修士過程修了、工学博士。東京工業大学教育工学開発センター教授、同大学大学院社会理工学科教授、教育工学開発センター長、大学院社会理工学研究科長などを歴任。2001年4月、定年退官の後、国立教育政策研究所教育研究情報センター長に就任。同センターでは、「教育情報ナショナルセンター」機能の立上げ等、様々な活動を推進中である。同時に、東京工業大学名誉教授、メディア教育開発センター教授として、ひき続き教育工学分野でも活躍。専門は、教育工学、電磁波工学、弾性表面波工学。1940年生まれ。

●翻訳グループについて

NPO法人 日本イーラーニングコンソーシアム（eLC：e-Learning Consortium）と
IDワーキンググループ

1. **活動理念** 世界中のe-ラーニングの分野で開発されるe-ラーニングに関する技術、運営システム、教育工学、事業の推移を常に調査・分析し、先進諸国に遅れることなく、従来から続く教育、研修の枠組みを超えて、国内において企業内研修、学校教育にe-ラーニングを高度なレベルで広く普及させ、もってディジタルディバイドを克服しながら、多くの国民が情報社会においてよりよく生きることができる社会の実現に貢献することを目的とする。

2. **活動の方向性** 会員は原則的に、e-ラーニングの普及発展を望み、それを推進する活動に貢献することを認める個人、企業、団体とする。e-ラーニングシステム、e-ラーニングサービス、e-ラーニングコンテンツを提供する事業者と利用者、利用団体が相互に情報交換、情報交流を通して学びあい、e-ラーニングの普及を目指して活動する。そのために、これらの活動の趣旨に賛同する多くの事業者、利用者、利用団体、学術経験者等、従来の教育研修を推進してきている教育サービス等の業界に限らず、多くのe-ラーニングの発展を希望する個人、団体に幅広く呼びかけるものとする。 また関連する目的を持つ、政府機関、自治体の動きとも協業し、産官学において情報・リソース・人材の共同活用を図る。

3. IDワーキンググループ　IDワーキンググループは、このようなeLCの活動方針に基づき、e-ラーニングによる学習内容の充実を図る手法の研究として、Instructional Designを取り上げた。平成13年度下半期と平成14年度上半期の主な活動としてID関連の著作（本書）を翻訳することとした。以下は、その翻訳チーム紹介である。平成14年度下半期以降は、ID普及活動を進める計画である。

内田　実（うちだ・みのる）　序章等翻訳・翻訳まとめ
　　所属：日立電子サービス㈱　ラーニング事業部
　　業務：統合教育ソリューションの提供（教育コンサルテーション、教育企画、ID、コンテンツ制作、コース実施）

小川正夫（おがわ・まさお）　1章～5章翻訳
　　所属：NTTラーニングシステムズ㈱　L&D事業部
　　業務：e-ソリューションの企画・営業（e-ラーニング企画・営業）

一杉智実（ひとすぎ・さとみ）　6章～9章翻訳
　　所属：㈱富士通ラーニングメディア　コンテンツ開発部
　　業務：e-ラーニング企画・開発、ラーニングシステム運用・提供コンサルティング

有田　聡（ありた・さとし）　10章～13章翻訳
　　所属：㈱日立インフォメーションアカデミー　eラーニング部
　　業務：研修企画、コンテンツ制作

宮原詩織（みやはら・しおり）　14章～16章翻訳
　　所属：㈱富士通ラーニングメディア　コンテンツ開発部
　　業務：e-ラーニングコンテンツの企画、設計、開発

寺田佳子（てらだ・よしこ）　17章～19章翻訳
　　所属：㈱ジェイ・キャスト
　　業務：e-ラーニング導入コンサルティング、インストラクショナルデザイン、マルチメディアコンテンツ企画・開発

相澤揚子（あいざわ・ようこ）　20章～21章翻訳
　　所属：日立電子サービス㈱　ラーニング事業部
　　業務：教育企画制作提案、コンテンツ制作、アートディレクター

千田恵子（ちだ・けいこ）　22章～24章翻訳
　　所属：㈱富士通ラーニングメディア　コンテンツ開発部
　　業務：ラーニングソリューション提案、e-ラーニングコンテンツ制作、標準化

右近　豊（うこん・ゆたか）　25章～29章翻訳
　　所属：日本ユニシス㈱　ビジネスアグリゲーション事業部
　　業務：教育システム標準化動向調査、インストラクショナルデザイン研究開発適用、ビジネスアグリゲーションエンジニアリング

仁木孝典（にき・たかのり）　ツール類翻訳
　　所属：㈱ベストメディア　企画開発部
　　業務：ウェップコンテンツ企画提案

情報デザインシリーズ
インストラクショナルデザイン入門
マルチメディアにおける教育設計

2003年3月20日　第1版1刷発行	著　者	ウィリアム W. リー
		ダイアナ L. オーエンズ
	監訳者	清水康敬
	訳　者	NPO法人 日本イーラーニングコンソシアム
	発行者	学校法人　東京電機大学
		代 表 者　丸 山 孝 一 郎
	発行所	東京電機大学出版局
		〒101-8457
		東京都千代田区神田錦町2-2
		振替口座　00160-5- 71715
		電話 (03)5280-3433(営業)

印　刷　㈱三美印刷	©Shimizu Yasutaka,
製　本　渡辺製本㈱	e-Learning Consortium Japan 2003
装　幀　鎌田正志	Printed in Japan

＊本書の全部または一部を無断で複写複製(コピー)することは，著作権法上での例外を除き，禁じられています。小局は，著者から複写に係る権利の管理につき委託を受けていますので，本書からの複写を希望される場合は，必ず小局(03-5280-3422)宛ご連絡ください。
＊無断で転載することを禁じます。
＊落丁・乱丁本はお取替えいたします。

ISBN4-501-53570-9　C3004